陕西师范大学优秀学术著作出版资助

U0741266

"双减"政策执行与教育培训市场治理政策研究

祁占勇 著

陕西师范大学出版总社

图书代号　ZZ23N1886

图书在版编目（CIP）数据

"双减"政策执行与教育培训市场治理政策研究／祁占勇
著.—西安：陕西师范大学出版总社有限公司,2023.10
ISBN 978-7-5695-3394-1

Ⅰ.①双… Ⅱ.①祁… Ⅲ.①义务教育—关系—教育
培训—市场管理—教育政策—研究—中国 Ⅳ.①G522.3

中国版本图书馆 CIP 数据核字（2022）第 255566 号

"双减"政策执行与教育培训市场治理政策研究
祁占勇 著

责任编辑	钱　栩	
责任校对	冯新宏	
封面设计	金定华	
出版发行	陕西师范大学出版总社	
	（西安市长安南路 199 号　邮编 710062）	
网　　址	http://www.snupg.com	
印　　刷	西安报业传媒集团	
开　　本	787mm×1092mm　1/16	
印　　张	13.25	
字　　数	250 千	
版　　次	2023 年 10 月第 1 版	
印　　次	2023 年 10 月第 1 次印刷	
书　　号	ISBN 978-7-5695-3394-1	
定　　价	59.00 元	

读者购书、书店添货或发现印装质量问题,请与本社高等教育出版中心联系。
电话:(029)85303622(传真)　85307864

前 言

　　2021 年 7 月 24 日,中共中央办公厅、国务院办公厅印发了《关于进一步减轻义务教育阶段学生作业负担和校外培训负担的意见》(以下简称《意见》),针对以"应试"和"超前教育"为导向、与素质教育和全面发展的教育背道而驰的校外培训市场开展全面整治。事实上,教育培训市场泛滥与乱象,不仅严重破坏了教育生态,而且违背了学生发展的规律性,也增加了家庭经济负担。对教育培训市场的规范和整治,既有利于减轻学生学业负担、缓和家庭矛盾,也可以有效地规范市场秩序,从而促进学校教育的良性发展以及家庭、社会、学校三者形成合力、共同育人。

　　校外培训机构的"野蛮生长",对校内教育乃至整个教育生态带来了巨大影响。校外培训虽然在一定程度上促进了我国教育、经济、文化等方面的发展,但校外培训的失范对学生、教师、社会产生了诸多负面影响。首先,就学生而言,一方面,部分校外办学场所并未通过消防检查验收,使用存在安全隐患的场所办学,不仅违反《无证无照经营查处办法》《中华人民共和国消防法》等相关法律法规,更对学生人身安全存在威胁;另一方面,校外培训导致学生学习兴趣的缺失,不利于学生成绩的提高,形成学生对补习教师的依赖,导致主流学校出勤率低下。其次,就教师而言,校外培训机构以高薪为筹码吸引主流学校优秀教师,导致优秀教师流失甚至出现教师勒索学生辅导的现象,影响了主流学校的教学质量和师风师德。最后,就社会而言,主流学校教师在校"保留授课"而在校外培训中教授剩余部分课程,校外培训成为社会不平等现象的制造者,同时校外培训存在的价格欺诈与虚假宣传等,极易对社会和谐造成威胁,导致社会分裂。当前,大多数校外培训不是单纯的学校教育内容补充者,而是以学校教育内容为主线,以营利为目的,以获得良好应试成绩为导向的私人教育产品提供者,校外培训机构以高获奖率、高通过率为营销噱头,加速社会焦虑,使学生提前甚至超前学习,出现不参加培训班跟不上学校授课进度的情况,这大大侵蚀了校内教育并且对整个教育生态产生了严重的负面引导。

校外培训机构乱象屡禁不止有诸多深层次原因。校外培训机构治理过程中,由于相关部门、学校及教师、学生及家长、培训机构等利益相关者有不同的利益诉求,对校外培训机构治理存在着不同的态度与标准而产生利益冲突和阻滞现象,影响治理的进程和效度。地方相关部门的利益阻滞主要体现为政策执行过程中区域局部利益极易出现执行偏差、力度不够等问题。如,校外培训机构作为提升升学率的重要影响因素,无法得到快速且有效地治理。对于逐渐产业化的校外培训机构来说,相关治理政策的发布直接影响其根本利益,从而导致由培训机构、线上教辅平台等群体组成的利益链条寻求其他方式不配合整治,极大地损害了治理行动的有效性。另一方面,与线下培训机构相比,线上培训机构监管对象分散,培训需求旺盛,涉及部门众多,监管及治理难度大大增加,从而导致很多地方尚未出台具体整治细则。学校及教师的阻滞来源于学校诉求,学生成绩及升学率仍是当前学校、教师的法宝,学校依靠升学率提高其知名度、教师依靠升学率获得奖励及晋升资本、部分教师在外兼职获得额外报酬,这些影响因素都会促使部分学校及教师在治理过程中,为了自身利益来消极执行政策。校外培训机构的治理无疑影响了许多普通家庭的学生,学生们要么选择收费更高、更加规范的教育培训机构,要么选择放弃参加校外培训机构而失去额外教育优势。因此,面对着教育培训成本增加的附加影响,学生及家长的利益会受到不同程度的损害,部分家庭会对治理产生反对或抵制的情绪,导致治理进度缓慢。

事实上,国家对校外培训的治理态度与监管政策经过了不同的阶段。21世纪以来我国校外培训机构治理政策的变迁可分为初步规范阶段(2000—2008年)、政策设计阶段(2008—2014年)、全面整治阶段(2014年至今)三个阶段。第一,校外培训机构治理政策初步规范阶段(2000—2008年)。21世纪以来,由于广大未成年人对精神文化需求的日益增长,党和国家对青少年健康成长表现出了高度的重视和极大的关切,相继出台了《中共中央办公厅国务院办公厅关于加强青少年学生活动场所建设和管理工作的通知》(2000年)、《教育部办公厅关于做好2007年暑期未成年人校外活动场所工作的通知》(2007年)一系列等文件。在这一时期,政策文本仍然围绕"校外活动场所"治理规范展开,校外培训机构的概念尚未在政策中被明确提出。政策主要重视对校外活动场所的建设与规范、强调校外活动与学校教育相衔接、突显校外活动场所的公益性。第二,校外培训机构政策设计阶段(2008—2014年)。2008年,学而思教育、学大教育等大型教育机构纷纷向校外培训市场发力并完成转型,但巨大商机导致这一新开辟的市场内乱象丛生。面对如此困境,国家相继出台了《教育部等五部门关于2013年规范教育收费治理教育乱收费工作的实施意见》(2013年)等文件。这一阶段,"补习班"在政策文本中首次出现、并且进一步着眼资源合理配置的义务教育均衡发展、推动行业自律并开展绿色培训。第三,校外培训机构全面整治阶段(2014年至今)。随着教育竞争压力不断增大,以"应试"为导向的校外培训市场进一步扩张,为办好人民满意的教育,国家出台了《教育部办公厅等四部门关于切实减轻中小学生课外负担开展校外培训机构专项治理行动的通知》(简称《通知》)(2018年)、《国务院办公厅关于规范校外培训机构发展的意见》(2018年)等文件。这一阶段,政策积极回应人民关切、明确了治理对象及建立治理长效机制、通过整合社会资源完善了校外治理支持系统。总体上,校外培训市场是典型的刚需市场,有其存在的必要性。一直以来,国家政策既以"堵"为取向限制和约束校外培训机构的乱象,同时也应建构以"疏"为导向规范和监督校外培训机构的有序发展。

当然,教育部校外教育培训监管司的成立为教育培训市场的治理释放了积极信号。2021年6月9日,经中央编委批准,教育部成立校外教育培训监管司,这一机构的增设充分体现了以习近平同志为核心的党中央对校外教育培训监管工作的高度重视,对新一代青少年儿童的殷切关怀,对校外培训机构的深化改革有重大意义。校外教育培训监管司的主要职责是指导和规范校外培训机构,加强对各级各类校外培训机构的监督与管理。过去由于缺乏专门的监管机构,校外教育培训机构一直处于游离状态,进一步深化校外教育培训机构的监管,不是简单地关停、取缔不合格机构,而应当帮助其理顺管理体制、规范日常教育活动、加强人员准入门槛。校外教育培训机构应该凸显其教育性,按照教育规律而不是市场规律发展。

当前,校外培训机构的监管与治理依然存在着诸多难点,亟待学校、家长、政府相关部门等承担起各自责任。校外培训机构监管、治理存在的难点：一是监管对象分散，大中小培训机构数量众多，线上线下多渠道培训，生源、师资较为分散；二是上有政策、下有对策，违规办班屡禁不止，线下转线上、地上转地下等花样百出；三是监管、治理涉及部门众多，尚未形成整齐划一、职责权限分明的治理机制；四是培训需求旺盛，家长为了让孩子"不输在起跑线上"，偏好教学超纲、超前的校外培训机构，甚至帮其打掩护。针对校外培训机构的乱象问题，应当打出组合拳，实现政府、学校、家长的综合治理。政府应明确"红线"、守好"底线"。加强规范和引导，严格准入门槛和审批程序，严查不法培训机构，落实黑白名单制度，加大惩处力度；把控好招生宣传、教师资格、课程内容、教室安全、资金监管等多方面内容，加强行业自律；同时，可以委托第三方机构从依法办学、教育理念和课程建设等方面评估监测区域内校外培训机构的整体水平。学校应守好做强教育主阵地的担当与使命。在课程内容设置上不超纲、不超标、不超进度，提升课程教学质量，让学生在校内就能学习到优质、充分的知识；落实课后"三点半"服务，开展多元化的综合素质拓展课程，为有需求的学生配备专门的教师来进行课后学业的答疑解惑；同时，加强对教师的引导与管理，提升教师的师德修养与专业能力，采取适当的激励措施，重视教师的职业压力疏导工作，避免出现"课上讲一半，课下去办班"的问题。家长应转变教育观念，正确认识子女教育问题，避免盲目攀，比以孩子自身兴趣培养、素质提升等为出发点，谨慎选择经市、县教育局公示的合法合规的校外培训机构；同时，积极参与到监督培训机构办学行为的工作中来，配合相关部门整治乱象问题。

当然，校外培训市场的治理不可能一蹴而就，对其的治理既要依法治理，也要与"双减"政策执行有机结合。首先需要承认校外教育的存在有其必要性、客观性和合法性，我国优质教育资源供给不足和教育需求的多样化为校外教育的生存创造了巨大空间。因此，未来校外教育的总体趋势应当是规范化、"有限度"、高质量的发展。这意味着未来校外培训行业的国家管理将会逐步实现法治化、制度化、标准化，肃清行业乱象，进入良性有序的发展轨道；意味着校外教育培训不得超前教育，不得焦虑营销，回归教育初衷。校外教育质量应当符合新时代教育事业的发展趋势和基本要求。未来的校外教育必须是符合标准、有质量、有特色的优质教育，应当是立足于为用户提供高质量的个性化教育，坚持"做教育"的优质教育产品。

目　　录

第一章 多源流模型视角下
"双减"政策之窗的开启

2021年7月，中共中央办公厅、国务院办公厅联合印发了《关于进一步减轻义务教育阶段学生作业负担和校外培训负担的意见》（即"双减"政策）。"双减"政策以习近平新时代中国特色社会主义思想为指导，着眼于建设高质量教育体系，强调校内要强化学校教育主阵地作用，校外要深化培训机构治理，构建教育良好生态，有效缓解家长焦虑情绪，促进学生全面发展、健康成长。党中央对"双减"高度重视，要求从政治高度来认识和对待，站在实现中华民族伟大复兴的战略高度推行"双减"工作。① 事实上，这份重磅文件印发前，中央及地方已颁布过诸多有关"减负"的通知、规定或办法，如2013年针对学生过重课业负担出台的《小学生减负十条规定》，2018年为减轻学生校外负担发布的《关于切实减轻中小学生课外负担开展校外培训机构专项治理行动的通知》等。与历年来颁布的"减负"政策相比，此次"双减"政策的政治站位之高、治理力度之大是之前"减负"文件难以企及的。那么，为何直至今日国家才颁布如此重量级的政策对教育乱象重拳出击？"双减"议题是如何引起决策者的关注并将其纳入国家决策议程的？是哪些因素触发了"政策之窗"的开启？"双减"政策出台的动因和逻辑是什么？解答以上问题就需要从公共政策议程设置的视角，借助多源流理论框架对"双减"政策的由来与发展进行梳理和分析。

多源流理论框架是针对公共政策议程设立而提供的理论分析模型，这

---

① 坚决贯彻中央决策部署 深入推进"双减"工作：教育部有关负责人就《关于进一步减轻义务教育阶段学生作业负担和校外培训负担的意见》答记者问［EB/OL］.（2021－07－24）［2021－09－16］. http://www.moe.gov.cn/jyb_xwfb/s271/202107/t20210724_546567.html.

一理论模型能够透视公共政策制定过程的"黑箱"。该模型的提出者约翰·金登通过问题源流、政策源流和政治源流三种独立源流的形成及耦合过程来解释为什么某些问题会受到决策者的注意,进入政策议程。① 虽然多源流理论是基于西方的决策议程情境提出的,但我国学者经过研究发现该模型有较强的逻辑解释力和场景适用性②,以多源流框架为理论基础剖析中国政策过程具有可行性③。因此,以多源流理论框架为视角,研究"双减"政策议程确立过程中问题流、政策流、政治流的演变、耦合,有助于透视"双减"政策的复杂背景,把握"双减"政策议程设立进程中的脉络,从而更好地推动"双减"政策的实施。

一、问题源流:学业负担之重、培训机构之混乱及"减负"政策的不良反馈

社会公共领域中漂浮着各种问题,问题流就是由这些问题汇合而成。问题的产生先于政策,问题积累到社会某个或某些部门不得不采取行动的时候就上升为了政策。④ 但社会环境中纷杂的问题并不总能不证自明,哪些问题可以进入政策制定者的视野并成为政策议程,依赖于判断问题是否存在及其重要程度的关键指标、能够引起广泛关注的焦点事件和象征性符号以及基于公众和政府层面的反馈信息。⑤ 因此,问题识别是政策议程设立的逻辑起点。"双减"政策议程的创立过程有其自身的特殊性,我国学生的学业负担和校外培训负担存在已久,缺乏问题流中的突发性、爆发性的焦点事件。换而言之,"双减"政策出台前相关问题指标的变动以及先前和现有政策项目执行中的反馈共同组成了问题源流,有力地提升了政策制定者对"双

① 金登. 议程、备选方案与公共政策[M]. 丁煌,方兴,译. 2 版. 北京:中国人民大学出版社,2004:87-111.

② 徐吉洪. 教育博士专业学位政策议程分析:多源流理论的视角[J]. 高教探索,2015(6):95-100.

③ 毕亮亮. "多源流框架"对中国政策过程的解释力:以江浙跨行政区水污染防治合作的政策过程为例[J]. 公共管理学报,2007,4(2):36-41,123.

④ 格斯顿. 公共政策的制定:程序和原理[M]. 朱子文,译. 重庆:重庆出版社,2001:22.

⑤ 金登. 议程、备选方案与公共政策[M]. 丁煌,方兴,译. 2 版. 北京:中国人民大学出版社,2004:113-129.

减"问题的关注程度,打开了其进入政策议程的机会窗口。

（一）重要考察指标:学生学业负担过重与校外培训机构乱象丛生

作为对事实的直接识别,数据指标能够通过充分阐释,使陈述状况转变为陈述政策问题。[1]"双减"政策聚焦于义务教育阶段学生的学业负担和校外培训负担,根据多源流理论,政策出台前的学生学业负担、校外培训机构数量、市场规模变化等关键指标与其他指标相比,其变动更容易被社会民众和相关部门觉察,从而进入问题流并诱发政策出台。

一方面,问题流中考察指标显示,学生学业负担过重,破坏教育生态。有研究通过调查 15000 名学生发现,学业负担过重问题严重突出,课业数量过多和课外补习过多是学生学习负担的重要来源。[2] 也有研究通过随机调查 10750 名学生发现,有一半的学生存在校外作业,66.9% 的学生周末每天完成校内作业的时间基本都在 2 小时以上。另外,超过三成的学生周末会参加辅导班。[3] 从课外时间的分配角度看,2018 年的一项研究发现,在调查样本中仅有 1% 左右的初中生保证了充分的睡眠时间和体锻时间,不参加任何校内补习,而超过九成的初中生其睡眠时间和体锻时间都达不到国家规定的标准。[4] 除了学者开展广泛调查外,社会其他机构或组织也同样关注到了学生学业负担的问题。中国教育三十人论坛发布的《2018 年中小学生减负调查报告》中指出,我国中小学生负担过重已成为不争的事实,有近三成学生因作业负担睡眠不足 8 小时,有超过六成学生都报了课外辅导班。[5] 学业负担还通过其他指标,如近视率得以体现。国家卫健委开展的近视专项调查显示,2020 年我国儿童青少年总体近视率为 52.7%,其中小学生为

---

① 金登.议程、备选方案与公共政策[M].丁煌,方兴,译.2 版.北京:中国人民大学出版社,2004:118.

② 陈传锋,陈文辉,董国军,等.中学生课业负担过重:程度、原因与对策:基于全国中学生学习状况与课业负担的调查[J].中国教育学刊,2011(7):11-16.

③ 薛海平,张媛.我国初中生学业负担水平与差异分析:基于 CEPS 2015 数据的实证研究[J].首都师范大学学报(社会科学版),2019(5):147-166.

④ 王绯烨,刘方.从课外时间分配看学生学业负担:我国初中学生学业负担的实证研究[J].教育发展研究,2018(10):32-38.

⑤《2018 年中小学生减负调查报告》出炉 在线作业、个性化教育受家长认可[EB/OL].(2018-12-12)[2021-09-16].http://edu.people.com.cn/n1/2018/1212/c1053-30461257.html.

35.6%,初中生为71.1%。① 除了使用电子产品外,课后作业时间和持续近距离用眼时间过长成为导致近视的主要因素。来自学术界、媒体及政府官方机构的数据指标,都集中表明我国存在学生学业负担过重的状况。过重的学业负担违背了学生的身心发展规律,破坏了教育生态。减轻学生学业负担成为社会各界普遍反映且呼声最高、经久不变的民生问题,这就要求政府必须高度关注并给予回应,学业负担由此成了问题源流的关键指标。

另一方面,校外培训机构乱象丛生,扰乱教育秩序。2016年,中国教育学会发布了《中国辅导教育行业及辅导机构教师现状调查报告》,其中的几项指标令人惊愕:我国中小学课外辅导行业市场规模超过8000亿元,参加学生规模超过1.37亿人次,辅导机构教师规模为700万至850万人。② 为了更快地筹集资金,实现规模化经营,越来越多的校外培训机构成为上市公司。截至2021年7月24日,在A股、港股、美国上市的24家含有校外培训资产的公司,其市值超过1500亿元。③ 体量巨大的市场规模背后,是无数家长对校外培训"一掷千金"式的追捧。教育培训机构虽然给家长提供了多样化、个性化的教育选择,但同时也增加了家长的经济与教育负担,降低了人民生活幸福感。校外培训机构不仅数量庞大,而且存在分层严重、良莠不齐的特征。第一梯队如大型上市教育公司新东方、好未来等全国性机构优势明显,长期雄踞教培领域。第二梯队以学大教育、精锐教育等区域性机构为主,与第一梯队一同占据校外培训市场的半壁江山。第三梯队则由数量众多的中小型机构构成,呈现出数量庞大、行业集中度低、培训体制不完善等特征。截至2018年8月20日,教育部等四部门在全国已摸排培训机构38.2万家,其

---

① 2020年我国儿童青少年总体近视率为52.7%近视低龄化问题仍突出[EB/OL].(2021-07-13)[2021-09-16]. http://www.gov.cn/xinwen/2021-07/13/content_5624709.htm.

② 2016年我国中小学课外辅导"吸金"超8000亿[EB/OL].(2016-12-27)[2021-09-16]. http://www.gov.cn/shuju/2016-12/27/content_5153561.htm.

③ "双减"严惩校外培训过度资本化1500亿上市资产面临退市或剥离[EB/OL].(2021-07-24)[2021-10-02]. http://www.21jingji.com/article/20210724/herald/ea70570bbc879277cafe1d75921c7df7.html.

中发现问题的多达 25.9 万家。① 但校外培训机构专项治理行动并未解决根本问题。据统计，目前全国面向中小学生的校外培训机构数量已基本与学校数量持平②，已严重干扰了正常的学校教育教学秩序，大有形成另一套教育体系的苗头。但整体来看，不少校外培训机构存在师资力量薄弱、安全隐患严重、教育观念落后等问题，学生和家长在选择时难以进行周密考察，不仅使学生身心健康和家长权益受到侵害，而且破坏了校内教育教学秩序。

除了实体培训机构，在新冠肺炎疫情的影响下，在线教育发展态势迅猛。据《2020 年度中国在线教育市场数据报告》，2020 年中国在线教育用户规模达到 3.42 亿人。③ 其中 K12 教育领域尤为火热，来自 Fastdata 的数据显示，仅在 2020 年，K12 在线教育领域累计融资近 330 亿元，超过此前三年累计融资额总和，新增教育相关企业超过万家。④ "虚火"之下的校外培训机构，时刻面临着资金链断裂的险境，给市场带来了不稳定因素，违背了教育的公益性。

在"剧场效应"的社会环境下，群众对教育资源分配不公的不满和教育焦虑感，使其产生了"花钱买心安"的社会行动。这种庞大的市场需求又致使校外培训机构出现"井喷式"的发展。对基础教育的教学常规、教师队伍建设和招生评价等方面产生了侵越和干扰，进而影响了教学质量。⑤ 这种恶性循环成为"办好人民群众满意的教育"过程中不得不重视的问题，由此减轻校外培训负担、整治校外培训机构便进入了决策者的视野。

（二）反馈信息："减负"政策实施未能达到预期目标

"反馈"可以提供不符合立法意图或上级行政意图的信息，表明不能满

---

① 校外培训 监管升级[EB/OL]. (2018 - 08 - 24)[2021 - 09 - 16]. http://www.moe. gov. cn/jyb_xwfb/xw_fbh/moe_2069/xwfbh_2018n/xwfb/mtbd/201808/t20180824_346034. html.

② 坚决贯彻中央决策部署 深入推进"双减"工作：教育部有关负责人就《关于进一步减轻义务教育阶段学生作业负担和校外培训负担的意见》答记者问[EB/OL]. (2021 - 07 - 24)[2021 - 09 - 16]. http://www.moe. gov. cn/jyb_xwfb/s271/202107/t20210724_546567. html.

③ 2020 年度中国在线教育市场数据报告[EB/OL]. (2021 - 05 - 19)[2021 - 09 - 16]. https://www.100ec. cn/zt/2020zxyjtrzbg/.

④ 2020 年中国 K12 在线教育行业报告[EB/OL]. (2021 - 01 - 05)[2021 - 09 - 16]. http://ifastdata. com/article/index/id/113/cid/2.

⑤ 陆道坤，王超，丁春云.论校外培训机构对基础教育的侵越与干扰[J].中国教育学刊,2019(1):79 - 84,101.

足规定目标的现实或一些意外的后果,是公众问题上升为政策问题的关键环节。[①] 我国公共政策制定一般遵循渐进决策模式,强调在不改变原有制度格局基础上,对政策进行修订、巩固或强化。这就意味着在"减负"政策制定过程中要充分考虑已有政策基础或政策实施反馈及经验。自 20 世纪 50 年代以来,与"减负"相关的教育政策及改革实践处于"按下葫芦又起瓢"的窘境之中,政策实施效果未达到政策制定者的预期,决策者便接收到了不良的反馈信息,加速了将"减负"问题上升为政策问题的进程。

"减负"政策实施未能达到预期目标与"减负"政策的内容与政策执行模式有关。从政策内容来看,大多数政策的"减负"逻辑为:严格控制学生在校时间,增加校外自由时间。例如,2000 年《关于在小学减轻学生过重负担的紧急通知》对学校提出"不得增加学科教学的学时;不得占用节假日、双休日和寒暑假组织学生上课;小学一、二年级不留书面家庭作业,其他年级控制在一小时以内"等要求。2009 年,《教育部关于当前加强中小学管理规范办学行为的指导意见》再次对学生在校时间与学生休息时间作出严格规定,要求地方各级教育行政部门"坚决纠正各种随意侵占学生休息时间的做法"。2013 年,《小学生减负十条规定》进一步提出"小学不留书面家庭作业,可布置一些适合小学生特点的体验式作业"。增加学生校外自由时间的政策拓展了家长的选择空间,受"学而优则仕"传统观念的影响,家长通常会在校外时间选择教育培训机构来提升孩子学习成绩,造成了"校内减负校外补"的尴尬现象。学生在校时间缩短,又会弱化学校促进教育机会均等的功能,增强了家庭背景对学生学业成就的影响,进而引发新的教育机会不均等。[②]

从政策推行方式来看,这些"减负"政策大多由教育部直接制定,遵循"自上而下"的实施路径。因此,在实践中出现了教育行政部门"一刀切"的推行方式,学校、教师作为政策执行者拥有较小自主权。基于此,为了控制

---

① 金登. 议程、备选方案与公共政策[M]. 丁煌,方兴,译. 2 版. 北京:中国人民大学出版社,2004:127 - 128.

② 王金娜. 减负如何导致教育机会不均等:从"水龙头理论"反思小学生"减负"的政策与实践[J]. 湖南师范大学教育科学学报,2016,15(3):75 - 80.

学生在校学习时间,各学校几乎都采用"每日在校学习时间不超过 6 小时"①的政策规定,引发了学生已经放学,但家长还未下班的"三点半难题"。虽然课后服务政策在一定程度上缓解了家长按时接送学生的困难,但相关调查显示,在全国 36 个大中城市中只有 66.2% 的小学、56.4% 的初中开展了课后服务②,暴露了其体系建设仍不完善的弊端。

多年来,"减负"政策的实施不仅没有达到预期的效果,还引发了"三点半难题""校内减负校外补"等问题。金登指出,执行不符合立法意图和上级行政意图的信息反馈将被解释为问题,同样,公共政策实施所带来的意外后果也可以引起决策者的关注。③"减负"政策引发的反馈同时涉及教育公平问题、社会问题,由此进入问题源流并引起政策制定者的关注。

二、政策源流:政策共同体成员的群策群力

政策系统中存在着由某一特定领域的专业人员组成的政策共同体。政策共同体内囊括了官僚、国会委员会成员、学者和思想库中的研究人员等专业人员,他们围绕某一问题不遗余力地提出自己的意见和主张,这些意见和主张汇集成了"政策原汤"。④"双减"政策共同体主要包括政府官员、政策研究者以及其他利益相关者,不同主体关于"减负"等主题的意见和研究,汇集成了影响"双减"政策议程设立的政策流。

(一)政府的理性选择

从历史制度主义视角来看,一项制度或政策形成后,社会领域会产生与其相协调的一系列制度,从而使得制度被嵌入其他制度中无法自拔,政策退

---

① 1990 年 6 月 4 日,国家教委发布的《学校卫生工作条例》中明确规定:学校应当合理安排学生的学习时间。学生每日学习时间(包括自习),小学不超过 6 小时,中学不超过 8 小时,大学不超过 10 小时。

② 解决百姓教育难题取得新进展[EB/OL]. (2019 - 11 - 15)[2021 - 09 - 18]. http://www.moe.gov.cn/jyb_xwfb/xw_fbh/moe_2606/2019/tqh20191114/mtbd/201911/t20191115_408346.html.

③ 金登.议程、备选方案与公共政策[M].丁煌,方兴,译. 2 版.北京:中国人民大学出版社,2004:128 - 129.

④ 金登.议程、备选方案与公共政策[M].丁煌,方兴,译. 2 版.北京:中国人民大学出版社,2004:148 - 149.

出成本增加,其结果往往是保持原有路径。① "双减"政策涉及庞杂,包括中小学课程设置、课后服务制度、校外培训机构制度等。因此,政府为保持政策的稳定性和延续性,更愿意沿着既有路径走下去,历年来出台的减负政策就成为"政策原汤"中的重要成分。

表 1-1　新中国成立以来以"减负"为主题的政策文件

颁布时间	颁布机构	政策文件名称
1988 年	国家教委	《关于减轻小学生课业负担过重问题的若干规定》
1990 年	国家教委	《关于重申贯彻 <关于减轻小学生课业负担过重问题的若干规定 > 的通知》
1993 年	国家教委	《关于减轻义务教育阶段学生过重课业负担、全面提高教育质量的指示》
1994 年	国家教委	《关于全面贯彻教育方针减轻中小学生过重课业负担的意见》
2000 年	教育部	《关于在小学减轻学生过重负担的紧急通知》
2013 年	教育部	《小学生减负十条规定》
2018 年	教育部、民政部、人社部、工商总局	《关于切实减轻中小学生课业负担开展校外培训机构专项治理行动的通知》
2018 年	教育部等九部门	《中小学减负措施》

新中国成立以来,我国颁布了近 10 项以"减负"为主题的政策(见表1-1),而涉及"减负"话语的国家与地方政策文件更是不胜枚举。从政策文本内容来看,"减轻学生过重负担"贯穿政策始终。2000 年前,政策主要瞄准校内课业负担;2000 年后,政策着重于对"减负"进行制度性安排。从政策颁布主体来看,涉及教育部、民政部、人社部等多个主体,2018 年《中小学减负措施》的颁布主体更是囊括了九大部门,"减负"由单一主体治理逐渐变为多元主体治理。这表明"减负"这一政策议题热度不减,并且进入了各部门的视野,先前的政策文件作为 2021 年"双减"政策的"压舱石"而进入影响

---

① 黄容霞. 我国高等教育质量保障政策 60 年演变(1949—2009 年):基于历史制度主义分析视角[J]. 现代大学教育,2010(6):69 - 76,112.

政策议程设立的政策流中。

（二）人大代表及政协委员等的建言献策

我国政策共同体的核心层人员由人大代表及政协委员等组成,为实现人民群众的利益,他们会借助召开全国"两会"的机会,围绕某个社会问题提出政策建议和解决方案。近些年,由于学业负担加重了社会焦虑,党和国家对中小学生学业负担问题高度重视,社会对"减负"呼声也日渐高涨,人大代表、政协委员等纷纷为中小学生减负建言献策,提出了数十项以"减负"为主要内容的提案（见表1-2）。

表1-2　2016—2020年"减负"相关提案（根据教育部信息公开栏整理）

会议名称	"减负"提案
2016年 政协十二届全国委员会 第四次会议	第1292号（教育类130号）提案 《关于减轻中小学学生作业负担的提案》
2017年 政协十二届全国委员会 第五次会议	第0044号（教育类017号）提案 《关于严格落实法规真正给小学生减负的提案》
	第2240号（教育类210号）提案 《关于推进中小学生减负减压的提案》
	第0599号（教育类063号）提案 《关于教育治乱、学生减负的提案》
	第1048号（教育类093号）提案 《关于整顿教育培训市场减轻学生课业负担的提案》
	第2723号（教育类271号）提案 《关于加强语文教育、减轻学生负担、取消中高考外语考试的提案》
	第0041号（教育类015号）提案 《关于加强课外培训管理　切实减轻中小学生负担的提案》

续表

会议名称	"减负"提案
2018 年 政协十三届全国委员会 第一次会议	第 4455 号(教育类 426 号)提案 《关于通过三方合力增强"减负"获得感的提案》
	第 3140 号(教育类 312 号)提案 《关于以创新型人才培养为导向调整我国基础教育减负政策的提案》
	第 1552 号(教育类 170 号) 《关于减轻教育负担提高二孩出生率的提案》
	第 0692 号(教育类 089 号)提案 《关于减轻中小学生课外负担的提案》
2020 年 政协十三届全国委员会 第三次会议	第 3173 号(教育类 298 号)提案 《关于进一步做好基础教育减负的提案》
	第 1792 号(教育类 461 号)提案 《关于落实健康第一的教育理念,为中小学生松绑减负的提案》

2018 年 3 月 16 日,在十三届全国人大一次会议记者会上,时任教育部部长陈宝生指出要从五个方面坚定不移地减轻学生负担;在 2019 年全国"两会"第四场"部长通道",他继续强调,"减负"是一个"多因一果"的综合征,一定要系统治理,难度再大也要紧紧抓住不放。① 2020 年"两会"期间,全国政协委员、民建福建省委主委吴志明领衔 108 名全国政协委员联名,从提高中小学生身体素质出发,提交了《关于落实健康第一的教育理念,为中小学生松绑减负的提案》,提议要建立完善的国家教育评价体系,并且要精简教材内容,严禁超纲教学,重视体育科目。② 108 名政协委员的联名提议,

---

① 陈宝生:减负再难也要减 不获全胜决不收手[EB/OL]. (2019 – 03 – 12)[2021 – 09 – 18]. http://www.xinhuanet.com/politics/2019lh/2019 – 03/12/c_1210079881.htm.

② 吴志明委员:中小学生负担校内校外齐增长:108 名委员联名提案为中小学生减负[EB/OL]. (2020 – 05 – 13)[2021 – 09 – 18]. http://www.moe.gov.cn/jyb_xwfb/xw_zt/moe_357/jyzt_2020n/2020_zt06/shengyin/weiyuan/202005/t20200525_458536.html.

从侧面印证了"减负"的紧迫性。

教育部部长、人大代表及政协委员的提案和建议不仅倡导国家关注中小学生负担过重的问题,而且提出具体可行的建议和实施方案。可以看出,在政策源流中,政治官员担负着上通下达、下情上传的重要角色。一方面,他们密切联系人民群众,传递群众声音,为减轻学生学业负担发声;另一方面,他们紧跟上级政府的指示,深刻理解上级意见并积极形成自己的相应对策。因此,他们的建言献策是"双减"政策流中极为重要的组成部分。

（三）专家学者的理性思考

一个社会对政策问题的研究知识储备越充分丰富,则达成政策行动的意愿或设置议程的动机就越强烈。① 因此,政策共同体中教育思想库和专家学者关于"减负"分析和探讨的丰富程度、价值水准及技术可行性,都是促使政府政策备选方案形成的重要因素。

专家学者传达学术思考和政策建议的通道一般包括研究课题、学术论文、著作、学术会议等。学生学业负担作为基础教育领域的热门研究主题,学者们有不同的研究重点。部分研究课题指向了如何监测与评价学生学业负担,如全国教育科学"十二五"规划教育部重点课题"基于学业负担评价的学校教学管理改进研究"、教育部人文社科重点研究基地重大研究项目"义务教育阶段学生课业负担监测与公告机制研究"、中央高校基本科研业务费专项资金资助项目"小学生课业负担测评常模构建与应用"等。还有部分课题以如何减轻学业负担为视角,提出了众多具有可行性的对策,如教育部人文社会科学研究 2011 年度一般项目"中小学课业负担的综合治理:基于政策、行动及研究的视角"、湖南省"十二五"教育科学规划课题"促进学生自主发展的减负机制研究"、武汉市教育科学规划课题"减轻初中学生课业负担对策研究"等。

决策咨询制度是我国社会主义民主政治建设的重要内容,教育科研部门作为教育智库,是党和政府作出教育决策的重要支撑。中国教育科学研究院曾组织 150 多名学科专家开展了"中小学理科教材难度的国际比较研

---

① 赵德余. 公共政策:共同体、工具与过程[M]. 上海:上海人民出版社,2011:125.

究",揭示了我国学生课业负担过重并非由教材难度过高所致的事实,[①]而是由于课外加码和教不得法所致。这一研究成果,经过媒体报道,不仅使群众清晰了学业负担过重的原因,而且为国家教材编写及课程标准设置提供了科学指导。

除课题项目及智库的研究外,各学者也积极通过发表论文提出自己的观点,以此来"软化"其他政策倡议者、公众以及决策者。截至 2021 年 9 月 19 日,以"学业负担""课业负担""校外培训机构""课外补习"为主题,在中国知网数据库中进行搜索,共得到 871 篇 CSSCI 及北大核心教育学类期刊论文,并且大多数学者认为学业负担的治理需要政府规范与引导、学校教育教学改革和社会参与支持等多方协同。[②]

由此可见,已有政策文件作为一种官方认可,自然而然就成为政策流中的重要组成部分。此外,"政策原汤"中还飘浮着政策共同体成员的观点。政治官员们以维护公共利益、改善民生为出发点,提出自己关于"减负"的看法或宏观设想,但这种建议没有经过规范的实证研究,科学性有待检验。不同学科背景的专家学者及智库运用多种研究方法,理性探讨学业负担的成因,提出了微观层面的政策建议,加深了政策共同体及公众对相关问题的认识。由此,围绕"减负"这一主题,"政策原汤"内形成了一系列可行的政策方案,为决策制定者提供了多种选择,加大了"双减"问题进入政策议程的可能性。

三、政治源流:一脉相承的政治理念与国民情绪的反映

多源流框架中第三条源流为政治源流。政治流由政权更替、政府变更、选举结果、多数党席位变化及国民情绪等因素构成。政治流在三条源流中起着主导作用,如政治流中政府更替和领导人的更换,通常可以打破旧的政策格局,提出新的政策原则和政策主张。[③] 与西方国家不同,我国国体为人

---

① 研究显示:我国中小学教材难度处于国际中等水平[EB/OL].(2014 - 05 - 14)[2021 - 09 - 18].http://edu. people. com. cn/n/2014/0514/c1053 - 25017580. html.

② 王贤文,周险峰. 学业负担治理研究十年:回顾与展望[J]. 河北师范大学学报(教育科学版),2021,23(3):121 - 127.

③ 金登. 议程、备选方案与公共政策[M]. 丁煌,方兴,译. 2 版. 北京:中国人民大学出版社,2004:193 - 195.

民民主专政,中国共产党是我国唯一的执政党。因此,我国在政治选举、政府人事、管理权限等方面有稳定的运作机制,在这种情境下,国家领导人的指示、执政党的教育理念和规划及国民情绪成为"双减"政策出台前政治流中的重要元素。

（一）历届国家领导人的"减负"指示

毛泽东的学生"减负"观可以概括为:健康第一、学习第二。[①] 1964 年 2 月 13 日,毛泽东在春节座谈会上发表关于"教育革命"的谈话,认为学校教育"一是课多,一是书多,压得太重",提出"学制可以缩短""课程可以砍掉一半"。同年 3 月 6 日,中共中央办公厅秘书室编印的《群众反映》摘登北京铁路二中校长魏莲一的来信稿——《北京一个中学校长提出减轻中学生负担问题的意见》,毛泽东批语指出:"现在学校课程太多,对学生压力太大,讲授又不甚得法。考试方法以学生为敌人,举行突然袭击。这三项都是不利于培养青年们在德智体诸方面生动活泼地主动地得到发展的。"1965 年 7 月 3 日,毛泽东看了《北京师范学院一个班学生生活过度紧张,健康状况下降》的材料后,提出:"学生负担太重,影响健康,学了也无用。建议从一切活动总量中,砍掉三分之一。"

此后,历届国家领导人都将学业负担视作学校教育的主要问题,不断强调减轻学生负担。1978 年 4 月,邓小平在全国教育工作会议上指出:"学生负担太重是不好的,今后仍然要采取有效措施来防止和纠正。"2000 年 2 月,江泽民在《关于教育问题的谈话》中指出:"现在一些学生负担很重,结果形成了很大的心理压力。这不利于青少年学生的健康成长。"2007 年 10 月,胡锦涛在中共第十七次全国代表大会上的报告中提出,要"减轻中小学生课业负担,提高学生综合素质"。这是党代会上首次涉及"减负"问题,表明"减负"已涉及民生,受到国家领导层的重视。2018 年 9 月,习近平在全国教育大会上指出,要"坚决克服唯分数、唯升学、唯文凭、唯论文、唯帽子的顽瘴痼疾,从根本上解决教育评价指挥棒问题"。2021 年 3 月,习近平看望参加政协会议的医药卫生界、教育界委员强调:"培训乱象,可以说是很难治理的顽

---

① 毛泽东的学生"减负"观:健康第一、学习第二[EB/OL].（2004 – 01 – 08）[2021 – 09 – 18]. https://www.chinanews.com/n/2004 – 01 – 18/26/393179.html.

瘰瘤疾"。"教育,无论学校教育还是家庭教育,都不能过于注重分数。"虽然讲话中没有直接提及减轻学生学业负担的问题,但已经关注到分数及培训机构对学生和家长造成的困扰。

(二)执政党的教育理念和规划

立足于中国国情,我们可以发现执政党的意识形态在多源流模型的政治源流中居于核心地位。执政党的教育理念作为其意识形态的重要组成部分,推动了教育领域重大纲要或规划的出台,为"双减"步入正式的政策议程提供了政治基础。

1993年2月,中共中央、国务院发布了《中国教育改革和发展纲要》,提出"中小学要由'应试教育'转向全面提高国民素质的轨道……中小学要切实采取措施减轻学生过重的课业负担。"1999年6月,中共中央、国务院《关于深化教育改革全面推进素质教育的决定》中指出:"减轻中小学生课业负担已成为推行素质教育中刻不容缓的问题,要切实认真加以解决。"此后,学业负担成为实施"素质教育"过程中的拦路虎,"减负"进入了深水区。两年后,国务院颁发《关于基础教育改革与发展的决定》,进一步强调"继续减轻中小学生过重的课业负担"。2010年7月,作为指导未来十年教育改革和发展的纲领性文件《国家中长期教育改革和发展规划纲要(2010—2020年)》发布,在"义务教育"章节明确提出了"减轻中小学生课业负担"。由此,"减负"成为基础教育改革和发展的重要内容之一。

在中国语境下,政策流中国家政策的出台往往具有"既往性"的特点。①也就是说,国家进入新的发展阶段或新领导集体的更迭不仅需要面对以往尚未解决的政策问题,还要提出新方案、新思路,使政策方案比以往更具可行性。因此,进入新时代以来,我国陆续出台了许多重要教育规划和意见,将"减负"提高到了更加重要的位置。例如,2013年11月,《中共中央关于全面深化改革若干重大问题的决定》中继续要求"标本兼治减轻学生课业负担"。2017年1月,国务院印发《国家教育事业发展"十三五"规划》,将"减负"作为重要任务单独列出。同年9月,《关于深化教育体制机制改革的意

---

① 江永清.基于多源流模型的我国双创政策之窗开启分析[J].中国行政管理,2019,(12):96–102.

见》提出"规范校外教育培训机构"等校外培训专项治理内容。2021 年 3 月,《中华人民共和国国民经济和社会发展第十四个五年规划和 2035 年远景目标纲要》(简称"'十四五'规划纲要")将"建设高质量教育体系"作为教育发展的重要目标提了出来,这表明党和国家力求为人民提供更加优质的教育,"减负"也随之成为提高教育的质量水平及实现内涵发展的重要工作之一。从以上政策文件可以看出,以习近平同志为核心的党中央继往开来,为"双减"政策进入议程提供了新的政治动能。

在公共教育问题纳入议程的过程中,政府只有持积极鼓励和促使其产生的态度,教育问题才能较为顺利地成为教育政策问题。[①] 几十年来,党和国家始终坚持将人的全面发展置于首要地位,积极支持"减负"政策的制定与推行,将"减负"问题顺利上升为需要制定教育政策以解决的教育问题,润滑了"双减"政策议程设立的政治通道。

(三)国民情绪的反映

"国民情绪",又称"公众情绪""国家的气候"。政治源流中国民情绪的出现表明有大批的民众正沿着某些共同的路线思考,它可以"催化"并促成一些主题在议程中上升至很高的位置。[②] 在始终坚持"以人民为中心"的发展思想指导下,增强人民群众的教育获得感成为我国教育发展的重中之重。政策制定者势必会将社会民众关于学业负担、校外培训等的情绪、态度和意见作为是否将政策提上议程的参考依据,国民情绪在一定程度上引导着政治流的走向,为"双减"政策的落地提供了"肥沃土壤"。

一方面,"两会"作为选民向党中央提供意见和要求的重要信息通道,是涌现国民情绪的关键时间节点。"减负"一直是"两会"期间的重要议题,2019 年在省级地方"两会"关注的教育话题中,云南省、湖北省、上海市等多地强调要"为中小学生减负支招"。[③] 2020 年"两会"期间,人民网公布调查结果显示,"教育现代化"成为网民 10 个最关心的"两会"热词之一,位列第

---

① 张兆本. 新公共政策分析[M]. 北京:人民出版社,2006:125 - 126.

② 金登. 议程、备选方案与公共政策[M]. 丁煌,方兴,译. 2 版. 北京:中国人民大学出版社,2004:185 - 186.

③ 2019,地方两会关注哪些教育话题[EB/OL]. (2019 - 03 - 01)[2021 - 09 - 18]. http://www.moe.gov.cn/jyb_xwfb/s5147/201903/t20190301_371789.html.

四,在"您最关注教育改革的哪些举措"中,"中小学生课业'减负'"成为网民投票最高的选项。①

另一方面,社会舆情及讨论也能反映国民情绪的变化和态势。通过选取 2011 年至 2020 年间百度指数中"学生减负""课业负担"等主题词搜索量的统计来反映社会民众对"减负"的关注度。从"减负"关键词的百度搜索量的时间变化来看,相关主题词的搜索量在 2013 年 3 月与 8 月、2018 年 2 月、2019 年 3 月与 10 月出现了不同程度的峰值。显然,将"减负"的峰值与表 1-1 进行比较可以发现,峰值的出现几乎都伴随着国家有关"减负"政策的出台,这表现了社会民众对"减负"政策的关注度之高、讨论程度之广泛。此外,虽然出现峰值以外的其他时期内,"减负"关注程度的变化波动比较稳定,但这也正表明了社会关于"减负"的讨论一直存在。

从国民情绪的反映来看,社会对"减负"讨论热烈,其中主流观点呈现了对"减负"支持的态度,但也有部分民众对"减负"持抵制态度。例如,2018年《教育部,请不要给我的孩子减负》的文章在朋友圈广泛传播,其中"减负减负,减成废物"赤裸裸地表达了反对"减负"的决心,引起了不少民众的共鸣。

总之,在政策议程设立过程中,政治流起着主导作用,历届国家领导人的"减负"指示及执政党的教育理念和规划为"双减"政策方案合法化提供了重要依据,加之国民情绪的助推,政治流逐渐发展完备。

四、三流耦合:"双减"政策之窗开启

政策之窗,是指政策建议的倡导者提出其最得意的解决办法的机会,或者是促使其特殊问题受到关注的机会。② 那么,三条源流是如何耦合来推动"双减"政策之窗的开启呢?金登认为,在政策之窗开启之前,三条源流均已发展完善,进入蓄势待发的状态,它们彼此独立,互不干扰,只有三源流汇合意见和问题才能提上政策议程。

---

① 两会调查:中小学课业减负问题热度不减[EB/OL].(2019-03-01)[2021-09-18].https://baijiahao.baidu.com/s? id=1667039795709838839&wfr=spider&for=pc.

② 金登.议程、备选方案与公共政策[M].丁煌,方兴,译.2 版.北京:中国人民大学出版社,2004:210-212.

值得注意的是,中国决策情境下,三种源流并不完全独立而是存在着广泛的联系,政策活动中"政策企业家"具有的多重身份也使要素源流的边界更加模糊。① 因此,"双减"政策中三条源流遵循着问题流与政治流的深度互动、问题流与政策流反复交汇、政策流与政治流不断融合的耦合路径。

(一)问题流与政治流的深度互动

问题流与政治流产生互动,能够引起政策企业家对问题的重点关注,问题可能产生的后果及其复杂性决定了政策制定者将此类问题置于何种高度。1978 年至 1992 年间,我国"减负"政策处于片面追求升学率纠正时期。② 这一时期内,学业负担过重仅仅作为片面追求升学率带来的附属问题受到国家关注,这种关注止步于表象。在素质教育推进时期,学生学业负担过重的问题则被转化为"应试教育"和"素质教育"的对立问题,政策制定者发现学业负担影响国家培养人才的综合素质,对相关问题的关注上升到教育理念变革的高度。之后,校外培训机构的迅猛发展影响了教育公平,资本化运作的经营方式使教育公益性遭到破坏,过重的学业负担降低了教育质量,不能满足人民群众对优质教育的需求,学业负担进一步成了影响教育幸福感的民生问题。这与国家领导人的教育理念和执政党的方针政策背道而驰,学业负担问题逐渐上升到政治高度。

在政策之窗打开前,《关于进一步减轻义务教育阶段学生作业负担和校外培训负担的意见》起草小组作为国家层面的政策企业家,根据国家意愿和安排,对 10 个省份 100 个区县 1.86 万家培训机构、68 万名学生和 74 万名家长开展调查,发现了校内和校外存在的问题。此次调研实现了问题流与政治流最后一次关键互动,问题流与政治流顺利实现耦合。可以看出,随着社会的发展,学生作业负担及校外培训负担与政治流的互动呈现出层层深入的特点。最后,《关于进一步减轻义务教育阶段学生作业负担和校外培训负担的意见》的出台,标志着解决学生负担问题站在了实现中华民族伟大复兴的战略高度和政治高度。

---

① 文宏,崔铁.中国决策情境下的多源流模型及其优化研究[J].电子科技大学学报(社科版),2014,16(5):12-19.

② 王毓珣,刘健.改革开放四十年中小学减负政策变迁及走向分析[J].教育理论与实践,2018,38(31):17-23.

(二)问题流与政策流反复交汇

"减负"问题涉及社会生活的方方面面,在"双减"政策出台过程中,问题流和政策流并不是线性吻合的,而是处于反复交汇态势中。问题流不只是作为触发机制,政策流也不只是被动等待耦合,而是呈现出由问题建构到政策方案的理性路径,以及由政策方案到问题建构的回溯进程。[①] 也就是说,与学业负担相关的新问题的出现,推动了专家学者的研究或政策的出台,使"政策原汤"得以丰富,而相关政策的出台又可能带来意料之外的"负效应",使新的问题再次汇集在问题流中,政策流中源源不断地汇集了解决相关问题的方案,政策备选方案得以完善。这样的回溯进程,在"减负"政策实施中时有体现。

如20世纪90年代后,为有效减轻学生校内学业负担,我国制定并推行了众多"减负"政策,但随之而来的是愈演愈烈的"三点半难题"。因此,"三点半难题"成为"减负"的附属问题"漂入"问题流,引起政策共同体的注意。对此,专家学者展开了众多研究,进而推动政府出台了《教育部办公厅关于做好中小学生课后服务工作的指导意见》等规范性文件,意图通过实施课后服务工作政策来缓解相关问题。在此过程中,问题流与政策流的交汇路径表现为:学业负担过重→以减少学生在校时间为主要内容的"减负令"出台→"三点半难题"浮现→课后服务政策出台并不断完善。课后服务政策虽不是以"减负"为主要内容,但它作为校内"减负"的配套措施提前进入了政策流,完善了"双减"政策的支持体系。

此外,课外补习、校外培训机构招生乱象成为学业负担过重问题的新推手。为加大校外培训机构的整治力度,2018年教育部办公厅等四部门联合出台了《关于切实减轻中小学生课外负担开展校外培训机构专项治理行动的通知》,开展了"双减"政策出台前规模最大的一轮针对校外培训机构的专项治理行动。专项治理行动开展成效如何,政策流中的专家学者通过研究给出了答案:专项治理能够在短期之内降低参与率,但无法抑制成本的上涨,家庭在校外补习和兴趣班方面的支出显著增加。[②] 这在一定程度上说明

---

① 吴会会.动态嵌套的"三流耦合":《乡村教师支持计划(2015—2020年)》制定过程透视[J].教师教育研究,2018,30(4):24-29,49.

② 魏易,薛海平.校外培训机构治理是否有效? 基于2017—2019年中国教育财政家庭调查数据的分析[J].教育科学研究,2021(6):32-40.

了专项治理行动贯彻程度不够,因此,仅仅在 3 年后的"双减"政策中就再一次提出全面规范校外培训行为。在此过程中,问题流与政策流产生了重合,如"校外培训机构治理是否有效"既是问题流中的重要组成部分,又是政策流中专家学者的研究重点。专家学者在研究中根据现实不断建构新的问题,将"政策原汤"中现有的且不足以解决新问题的政策建议剔除。问题流与政策流两者螺旋式不断交汇上升,共同推动了三流耦合的进程。

(三)政策流与政治流不断融合

三源流中,政策流与问题流的不断融合能使"政策原汤"中的多方共识升华、积淀,最终经过政治流的筛选、过滤与检验,得到官方认可,提高政策建议的合法性。我国决策系统中政策流与政治流的融合绝大部分时候依靠政策企业家完成。我国政策企业家不同于西方政策企业家具有独立身份,他们中的专家学者往往具有人大代表、政协委员甚至是利益相关者的多重身份,能够接触政治流中最为核心的部分。

当然,政策流与政治流也会产生直接联系。由于社会问题繁杂,政治流中的执政党或国家领导人不能对每个领域内的问题都了如指掌,这时就需要委托政策流中的专家学者作出判断。例如,2008 年 8 月在《国家中长期教育改革和发展规划纲要(2010—2020 年)》的起草工作中,"减轻学生学业负担、降低教材难度"的呼声进入了政策制定者的视野。但教材难度与学生学业负担是否有必然联系却没有科学论断。因此,纲要中将其表述为:"调整教材内容,科学设计课程难度",从而为"中小学理科教材难度国际比较研究"的专题研究提供了空间。近些年来,"两会"中不断涌现的"减负"提案、教育部部长在多个公开场合对"减负"问题的关注,也侧面体现了政治流与政策流发育成熟。

(四)三流耦合:政策之窗开启

政策之窗开启前,有关"双减"政策的政策流、问题流和政治流在各自的范围内日益发展完备,对政策议程的设立发挥着独特的作用。而三大源流的彼此互动,再次加速了"双减"政策之窗的开启。政策之窗开启的时间点一般与关键事件的爆发有关,但学生学业负担与校外培训负担引发的问题在全社会范围内难以产生较大轰动。因此,在中国决策情境下,政治流对政策出台起着主导作用,"双减"政策要想进入政策设立议程必须依靠常规且重要的会议。

如前所述,问题流中学生学业负担过重及校外培训机构乱象丛生,不仅是破坏教育生态、违背教育规律的教育问题,而且是影响人民群众教育满意度的民生和社会问题。"越减越负"的现实宣告了以往多项"减负"政策的"破产",屡禁不止的校外培训机构不断"反噬"义务教育,弱化了学校教育主阵地的作用。因此,社会现实的变化逐渐引起了社会各方的广泛关注、讨论与思考。政策流中,政治官员及专家学者根据现实需求提供了众多的政策选择方案,为"减负"积极发声。2020年,全国12315平台受理教育培训服务投诉举报多达15.5万件,占投诉举报总量的8.2%。① 由此可见,社会公众对教育培训服务呈现不满情绪,对"减负"的支持也日益高涨,政治流中的国民情绪助推"减负"问题进入国家领导人的视野。2021年5月21日,中央全面深化改革委员会第十九次会议审议通过《关于进一步减轻义务教育阶段学生作业负担和校外培训负担的意见》。紧接着,7月24日,中共中央办公厅、国务院办公厅印发,"双减"政策正式落地。至此,三条源流在曲折中实现了耦合,在中央全面深化改革委员会第十九次会议上"双减"政策之窗得以开启。

政治流在推动"双减"政策出台的过程中起着决定性的重要作用,中央全面深化改革委员会作为中共中央直属决策议事协调机构,起着对国家不同领域重大工作作出顶层设计的作用。在中央全面深化改革委员会上审议通过"双减"政策,并出台了一系列配套文件,不仅体现了"双减"在教育领域中的重要地位,更是彰显了党和国家对减轻学生学业负担、校外培训负担及"办好人民群众满意的教育"的决心。"双减"政策虽已出台,三大源流仍在不断发育,更好地促使政策发挥实效,未来应提高识别问题的敏锐性,重视问题流中新指标的变动及政策实施的反馈。同时,还需不断完善政策流,体现政策话语的民主,重视利益相关者如义务教育学校、家长及学生的建议,拓宽社情反映渠道和民意表达渠道。政治流作为主导性源流则要对政策实施的问题进行精准判断,筛选政策选择方案,吸纳群众有效建议,敦促各省市、各部门全面落实"双减"政策。

---

① 市场监管总局就强化校外培训机构市场监管有关情况举行专题新闻发布会[EB/OL]. (2021 - 08 - 02)[2021 - 10 - 02]. http://www.samr.gov.cn/xw/xwfbt/202106/t20210601_330032.html.

第二章 "双减"政策执行的碎片化困境及整体性治理

"双减"作为一项具有极高政治站位的重大民生工程,其推行涉及广泛的治理范围、复杂的治理对象及多元的治理主体,"双减"政策能否有效实施依赖于中央及地方政府各部门的统筹治理、家校社的共同发力。如若缺乏整体性治理思维,"双减"政策的执行很容易陷入碎片化的困境之中。整体性治理理论是由佩里·希克斯等人在反思新公共管理导致的部门化、碎片化和裂解性问题的基础上所形成的全新的公共行政理论。整体性治理强调以公民需求为导向,以责任、协调及整合为治理机制,为公民提供无缝隙的整体性服务。① 整体性治理理论着力于提高组织体系运作的整合性和协调性,致力于解决碎片化问题,可以为"双减"政策有效执行提供整体性治理思维。

一、整体性治理理论:"双减"政策有效执行的方向指引

新中国成立以来,我国以减轻中小学生学业负担为目的,出台了众多政策推进"减负"工作的进行,然而与"减负"相关的教育政策及改革实践处于"按下葫芦又起瓢"的窘境之中。此次"双减"政策治理力度空前,不仅仅涉及"减负"问题,还关涉到人民群众最为关注的教育公平、教育教学质量及教育公益性的问题,具有里程碑式的意义,必须站在中华民族伟大复兴的战略高度来深入认识"双减"政策的政治智慧与实践价值。"双减"政策有效执行要求政策执行主体具有统整一切可利用资源的整体性思维,强调整合和协同的整体性治理理论可以作为政策执行的理论指引,推动"双减"工作的顺利展开。

---

① 吴德星.整体性治理理论与实践启示[N].学习时报,2017 – 11 – 27(2).

（一）整体性治理理论的内涵框架

整体性治理理论脱胎于新公共管理实践中出现的问题。20 世纪 70 年代,肇始于英国的新公共管理运动强调政府组织之间的分权、竞争和激励,在效率为先的导向下政府组织逐渐走向分化和专业化,使治理过程中出现了公共服务的裂解、政府组织割裂及失调等碎片化问题。与此同时,社会问题的复杂化对政府部门之间跨界、跨域的协调处理能力提出了更高的要求,新公共管理已无法应对社会发展的新趋势。20 世纪 90 年代末,佩里·希克斯针对新公共管理运动导致的分权及碎片化问题接连出版了《整体性政府》《圆桌中的治理——整体性政府的策略》《迈向整体性治理》进行论述,他以逆碎片化和逆部门化为理论导引,以满足公民需求、解决公民的生活问题为价值导向,提出了"整体性治理"这一革命性理念。① 具体而言,整体性治理理论的内涵框架包括以下几个方面:

一是整体性治理以多元主体合作治理为基本理念。整体性治理认为复杂公共事务难以依靠单一主体治理来实现,需要发挥政府部门、非营利部门、社会公众等多元主体的协同优势。通过平等沟通、对话协商、资源共享等方式,实现自上而下的政府管理与自下而上的多元主体参与之间的良性互动,最终达致增进公共利益的目标。②

二是整体性治理以信任、协调和整合为治理机制。首先,基于相同理念的信任是实现整合的前提,信任机制就是通过建立以共同认识为基础的信任关系来增强政府组织间的凝聚力。其次,协调机制涉及组织关系层面和组织过程层面,主要解决的是由于理念差异及文化冲突导致治理目标与手段之间不匹配的问题,强调各主体要将政策的价值目标与要实施的活动调节到同一频次上,以此来实现多元治理主体之间观念及行动两个层面的真正协作。最后,整合机制是破解碎片化的重要途径,包括不同治理层级的整合、同一部门内不同治理功能或不同功能机构间的整合、公私部门的整合、服务资源的整合等方面。这三种机制并不完全割裂,而是在治理过程中互

---

① 曾凡军.基于整体性治理的政府组织协调机制研究[M].武汉:武汉大学出版社,2013:22-24.

② 史云贵,周荃.整体性治理:梳理、反思与趋势[J].天津行政学院学报,2014,16(5):3-8.

相渗透、互相融合的。

三是整体性治理重视将信息技术和网络技术作为治理手段。通过信息化手段将不同的数据资源进行整合建立一套中央数据库,从而实现"在线治理模式"和政府行政业务及流程的透明,为公民提供"无缝隙"服务。[①] 值得注意的是,劳动的分工和专业化是现代组织的一项必然的特点,整体性治理并不是反对政府组织的专业化,而是强调通过合作、整合、协调在政府组织间建立一种基于相同目标而采取行动的伙伴关系。

显然,整体性治理是对新公共管理改革的碎片化问题的一项修正。整体性治理强调政府以问题为取向为公民需求提供服务,着眼于多元治理主体间的整体性运作,强调为了完成共同目标而展开跨部门协作,主张政府管理"从分散走向集中,从部分走向整体,从破碎走向整合",从而建立纵横交错、内外联结的协作机制,从根本上解决政府管理碎片化和服务空心化问题,提升政府部门整体治理能力。[②] 整体性治理已成为英国、澳大利亚、新西兰、荷兰等国家公共服务改革的重要指导思想,建立"整体政府"公共服务模式也已成为西方国家公共服务改革的普遍诉求。[③] 整体性治理已有了广泛的实践基础,并得到理论研究者和实践者的广泛认同,成为一种不断完善的治理范式。

(二)整体性治理理论分析"双减"政策执行的契合性

整体性治理虽源于西方,产生的政治背景与我国有所差异,但我国已有不少学者将其应用到如创新社会保障治理路径[④]、协调地方政府部门关系[⑤]、

① 曾凡军.基于整体性治理的政府组织协调机制研究[M].武汉:武汉大学出版社,2013:26.

② 孙迎春.现代政府治理新趋势:整体政府跨界协同治理[J].中国发展观察,2014(9):36-39.

③ 张立荣,曾维和.当代西方"整体政府"公共服务模式及其借鉴[J].中国行政管理,2008(7):108-111.

④ 李磊,李连友.从碎片到整合:中国社会保障治理的进程与走向:基于"理念—主体—路径"的分析框架[J].经济社会体制比较,2021(1):1-10.

⑤ 周伟.地方政府间跨域治理碎片化:问题、根源与解决路径[J].行政论坛,2018(1):74-80.

探索高等教育协同发展路径①及促进学前教育发展②等解决社会不同领域的问题中。这表明剔除政治体制等因素外,整体性治理不仅可以为公共服务整体性供给的实现提供有效解决方案,对分析中国治理情境下复杂棘手的社会问题也有普遍性启示。因此,"双减"政策的有效执行也可以从其中汲取养分,拓展思路。

首先,整体性治理理念与我国教育治理体系现代化的治理理念具有一致性。《中国教育现代化2035》将推进教育治理体系和治理能力现代化作为教育现代化的十大战略任务之一。教育治理现代化强调由教育管理走向教育治理,在此基础上实现教育治理主体的多元化、教育治理运行模式的互动性及教育治理方式的合作。③ "多元""互动""合作"是教育治理现代化的内核,这与整体性治理所强调的"整合""协调"不谋而合,而"双减"政策正是教育治理现代化在基础教育领域的具体实践。从这个角度看来,整体性治理理论可以回应中国教育治理现代化的实践诉求。

其次,整体性治理与"双减"政策具有相同的价值遵循。整体性治理是以满足公民需求为主导,将个人的生活事件列为政府治理的优先考虑项目,将治理重点转移到个体问题的解决上来,而不是考虑政府治理的效率。④ "双减"改革是党和国家为解决学生学业负担过重及校外培训机构对基础教育产生侵扰,破坏了教育生态的问题而出台的高规格政策,体现了党和国家坚持为人民服务的宗旨和力求办好人民群众满意的教育,不断满足人民群众对美好教育生活的价值追求。注重问题解决、关注人民需求是整体性治理及"双减"政策执行共同的出发点和落脚点。

最后,整体性治理能够为"双减"政策有效执行提供方法路径。"双减"政策具有极强的公共性、外部性和综合性,需要依靠政府统筹一切可利用的

---

① 杨慷慨. 成渝地区高等教育协同发展路径探索:基于整体性治理理论的视角[J]. 教师教育学报,2021,8(2):118-126.

② 高杭. 以整体性治理助力学前教育改革发展[J]. 清华大学教育研究,2019,40(5):112-118.

③ 余雅风. 以制度为关键和重点,让教育治理更有水平:推进教育治理体系和治理能力现代化[J]. 中国电化教育,2020(1):2-6,16.

④ 彭锦鹏. 全观型治理:理论与制度化策略[J]. 政治科学论丛,2005(23):61-99.

资源和力量予以综合协调执行。尽管"双减"政策被称为"史上最严"减负政策,但由于我国政府常态跨部门协调机制的运行尚不健全,"双减"政策不可避免地受到传统的科层式行政管理制度固有弊端的影响,陷入碎片化困境。碎片化正是整体性治理要解决的核心命题,因此,将整体性治理应用于"双减"政策的执行机制创新的分析中具有天然的契合性。

整体性治理视域下"双减"政策的有效执行应该遵循从碎片化到整体性的基本逻辑,以信息机制、信任机制、协调机制、整合机制为执行机制,凝聚相关利益主体的力量,整合政策执行相关资源,最终实现"双减"政策效能的最大化和教育生态的恢复。

二、碎片化困境:"双减"政策执行的现实图景

在整体性治理理论中,碎片化是指不同功能和专业的机构间由于缺乏沟通和协调而出现的各自为政的局面,碎片化的后果就是使政府的整体性政策目标无法顺利完成。[1] 碎片化表明了一种分割、重复、冲突、离散的状态,"双减"政策落地以来,多个省市积极落实国家政策,制定了"双减"实施细则,围绕治理校外培训和提升校内教学质量等扎实推进"双减"进程。但由于"双减"是一项复杂的系统工程,在"条块分割"的行政管理体制的大背景下,其落地与推行也将会遭遇育人理念、治理对象、治理主体、资源配置等碎片化困境和难题。

(一)多元利益主体的育人理念存在价值冲突

教育政策是教育权利和利益的具体体现。[2] 政策制定与执行中涉及的多元利益主体会根据自身或自身所处利益团体的价值诉求采取行动。"双减"政策的推行与落地涉及党组织、人民代表大会及中央政府等决策主体、地方政府及教育行政主管部门等执行主体及校外培训机构、学校及家长等对象主体。当不同主体出现价值理念的矛盾时,就会造成政策执行价值理

---

① 周伟. 地方政府间跨域治理碎片化:问题、根源与解决路径[J]. 行政论坛,2018(1):74-80.

② 孙绵涛,等. 教育政策论:具有中国特色的社会主义教育政策研究[M]. 武汉:华中师范大学出版社,2002:18.

念的碎片化,进而影响政策推行实效。

一是决策主体与执行主体间利益诉求不同而导致政策执行失真。从决策主体来看,"双减"政策关系到培养什么样的人、怎样培养人的问题,①体现着党组织、人民代表大会及中央政府等主体反对教育功利化,坚持教育公益属性,以学生为中心,促进学生全面发展的目标价值。从执行主体来看,地方政府和教育行政主管部门肩负着"上传下达"的重要使命,主要负责正确解读、传达并落实"双减"政策。但现实中,受到"效率优先,兼顾公平"政治价值话语的影响,地方政府在执行"双减"政策时不可避免地会更加看重工具理性,形成自上而下的行政路径依赖,以"一刀切"的方式执行政策。例如,在2018年2月的校外培训机构专项治理行动中,教育部办公厅等四部门联合要求各地根据政策文件及本地区实际形成治理方案。但分析各地政策文本发现,地方治理方案存在政策文本形式与内容规范雷同化、政策内容规范不完整等问题,影响了政策执行效果。② 加之,"双减"政策本身就具有的弹性空间,给政策执行主体留下做什么或者不做什么、如何做的余地,容易出现敷衍执行、附加执行、选择执行或替换执行等现象,将"减负"成果作为政绩工程,而忽视教育规律、教育公平的价值理性。执行主体在将"双减"政策付诸实践的过程中会按照地方利益或部门利益追求自身利益最大化③,这与决策主体追求的公共利益最大化形成了价值冲突,加大了"双减"政策执行失真的风险。

二是决策主体与对象主体间的价值冲突而阻滞政策执行。"双减"政策的对象主体包括了校外培训机构和家长。校外培训机构本质上是从事教育活动的,具有公益性的法律特点,要遵循教育的公共性原则。④ 但长期以来,

---

① 以人民为中心,将"双减"落到实处:专家解读《关于进一步减轻义务教育阶段学生作业负担和校外培训负担的意见》[EB/OL].(2021 - 07 - 26)[2021 - 11 - 05]. http://www. moe. gov. cn/jyb_xwfb/s5147/202107/t20210726_546798. html.

② 祁占勇,于茜兰.校外培训机构治理政策的内容分析[J].现代教育管理,2019(3):44 - 50.

③ 姚永强.教育政策主体的利益冲突与整合[J].国家教育行政学院学报,2012(3):31 - 35.

④ 祁占勇,答喆.论教育培训机构的法律地位[J].当代教育论坛,2021(3):41 - 47.

校外培训机构以营利性为导向超前超纲教学,忽视学生身心发展规律,破坏了教育生态。"双减"政策提出将"现有学科类培训机构统一登记为非营利性机构",损害了校外培训机构的利益,政策的推行势必会遭到其抵制。而家长作为政策推行的重要对象主体,其教育观念的转变是"减负"工作落实的关键所在。中国人民大学专题数据显示,"双减"工作全面贯彻落实以来,秋季学期参加学科类校外培训的小学和初中生占比为21.7%,比春季学期的参与率下降了26.4个百分点,有6.4%的家长比较不赞成规范校外培训机构的举措。① 这组数据表明,虽然"双减"政策取得了阶段性成就,但仍有部分家长被教育焦虑所裹挟,对"双减"政策持反对或消极态度。校外培训机构和家长对"双减"政策的态度立场与决策主体保持一致是政策发挥长效性的关键。

利益诉求是政策执行中相关主体采取行动的内驱力,在"双减"政策推行过程中,不同的主体基于自身的价值立场,形成了各异甚至相悖的育人理念,使"双减"政策执行面临价值理念碎片化的困境,难以形成执行合力。

(二)多维复杂治理对象的新兴情况层出不穷

整体性治理的前提假设是社会中存在有需要政府跨越单一组织功能的边界才可以解决的问题。"双减"政策明确提出要在一年内有效减轻义务教育阶段学生过重作业负担和校外培训负担,在三年内达到成效显著的工作目标。虽然"双减"政策的目标指向减轻学生负担,但分析政策文本可以清楚地看到,"双减"政策执行时间紧、任务重,政策推行过程中需要治理的对象纷繁复杂,散落在社会各个领域,难以依靠单一部门的力量解决。具体而言,"双减"政策的推行涉及校内和校外两个维度,解决学生负担和治理校外培训机构两个内容。

一方面是以减轻学生学业负担、提高教育教学质量为目标着眼于校内治理。具体内容包括:建立作业管理机制,通过控制学生作业总量和时长来减轻学生负担;提高课后服务水平,满足学生与家长多样化的教育需求;提升课堂教学质量,保障学生在校内"学足学好"。但随着政策的推行,"5 +

---

① 王卫东.回归教育本质,让孩子全面健康成长[N].光明日报,2021-10-26(13).

2"的课后服务模式使教师既要承担教育教学任务,又要提供课后服务,延长了教师的工作时间,增加了工作量。如何在确保课后服务质量优质且可持续的同时保障教师合法权益、如何设计课后服务的主要内容、如何建立课后服务的评价机制等成为新的难题。此外,如何科学地布置作业,提高作业实效性,既不使作业太少导致育人效果不良,又不因作业太多导致学生负担过重,达到在减轻学生负担的同时使学校教育提质增效,也是"双减"给学校教育带来的现实挑战。

另一方面是以减轻学生校外培训负担、恢复健康教育生态为指引着眼于校外培训机构的全面整治。具体内容包括:从严审批培训机构,严禁学科类培训机构资本化运作,维护学生及家长权益;压减学科类校外培训,避免其侵越和干扰教育教学秩序;严控培训机构开班时间,避免其挤压学生假期时间。随着"双减"政策的持续推进,这些治理对象还出现了新的变化。一是出现了诸如披着"家政外衣"的高薪住家教师、"一对一"上门家教服务、"众筹私教"等隐蔽化变异化校外培训。二是校外培训机构利用政策漏洞,如部分培训机构将"超前教育"解释为"增加学生词汇量",将培训时间避开周末及节假日,改为周一至周五上课,变相增加了学生负担。三是校外培训机构的减少使家庭获得更多育人时间与空间,但家庭教育的有效性却难以保证,不免出现"校内减负、家庭增负"的情况,家校社协同育人共同体的建设也面临着困境。

因此,"双减"政策治理对象散落于教育及社会领域的方方面面,政策有效执行的前提是理顺政策推行中已经出现及有可能出现的问题,透过"碎片化"的表象,分析问题产生的深层机制,从而在更高层次上建立整体性的政策运行机制。

(三)多元主体协同治理的体制机制尚不健全

进入新时代以来,教育改革已发展成为一场多方主体参与、关联领域甚广、结构要素复杂、后续影响深远的深刻社会变革。[①] "双减"作为新时代基

---

① 高杭.以整体性治理助力学前教育改革发展[J].清华大学教育研究,2019,40(5):112-118.

础教育改革发展的重大战略布局①,其政策执行具有明显的外部性、复杂性、敏感性和艰巨性等特征。因此,"双减"政策整体效能的发挥关键在于跨层级、跨区域、跨部门的多元治理主体能否形成强大的协调能力和合作能力。结合我国行政管理体制及"双减"政策的内容,政策执行涉及纵向协作、横向协作、水平协作、内外协作等四个层面的协作。

在纵向协作方面,也就是中央政府和地方政府之间的协调和合作中存在地方政府自主性发挥不足、央地协作效率不够的困境。一方面,我国政府纵向职责划分存在"职责同构"的特征,这导致各级政府对共同管理的公共事务管理权限的不清晰,在"双减"政策执行过程中容易发生各级政府因职责界限模糊对政策执行的相关事宜进行相互推诿的现象。另一方面,由于"减负"工程体量庞大,主要依靠市、县等基层政府的力量来推进工作,四级行政区划体制容易造成"双减"政策执行状况反馈的失真和速度的阻滞,中央政府难以在第一时间回应民众要求。由于信息不对称,中央如果对地方没有全面的监督机制,央地政府之间的协作效率及政策执行效果将会大大降低。

在横向协作即同一层级政府的合作中,存在政策执行中合作理念缺失的困境。行政区行政管理体制以行政区划分了地方政府行政权力行使的地域边界与空间范围,造成了地方政府相互隔离和自我封闭的局面,大大降低了处理公共事务的灵活性。②加上地域性观念的根深蒂固,地方政府往往缺乏合作理念。学生负担治理的复杂性已远远超出单一地方政府的单边行政能力,只有打破地方政府各自为战的局面,共享信息资源与治理经验,协同作战,才能在全国范围内实现政策执行的有效性。

在水平协作即同级政府跨部门之间的合作中,存在协同惰性。这是由于各部门在执行政策过程中并非秉持整体性理念和促进教育发展的视野,而是更多地考虑本部门的利益。各部门对于"双减"政策的执行,重点不是

① 张志勇."双减"格局下公共教育体系的重构与治理[J].中国教育学刊,2021(9):20－26,49.

② 周伟.地方政府间跨域治理碎片化:问题、根源与解决路径[J].行政论坛,2018(1):74－80.

恢复教育生态,而是将其作为达成部门目标的手段。而"双减"政策执行中教育行政部门依赖于其他部门的资源推进工作,其他部门对教育部门的依赖较小,单向度的依赖也使资源支出方的协同动力明显不足。长此以往,这种协同惰性很容易使各部门政策执行合力消解。

内外协作,指的是政府部门与其他社会机构的合作。"双减"政策在执行过程中还依靠其他社会机构的协助,如许多教培机构以辅助身份为学校提供优质的课后服务,社区整合区域内的教育、文体等资源为学生提供寓教于乐的休闲活动。但由于其他社会机构参与政策执行的时间、空间有限,政策执行主体不可避免地会使其他社会机构处于"双减"工作行动网络的边缘化位置而得不到重视。

显而易见,"双减"政策执行中政府在纵向协作、横向协作、水平协作、内外协作中有可能陷入协调不足的困境,进而使各个政策执行主体之间聚合关系弱化、政策执行主体结构碎片化,降低"双减"政策的整体效能。

（四）多种育人资源整合的深度挖掘不够充分

"双减"政策中指出在政策执行中要"强化学校教育主阵地的作用""提升课堂教学质量""学校教育教学质量和服务水平进一步提升",这充分说明提高学校教育教学质量、满足学生多样化的教育需求是减轻学生负担的治本之策。而育人资源的碎片化阻滞了教育教学质量的提升,主要表现为高质量教师资源碎片化和校外育人资源碎片化。

一方面,教师队伍的建设水平对一所学校的教育教学质量有着决定性作用。目前,优质教师资源的流动呈现出由落后地区流向发达地区、由农村学校流向城市学校的单向流动特征,形成了教育领域中的"马太效应",加剧了义务教育的不均衡。2020 年 8 月,常州市教育局发布《关于开展 2020 年常州市教育局直属义务教育学校中层干部和专任教师轮岗交流工作的通知》,推进专任教师轮岗交流常态化、制度化、公开化。2021 年 8 月,北京市在"双减"政策背景下推出了优秀校长教师轮岗交流实施细则,大面积、大比例推动干部教师轮岗。① 深圳市也拟将推行大学区招生和办学管理模式,建立义务教育学校教师交流制度。虽然这些地区率先开展了教师交流轮岗制度的实践,但真正建立校长教师交流轮岗制度并推行有效的地方并不多。在义务教育发展大格局中,优质教师资源由于过于集中某一地区或某一学校而处于碎片化的状态,"学校人"尚未成为"系统人",未能充分发挥区域优质教师资源带动效应。

另一方面,优质且多样的课后服务能够解决人民群众日益增长的教育需求与教育资源供给不充分不均衡的矛盾。由于学校的存量资源有限,课后服务需要学校、家长委员会、社区组织、校外机构等多元主体的参与,但我国课后服务政策存在只强调学校开展课后服务的主导作用,忽视了少年宫、科技馆、博物馆、美术馆场所等校外育人资源的重要作用,使得校外优质育人资源散落在社会各个角落,难以整合。"双减"政策背景下,上海在课后服务实践中已引入社区公益组织、非学科类培训机构等专业力量,辽宁沈阳探索引进非学科类培训机构参与课后服务试点,通过政府购买服务的方式将攀岩、编程等校外资源供学校使用。这些地区课后服务的改革实践整合了校外育人资源,提高了课后服务水平。可以看出,能否将散落的校外教育优质资源整合并纳入学校公共服务体系中,是破解政策执行中课后服务低质低效的关键。

三、整体性治理视域下"双减"政策有效执行的机制创新

整体性治理理论可以为"双减"政策执行走出碎片化困境提供理论指引。整体性治理视域下"双减"政策的有效执行应着眼于资源的整合性及主体的协作性,构建集信息机制、信任机制、协调机制及整合机制为一体的政策执行保障机制(见图2-1),从而使治理对象及育人观念从破碎走向整合、执行主体从单一走向整体、育人资源从分散走向集中。

---

① 大比例促进干部教师交流 让更多学生享受到优质教育资源 8个区校长教师年内启动轮岗交流[EB/OL]. (2021 - 08 - 26) [2021 - 11 - 05]. http://www.beijing.gov.cn/fuwu/bmfw/jyfw/ggts/202108/t20210826_2476940.html.

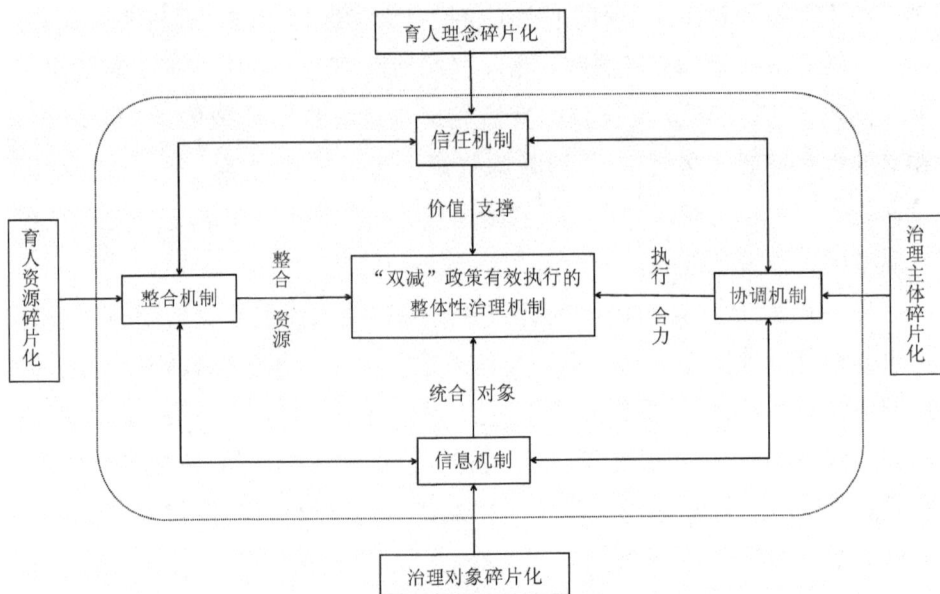

图 2-1 "双减"政策有效执行的整体性治理机制

（一）信息机制：以信息化为手段统合政策治理对象

20 世纪 90 年代后期提出的整体性治理理论与信息技术的发展息息相关，信息技术的进步为资源整合提供了可能。信息化手段可以使碎片化的"双减"政策治理对象实现统合。

一是建构学生学业负担监测大数据平台。目前我国学业负担监测一般包含于教育质量监测中，缺乏系统性和针对性。而科学监测学生学业负担是实施"减负"的前提，"双减"政策面向义务教育阶段所有学生，海量的学业负担原始性数据只有依靠大数据平台才能处理。首先，要设计全方位多维度的学业负担监测内容，构建层次化的学业负担监测指标体系，提高监测的科学性。其次，从监测频率来看，要实现常态化监测以保证数据的时效性；而从监测对象来看，要实现包括教师、家长在内的全员化监测，多角度交叉印证监测结果以保证数据的真实性。最后，还要将监测分析结果以区域、学校为单位上传至教育部门信息公开网站，公开数据既可以作为教育行政部门监督学校"减负"工作成效的依据，也可以提高教育行政部门开展下一步行动的准确性。

二是建设校外培训机构"互联网＋全民监管"的多功能平台。在校外培训机构治理过程中,政府应充分下放公共话语权,利用信息化手段积极发展相关的电子政务,让民意有路可走。① 目前,教育部已建设全国校外教育培训监管与服务综合平台,并要求各教育行政部门将校外培训机构在平台上登记入册,这为实现全民监管提供了平台支持。监管平台不仅要继续实现校外培训机构黑白名单的动态更新,为家长提供校外培训机构查询服务,还应开发校外培训机构缴费入口,让网站成为供求双方实现交易的平台,实现交易的透明化。这样既可以保护家长、学生的权益,也有利于政府收集行业信息。同时,针对校外培训愈加隐蔽化、私人化的新特点,平台还应开发面向中小学生、家长及社会大众的投诉入口,用于投诉违规开展培训、违规进行"一对一"家教的行为,通过群众的力量实现全方位、全面化的校外培训机构监管。为了提高全面服务与全民监管的效率,各地教育行政部门还应开发平台手机端的小程序或应用软件,并进行大力宣传,方便用户随时随地查询或投诉,提高用户的积极性。

(二)信任机制:以认同、奖励与责任为基础夯实多元主体的价值支撑

"双减"政策执行的碎片化困境从根源上讲是由于各主体没有建立基于共识的信任关系。由此,我们需要在各主体内部构建信任关系,使各主体对"双减"政策的教育理念产生认同,从而促进各主体的交流与合作,实现整体性行动。

一是建构以认同为基础的信任机制。正确的育人共识及一致的育人目标能够提升多元主体的互信程度,是产生集体行动的基础。"双减"政策以立德树人为指导思想,以构建教育良好生态,促进学生全面发展、健康成长为终极目标。因此,各地教育行政部门及其他政府部门必须意识到学生学业负担过重及校外培训机构乱象对教育生态的破坏性,意识到"双减"改革的综合性及教育的长期回报,杜绝追求升学率等功利化、短视化的教育思想,以建构绿色教育生态为行动指导,积极推进"减负"工作。家长作为校外

---

① 祁占勇,李清煜,王书琴. 21 世纪以来我国校外培训机构治理政策的演进历程与理性选择[J].中国教育学刊,2019(6):37－43.

培训机构的需求侧,要自觉缓解教育焦虑,克服剧场效应的影响,树立促进子女全面发展、健康成长的家庭教育理念,作出理性的教育选择。校外培训机构作为供给侧,要意识到学校教育才是教育主阵地,主动配合校外培训机构治理工作,积极寻找转型之路。

二是建构以奖励为基础的信任机制。"双减"工作作为一项任务量极大的综合性改革,其推进势必会触及多元主体的现有利益。为此,必须以奖励为补偿措施,最大限度地实现公共利益和个人利益的平衡,增强各主体的政策执行动力。具体而言,教育行政部门及学校要保障参与课后服务教师的权益,建立制度化的激励措施。核定教师开展课后服务的报酬标准,将教师参与课后服务工作的时间以课时数计入工作总量,①将课后服务的经费纳入教师绩效工资内,并设立课后服务专项奖励金,在学期末统一嘉奖。此外,针对其他部门有可能产生的"协同惰性"问题,教育部门要抓好统筹协调工作,积极宣传和动员,对"双减"工作中表现突出的其他政府部门或个人进行表彰。对取得积极成效并形成可推广经验的地区在教育部网站进行推广,并给予专项经费支持。

三是建构以责任为基础的信任机制。整体性治理非常重视树立责任意识,这种意识所产生的组织层次包括管理层次、法律层次以及宪法层次。②"双减"政策对参与"双减"工作的包括教育行政部门在内的13个政府部门的职责都作出了明确规定,创造了良好的制度环境。但政策对各部门的约束力和强制力层级较低,政府还应出台更加细化的政策将相关部门的责任具体化,并建立政策执行的监督机制。在学校场域中,为提高课后服务的质量,学校应把教师参与课后服务的情况和效果作为教师考核评价、评优奖励的重要依据,增强教师在课后服务中的主体责任。"减负"工作的推行也有赖于家庭场域中家庭教育的有效性,家长应作为子女的第一责任人,积极与学校教育相配合,自觉承担减轻学生负担的责任。社会作为推行"双减"政策的有生力量,应通过提供丰富的人力、物力资源,助力"双减"配套措施,尤

---

① 周洪宇,齐彦磊."双减"政策落地:焦点、难点与建议[J].新疆师范大学学报(哲学社会科学版),2022,43(1):69-78.

② PERRI 6,DIANA L,KIMBERLY S, et al. Towards holistic governance: the new reform agenda[M]. London:Palgrave Press,2002:170-171.

其是课后服务的实施。

（三）协调机制：以纵横交错内外联结为路径提升政策执行的协同共治力

有效的协调机制是维系各层级政府、各相关部门、学校及社会其他机构合作关系，提升协作效能的重要手段。"双减"政策强调要"坚持政府主导、多方联动，强化政府统筹，落实部门职责，发挥学校主体作用，健全保障政策，明确家校社协同责任"。因此，依据"双减"政策的指导思想，在党的统一领导下，形成政府各部门间纵横交错及教育系统内外联结的合作路径，是构成多主体政策执行的结构化聚合网络，提升政策执行合力的关键环节。

一是加强教育行政部门与其他政府部门的协调。一方面，教育行政部门要进行高位统筹，提升统筹协调能力，做好上传下达、左通右联的协调工作。目前教育部办公厅已成立了校外培训监管司，组织实施校外培训机构的综合治理并指导综合执法工作，对治理工作展开了宏观有效的指导。除此之外，省（市）一级教育行政部门还应成立"双减"工作推进小组，实行常态化的工作例会，注重政策实行的反馈。工作小组成员应来自各个相关部门，以总结各部门工作成效并研究解决下一步行动的重点问题。另一方面，各相关部门应提升专业治理能力。发展改革部门、网信部门、人力资源社会保障部门、民政部门、市场监管部门等均是"双减"工作开展的主力军。"双减"工作涉及培养人的教育问题，具有教育的特殊性，各部门在配合教育行政部门开展工作时应在遵循教育规律的前提下，根据相关制度规定进行规范管理，实现以教育行政部门为主轴的核心型合作向各部门全面参与的深化型合作的转变。此外，各地还应探索教育行政执法事项统一行使的路径，成立综合行政执法部门，把对违反国家规定举办教育培训机构的处罚等事项纳入联合执法的活动中来。

二是加强区域与区域之间的协调。信息公开是实现政府间信息交流的主要手段，各地都应主动公开"双减"政策执行的相关信息，积极就"减负"问题进行交流与合作。为保障"双减"工作平稳有序，在政策执行中对重点难题采取了"先行试点"的方式推进，在全国选取了9个城市为全国试点地区，目前这些城市已取得了良好的工作成效。"双减"政策还要求其他省份至少选择1个地市进行试点。先行试点的地区应采取多种手段积极推广有效经验,针对推进工作频受阻滞的地区应成立"一对一""一对多"的结对帮扶机制,形成科学有效的工作推进方案。

三是加强学校、家庭与社会之间的协调。学校教育、家庭教育和社会教育的有效配合能够实现全员育人、全方位育人。《中华人民共和国家庭教育促进法》针对"双减"作出规定:"县级以上地方人民政府应当加强监督管理,畅通学校家庭沟通渠道,推进学校教育和家庭教育相互配合。"对推进"减负"工作中学校及家庭的联合工作提出规定,因此,学校要成立家长学校,通过家长委员会、学校开放日等形式对家长开展家庭教育指导服务,帮助其树立正确的育人理念和科学的育人方法;还可以通过制订每日打卡计划及习惯养成方案,敦促家长、学生利用好课余时间。此外,学校要鼓励家长积极参与课后服务的监督和评价,提出切实有效的建议。"双减"之后,家长容易由"培训依赖"走向"学校依赖"。家长应着力构建良好的亲子关系,尊重子女的心理需求及学习需求,帮助其树立良好的学习习惯和正确的时间观念,提升子女学习的内驱力。社区可以弥补学校教育时间空间的短板,构建家校社协同育人机制,提升社区教育的支持性和拓展性教育功能。例如,上海市有众多学校引进退休教师、社区公益组织等力量开展课后服务工作;南京市江宁区妇联在周末、节假日和寒暑假举办公益教育托管。社区蕴藏着的巨大教育潜能亟待开发,如"五老人员"、各类志愿者组织可以为家庭有困难的孩子提供作业辅导和托管服务。① 社区内丰富的校外教育场所资源,也可以免费向学生开放,为学生拓宽视野提供平台。

(四)整合机制:以资源聚合和配置为方式整合政策执行资源

整合机制是整体性治理的核心机制,能够将"双减"政策执行中涉及的资源进行整合并有效配置,包括教师资源的聚合与配置、课后服务资源的聚合与配置两个方面。

一是要以教师定期轮岗制度推进优质教师资源的聚合与配置。2018 年出台的《关于全面深化新时代教师队伍建设改革的意见》,明确了教师为国家特殊公职人员的法律地位,凸显了教师职业的公共性和责任担当,强化了

---

① 殷飞. "双减"催生家校社协同教育生态[N]. 中国教育报,2021 – 10 – 10(4).

政府对基础教育教师均衡配置的能力。① 这为政府聚合优质教师资源提供了制度基础,在此基础上,推进教师轮岗制度常态化能够实现优质教师资源的跨校、跨学区流动,提升弱势学校的教育质量,促进教育公平。首先,教师轮岗制度的推进需要循序渐进,由区域内交流轮岗逐渐完善为跨区域交流轮岗,由绩效工资倾斜引导交流轮岗逐渐发展为教师的自觉性轮岗。其次,教师轮岗要实现全方位流动。一是要实现全员流动,包括校长、骨干教师、干部教师、普通教师等在内的流动;二是要实现大面积流动,教师轮岗不能仅仅局限在集团办学或结对学校内,而是要在城市地区和农村地区、发达地区及偏远地区之间实现大规模流动,这样才能发挥轮岗制度的有效性。最后,教师作为专业人员具有独立自主地主宰其教育实践的权利②,具有要求合理的薪资待遇与福利保障,努力争取自身合法权益的权利③。因此,教师轮岗要在尊重教师自主权的基础上进行,并着力提升教师的整体待遇。严格依法落实义务教育教师工资收入的平均水平不低于或高于本地公务员工资收入的平均水平,对轮岗教师实行合理补偿的保障机制,使教师不仅能够"轮起来",还能够"沉下去"。同时,政府还要做好绩效评估,建立相应的轮岗考核评价体系,规范轮岗教师的教学行为,保障轮岗的质量。

二是要以政府为主导吸纳多元主体参与课后服务,实现课后服务资源的聚合与配置。在开展课后服务过程中,政府应将工作重心放在整合资源上,吸纳多元主体参与课后服务。④ 首先,政府既可以通过制定政策推动课后服务的开展,还可以通过购买公共服务直接参与课后服务的工作。当学校课后服务存量不足时,各地教育行政部门可以以政府购买的形式,通过招标,对有资质、有证照、有特色的投标机构进行评估,经过学校、家长、学生等多方面评估合格后方可进行课后服务工作的开展。这样不仅能够满足学生

---

① 陈鹏,李莹.国家特殊公职人员:公办中小学教师法律地位的新定位[J].教育研究,2020(12):141-149.

② 何菊玲.教育现代化背景下教师教育一体化课程改革的原则[J].陕西师范大学学报(哲学社会科学版),2019,48(5):116-123.

③ 田友谊,邓兰.我国当代教师形象变迁:历程、规律及其启示[J].当代教师教育,2021,14(1):48-53.

④ 康丽颖.促进儿童成长:课后服务多元主体协同育人探讨[J].中国教育学刊,2020(3):22-26.

多样化的教育需求,减轻学校的工作压力,还能引导校外培训机构的转型。其次,政府还要整合学校与社区的力量,构建课后服务教育共同体。政府可以通过招募符合条件的社区志愿者、征用社区内育人场所等方式,鼓励、调动社区多方力量参与学校课后服务工作。最后,课后服务作为准公共产品,不能完全由政府出资,为了保障课后服务的经费,还应建立课后服务成本分担机制,实行政府出资、学校投入、家庭付费及社会捐赠的多元化筹资体制。各地可以因地制宜,根据本地课后服务工作向家长收取合理的费用,设置课后服务专项经费用于补助教师工资、购买相关耗材,并加强经费监管,保证专款专用。

第三章 基于系统模型的"双减"政策有效执行的行动逻辑

　　教育"减负"是义务教育阶段的重要议题。针对中小学生课业负担过重及其衍生的不良现象，国家陆续出台多项政策以缓解该矛盾，但校内"减负"的同时，却出现了校外增负问题，校外培训市场大幅扩张，中小学阶段的学科培训屡见不鲜，大有再造另套教育体系之势。打出"双减"组合拳，要求学校教育提质增效，加快整治校外培训机构，"双减"政策一举打破长期以来校内校外"双轨"的畸形教育形态，回归校内主阵地的"一主多元"教育发展格局。"双减"政策的落地，是缓解义务教育段功利化和短视化危机、净化并重塑教育生态环境、推进新时代教育高质量发展的重大举措，是立足学生身心全面健康发展的积极行动。

　　任何一项政策影响的产生必然应以政策执行为依托。然而，政策执行并非总是一帆风顺的，政策决策者作出的战略指示与政策期望通常会在层层的政策行动中出现偏差，总是在一定程度上存在着与政策内容不符、偏离政策目标、违背政策精神等执行失真问题①。鉴于"双减"政策对教育领域的调整力度之大、利益群体的涉及之广、个体成长的影响之深，有必要对其政策执行情况进行探究，聚焦政策执行初期所显露的尖锐矛盾，警惕未来可能的政策执行偏差，以把好"双减"政策行动的风向标，确保政策执行的有效性和科学性，提升政策目标的完成质量。

　　政策执行研究中最具代表性的模型有过程模式、互适模式、循环模式、博弈模式、系统模式、综合模式、组织模式等，不同模式依照政策执行影响因

---

　　① 林丹.教育政策失真的假象与真相[J].教学与管理,2004(6):6-8.

素、执行所应遵循原则、执行过程、执行途径等进行理论建构。① 基于政策执行原则、过程、途径的理论研究多是聚焦政策执行要素中某一方面进行深入分析,而在政策执行的完整性、宏观性、层次性上,以影响因素为划分依据的过程模式、系统模式和综合模式更有助于把握政策执行各环节的关键内容,形成对政策执行链条的动态认知。其中,霍恩-米特的政策执行系统模型既弥补了过程模式下外部因素探讨的缺失,又避免了综合模式中影响因素过于繁杂的问题,将政策执行的内外因素囊括其中,强调因素间的相互作用。该模型具有较强的科学性,已在校园欺凌政策②、教育扶贫政策③、体育政策④等政策执行研究中得到充分检验,能为"双减"政策执行的研究提供可靠分析思路。政策执行系统模型将政策执行的影响因素拆解为政策标准与目标、政策执行资源、组织间的沟通与强化行动、执行机构的特性、政策执行环境、执行人员意愿等6个关键要素,这些要素贯穿于政策执行的运作路径之中,通过彼此间的互动整合影响着政策执行活动的发生。⑤ "双减"政策的有效执行也离不开这些要素的协调统一,借助政策执行系统模型构建起完整动态的"双减"政策执行框架,有利于科学调整政策行动以更好实现政策目标。

一、科学的政策目标是政策有效执行的逻辑起点

教育政策标准与目标以一定的政策文本为依托,通过成体系的文本表达将决策者关于特定问题的解决思路与最终期望传达至相关利益群体中,指导政策执行活动的开展。其中,政策标准是关于具体事项的规定,政策目标则反映政策部门的总体价值偏好、分配倾向与政策结果。此次"双减"改

---

① 毕正宇. 西方公共政策执行模式评析[J]. 江汉论坛,2008(4):91-96.

② 吴会会. 文本与实践的落差:探解校园欺凌治理之难:基于政策执行的视角[J]. 教育发展研究,2020(22):77-84.

③ 付昌奎,邬志辉. 教育扶贫政策执行何以偏差:基于政策执行系统模型的考量[J]. 教育与经济,2018,34(3):75-81.

④ 杨成伟,唐炎,张赫,等. 青少年体质健康政策的有效执行路径研究:基于米特-霍恩政策执行系统模型的视角[J]. 体育科学,2014,34(8):56-63.

⑤ VAN METER D S, VAN HORN C E. The policy implementation process: a conceptual framework[J]. Administration & society,1975(4):445-488.

革的系列政策在目标和标准的表达上改变了以往教育"减负"政策中相对粗放的情形,明确了多部门联合行动网格中的各主体责任,针对学校和校外培训两类教育场域疏堵兼行,有效规避了目标模糊与重叠的问题。

一是整体目标的统合性与弹性。"双减"政策明确了关于学校教育教学质量和服务水平、作业布置、学校课后服务、校外培训机构的工作重点,提出"学生过重作业负担和校外培训负担、家庭教育支出和家长相应精力负担1年内有效减轻、3年内成效显著"的阶段性改革目标。拟调整的重点不再简单局限于课堂、校外培训机构等单一维度,或延续既往"头痛医头,脚痛医脚"的选择性治理①,而是将校内校外整合到同一层次的政策目标之中开展综合治理。校内强调教育教学的质量提升,以日常作业为切入点减轻学生在课业任务方面的身心消耗,提供课后服务以做好学生课上与课后的充分培养、校园与家庭的妥善衔接以及学校与培训机构的均衡育人,决策考量更加完整。同时,对减轻学生校内外负担和家庭负担方面也留有行动空间,如对"过重"程度的把握和阶段性任务的推进均体现出此次改革工作的弹性。

二是执行标准的明确性与可行性。在具体操作性事项中,"双减"政策围绕学生作业负担和校外培训负担问题对减负主客体、减负内容、减负措施作出细致规定,划定了清晰的执行标准,一定程度上量化了执行主体的行为,即由教育部统筹,会同有关部门做好学校方面的指导工作及校外培训机构的规范工作。具体措施中要求:学校"全面压减作业总量和时长",限定"60分钟""90分钟"等作业完成时长;课后服务从服务时间、服务渠道、服务多样化等方面提升水平;校外培训机构从严审批,严禁资本化运作,"不得占用国家法定节假日、休息日及寒暑假期组织学科类培训"等。这些要求不仅明确了"双减"改革中的关键执行主体的权责范围,更是对中小学生全面发展科学研究基础上凝练的合理标准,是真正从学生负担的源头出发形成的治本之策。

三是政策结构的一致性与系统性。除了"双减"政策外,教育部会同相关部门围绕学科类培训范围界定、"备改审"、"营改非"、培训材料管理、培

---

① 王毓珣,刘健.改革开放四十年中小学减负政策变迁及走向分析[J].教育理论与实践,2018,38(31):17-23.

训人员管理、查处变相违规培训、加强收费监管、上市公司清理整治、课后服务、建立监测机制、培训机构登记出台 11 个文件①,旨在同"双减"政策配合逐步构建起齐抓共管、精准狙击的"1 + N"政策体系。此外,教育部针对义务教育段学校作业问题,也于 2021 年 4 月出台《关于加强义务教育学校作业管理的通知》专项政策。各项政策面向不同维度,更加细致地规定了"双减"改革中相关利益者的调整方向,传递细剖"双减"改革的深层意旨,为地方政策执行主体的制度安排与实践提供了完备系统的行动思路。

在政策标准与目标的制定上,此次"双减"改革以"双减"政策为宏观指导,自上而下、由点到面构建起联动系统的政策执行框架,为"双减"改革试点工作的开展提供了科学缜密的逻辑起点。进一步的政策完善中应着力提升政策标准与目标的明确性与延展性,以张弛有度的政策目标推动"双减"改革的持续有效运作,避免零散"减负令"②下的阶段性执行。一方面,继续围绕关键事项出台专项文件,提升政策执行力,规范政策执行过程。完善校外资源遴选引进、预收费监管、校外机构党建、家校社协同等方面的政策规定。另一方面,聚焦义务教育优质均衡问题,思考其政策的更新完善,加强同其他政策法规的衔接,延伸教育改革的新理念、新思路。教育过度内卷是"减负"难行的直接表象,其背后潜藏的教育优质资源不均衡应是教育改革所破除的顽障,如何缓解家长的教育焦虑,破除唯分数、唯升学、唯学历的育人标准,关键在于优质教育资源的供给。

二、完备的执行资源是政策有效执行的基础条件

政策的有效执行必然涉及资源要素的合理配置,完备的执行资源为政策主体践行政策举措奠定基础。受限于学校教育资源有限的现实困境,"双减"政策中提出的课后服务等措施在实际开展中遭遇了不同层次的阻碍,资源短缺与利用低效削减了政策执行的力度和效果。

首要矛盾是师资力量供给滞后同课堂内外提质增效新需求不匹配的问

---

① 教育部新闻通气会:打出政策"组合拳",加强校外培训机构管理[EB/OL].(2021 – 09 – 24)[2021 – 09 – 26]. https://baijiahao. baidu. com/s? id = 1711727164914181423&wfr = spider&for = pc.

② 北京"减负令"家长不"领情"[N].中国青年报,2013 – 02 – 27(1).

题。"双减"系列政策要求学校在抓好课堂教学质量的同时,也应提升课后服务水平。教师不仅要做好课上教学方式与内容的创新优化,完成基本的学科教学任务,还要担负起课后服务工作,探索多样化的课后服务形式。这对学校教师队伍的数量、结构、能力储备等提出了全方位的新要求、新标准。家长要分数、学校要升学、国家要质量的多边矛盾阻碍了教师的课堂创新。同时,课后服务所囊括的基础性学科辅导、拓展性综合活动、延时性托管服务三层次内容,有别于长期传统教学模式课堂教学中形成的定式思维与教学习惯,导致教师在践行"5 + 2"课后服务这一新举措上存在着心理焦虑、能力脱节、负担增加不适应等问题。

其次,校内校外尚未搭建起合理的合作机制,校外资源引入不足。自上而下的政策系统中纷纷透露出外部吸纳的倾向,但有碍于学校一直以来相对固定封闭的系统教学思路,课后服务也多是困守于校园和教室内部。考虑到学生安全、家长意愿、教师能力、经费开销等因素,课后服务多以基础性辅导为主,在学生体验性、差异性、发展性方面能动性不足,难以满足学生课后发展的多样化需求。同时,学校在对校外资源的引入筛选上仍不够规范、社会志愿者的不稳定性和资质审核问题、校外机构的准入和退出机制、家长的自愿性及专业性问题等[1],都需要以严格的筛选和管理机制进行主体、渠道、内容的多维度规范。

最后,资源配置及利用转化能力的不均衡,城乡间、区域间、校际间差异始终存在。弱势地区所拥有的教育资源在课程教学质量提升上本就存在一定阻碍,更难以确保课后服务的多样化开展。在课后服务的内容、形式和范围上有较大的局限性,所能提供的教育服务难以满足家长日益提升的优质教育资源需求,而家长原本期望通过抢占课外时间"超车"的路径也遭压制。这种不均衡势态将从另一层面上催生出家长的焦虑心理,区域间教育能力及人才培养差异有可能会进一步加大。

资源的充分整合与有效利用是确保"双减"政策高质量执行的重要保障。针对当前校内资源短缺、资源配置不均衡等问题,应坚持内导外引相结

---

① 杨清溪,邬志辉. 义务教育学校课后服务落地难的堵点及其疏通对策[J]. 教育发展研究,2021(22):42 - 49.

合,公平效率两手抓。

一是立足校内自身,夯实师资力量和校园基本条件建设。加强教师课后服务的能力培训,鼓励教师创新课堂教学形式与内容,重视教师职业压力的日常疏导,形成弹性的轮岗制度,保障课后服务的顺利开展。同时,学校应加强基础设施建设,完善体育场、图书馆、综合实践活动室等场所,充实校内资源的数量与结构,提升资源利用效率和利用质量,满足师生课后服务开展的基本设备需要。

二是面向校外进行人员与内容的双重引入,拓宽课后服务发展渠道。一方面,聘请"退休教师、具备资质的社会专业人员或志愿者"以缓解课后服务中师资结构性短缺问题,借助"名校 +"等工程畅通校际之间的师资流动与合作。另一方面,探索建立校外资源引入机制,盘活利用好校外教育市场。通过政府出资、学校购买服务或政策优惠等方式有选择地吸收校外机构的优质资源①,发挥少年宫、青少年活动中心、博物馆等场所的育人功能,利用好校外培训机构的多样化资源。例如,北京市西城区兼容打通西城数字学校、少年宫、科技馆、美术馆等校外教育单位线上平台,探索建立西城区课后服务线上平台;朝阳区引入青少年活动中心和教辅中心、跨校优秀师资、文化馆等社会资源。②

三是聚焦义务教育不均衡的现实问题进行适当的资源倾斜,加强弱势主体的资源建设,通过财政补贴、人才输送、社会公益项目入驻等方式调动弱势区域的积极性。同时,要挖掘地区特色,重视地区内生性教育能力的提升,增强其"双减"政策的行动续航能力。

三、灵活的府际互动是政策有效执行的机制保障

政策执行过程伴随着大量的信息传递,政策执行的关键参与者及其附带职责共同构成一项政策活动的体制机制。科学的政策目标及明确可行的执行标准所提供的是符号象征意义上的信息,可靠的信息为"双减"政策执

---

① 张志勇."双减"格局下公共教育体系的重构与治理[J]. 中国教育学刊,2021(9):20 – 26,49.

② "北京市教育'双减'工作"第三场新闻发布会[EB/OL]. (2021 – 08 – 31)[2021 – 09 – 28]. http://www.beijing.gov.cn/shipin/Interviewlive/520.html.

行的有序开展提供明确的使用权力,政策执行主体间纵向的层级权力交付和横向的部门权责互动则在事实意义上催促着权力效果的产生。"双减"政策指令由中共中央、国务院发出,明确教育部的统筹地位,要求相关部门积极配合,共同打赢"双减"改革之战。当前,"双减"政策正紧锣密鼓地开展,在国家政策的府际联动过程中,既要警惕指令的逐级下发及执行中的信息损耗问题,还要吸取过往教育"减负"中部门结构松散的经验教训,避免陷入效用稀释的困境之中。

一是自上而下的信息传导存在损耗的可能,将导致地方的部署和执行出现偏差。此次"双减"改革是关涉民生发展的重大工程,在全国范围内开展全面部署,从中央到地方的指令下达再到执行主体的政策落实存在着大量的信息互动。中央制定的指导性"双减"政策不可能全方位地对地方发展特点及区域差异进行详尽展现,多是从"双减"行动的方向、原则、内容、界限等方面作出的统一性部署,仍需各级部门迅速反应。"双减"政策要求教育部抓好"双减"改革的统筹协调,会同相关部门形成科学完备的顶层制度设计;省级政府结合地方实际细化并完善政策执行方案,构建专项治理格局,做好校外培训机构的审批监管工作,督促地方工作的有效推进;地市级政府则负责政策的具体落实。"双减"政策执行的层级链条环环相接、主体丰富,其间存在大量的信息再加工,若不能形成畅通有效的信息沟通机制,必然会因信息不对称而削弱政策执行的行动力和效果,出现政策执行偏差。例如,针对学科培训和非学科培训的界限划定,教育部发文后,地方及时跟进尤为重要。当前,海南省、浙江省等纷纷围绕类别鉴定出台专门政策,但仍有部分地区暂未形成地方性文件。

二是部门间的低协作共识与职责定位不明易导致"减负"政策失灵。早期的教育"减负"政策多是针对特定对象、某一方面进行的有限调整,所涉及的执行主体也多以教育行政部门和学校为主。行政职权运作方面,教育行政部门常常处于单兵作战的窘迫境地;政策执行实际代理方面,则由学校配合教育行政部门调整校内的制度建设与教育教学工作,"减负"政策的落实多呈单线模式。其他权责部门多为置身事外的旁观性角色,所提供的配套能力也较为有限,部门间的低协作共识和职责权限模糊,导致"减负"政策常常陷入"按下葫芦又浮起瓢"的怪圈之中①。教育事业并非教育部门和校方得以大包大揽的事情,"双减"改革是牵一发而动全身的全局性工程,其中涉及学校课后服务的财政保障、校外培训机构的监管审批、课后服务和校外机构的收费指导、家长接送子女上放学的交通管制、"双减"改革的舆论宣传以及培训机构"退费难"的风险应对与处置等,均为更多相关部门提出了明确的权责需求。

政策执行权力的有效运作需以利益各方的理性协商与沟通为前提②,解决好府际间的信息互动和协同共治,形成协调一致的行动逻辑,才能为"双减"改革的系统有序开展提供机制保障。一方面,提升政策指令下达的准确性和时效性,针对"双减"改革开展专项技术咨询和援助工作,对政策指导方针、方案跟进、体系建构、政策执行所需资源等进行解释和明确,协助地市级政府根据义务教育阶段办学实际做好政策方案的细化调整工作。上级部门的信息传递应当留有一定的行动空间,避免因太过具体的行动框架导致政策设计同地方教育发展错配的问题,应尊重区县发展差异,提升政策方案适配性,实现国家政策意志的地方性转化。另一方面,形成协同治理的综合格局,构建专门协调机制,保证部门间信息共议共享和各部门职责精准落实,提升执行的协同性、职责发挥的精准性、配合的持久性。"双减"政策对教育部等13个部门作出明确的职责要求,既对不同部门领域内的工作进行细致划分,同时也强调制定课后服务和培训机构的收费标准、查处违法违规培训等事务的联合性治理。此次"双减"政策的开展,应依托市场监管部、财政部、交通部、公安部等有关部门进行多线治理,弥补教育部门缺乏执法权的问题,从而避免过往教育部门独角戏态势下教育"减负"政策失灵问题。

四、有力的执行主体是政策有效执行的核心要素

系统科学的政策行动框架和协调一致的政策执行机制为"双减"政策奠定制度基础,制度的运作及效用发挥则需要依靠政策执行主体来完成。政

① 顾秀林,佘林茂. 省级政府推进新一轮国家减负政策的困境与出路:基于23个地区减负方案的政策分析[J]. 教育发展研究,2020(Z2):32-39.
② 倪亚红,马陆亭,赵富春. 中小学减负政策执行力反思与出路[J]. 中国教育学刊,2018(6):39-43.

策执行主体的规模、结构、活力和能力素质等在政策执行各环节中有着不同的影响作用。新的制度框架下,学校和校外培训机构同时被纳入政策执行的核心利益相关之中,遵循双边同担、疏堵兼治的行动逻辑以缓解义务教育逐利性危机下的"内减外增""只减量不提质"等问题。然而,"双减"改革中政策执行主体并不总是都能完整地领会政策标准,无论是政策决策者还是执行主体者通常都是有限理性下的行为活动[①],在一定程度上存在知能局限。

一是执行主体对"双减"改革系列行动方案的路径认知和责任抓取是否精准。"双减"政策及其配套措施中对"双减"改革的总体方向和一些关键性问题作出精密部署,相关主体进一步对方案措施的操作性认知和权责认领则是确保政策平稳落地的第一步。地方政府及其职能部门作为政策执行的关键主体,在教育"减负"工作方面常常会陷入政绩量化的内卷化执行之中,忽略教育自身规律,不考虑学生成长的现实需要和个体差异性问题。为规避弹性机制下可能产生的管理遗漏,采取"一刀切"模式以统一的标准化执行落实"减负"要求,或是在政策层级互动中层层加码[②],从完成期限、覆盖数量、学生作业及作息标准等方面进行政策施压,层层缩减政策标准,以期得到上级部门的认可。学校和校外培训机构作为政策执行的关键"代理人"[③],容易基于片面性政策认知而作出单一的路径选择。相较"多样化""个性化""提质增效"等抽象标准,"不超过60分钟""不晚于21点"等规定似乎更明确并能准确执行。在此情形下,学校在完成地方教育行政部门要求时,更多表现出做"减法"的选择偏好,而在课堂教学、课后服务、作业布置等做"加法"方面表现出畏难情绪。校外培训机构根据政策要求,配合教育部门及相关职能部门对培训内容、经营机制、师资队伍、宣推渠道和收费标准等进行调整,多是在"严禁资本化运作"红线内寻求非学科培训甚至家长

① 张玲,葛新斌.有限理性视域下减负政策的限度与突破[J].教育理论与实践,2019,39(34):16-19.

② 项贤明.七十年来我国两轮"减负"教育改革的历史透视[J].华东师范大学学报(教育科学版),2019(5):67-79.

③ 张文娟,万来斌.教育减负政策执行偏离的原因及对策分析:基于利益相关者的视角[J].现代教育科学,2018(8):51-55,61.

培训的发展转向,依旧带有逐利性目的,较少考虑到与学校课后服务的公益性合作。

二是执行主体在各自领域内的责任落实是否高效。责任落实关涉执行主体的能力素质,执行主体采取的方式和手段、对权力的使用、对程度与节奏的把控、对风险的预测与应对能力等,都是影响"双减"改革效果的重要因素。当前,"减负"方式上较之前有所优化,整合校内校外平台开展综合治理,聚焦学生培养的教育性本质,激发各主体优势。"双减"改革中自上而下的各级各类组织机构对政策落实的推进节奏也较为协调有序,整体战略实施以市为单位采取试点工程,战略筹备方面以课后服务为例。自 2017 年《关于做好中小学生课后服务工作的指导意见》发布以来,已积累了丰富的实践经验,其科学性、教育性、发展性等方面均获得了充分支撑,为"双减"改革中课后服务工作的进一步提升奠定了基础。截至 2021 年 9 月 22 日,全国填报课后服务信息的 10.8 万所义务教育学校中,有 96.3% 的学校提供了课后服务,7743.1 万名学生参加了课后服务,参加率达 85%。[①] 当然,需要注意的是,在对学校和校外培训机构的思想诱导方面稍显不足,仍是依托强制性行政命令督促执行"代理人"的改革工作。同时,风险应对方面仍存在一定的滞后性,主要表现在培训机构的调整规范过程中。长期在市场运作下成长起来的教育培训市场,与学校相比有更多的不确定性,培训机构退费难、退费时变相缩减课程、外教课转中教课后性价失衡、变相违规培训、从业人员溢出等,都要求市场监管部等职能部门提升管控能力,尽快采取有效策略妥善处理。

"双减"政策的执行主体层次多样、结构丰富,各主体碍于其自身职能重点和能力素质的差异性,在联合协作上的矛盾、争议、磨合在所难免。新的"减负"形势下,全链条专项治理行动的开展需要各执行主体明确行动规划,各司其职,夯实自身素养,克服知能局限,构建最优组合以实现多元共治。教育行政部门及相关部门需要落实好整体性的指导评估工作、程序性的监管审批工作和支持性的资源配置工作。强调以生为本的教育性理念,遵循

---

① 校内减负提质,校外全链条治理,"双减"打出"组合拳":祛校外培训虚火 还教育生态清风[EB/OL].(2021 - 09 - 24)[2021 - 09 - 30]. http://www. moe. gov. cn/jyb_xwfb/s5147/202109/t20210924_566316. html.

个体成长的阶段性、差异性、多样性规律,协调好"管制"与"放权"、"有形的手"与"无形的手"两对关系,进一步优化政策工具与手段。正确看待教育减负,既不是"锦标赛"模式下的绩效追逐,也不是被动履职的应付差事。学校和校外培训机构在以政策行动框架为指导制订具体方案的同时,也应提升自身的综合能力。学校应加强教师培训,提升教师在课后服务、作业管理等方面的制度理解与行动能力,鼓励教师在教育教学方面大胆创新。校外培训机构则应尽快转变发展思路,聚焦学生素质发展,开拓新理念、新形式、新内容,弱化校内外的竞争性壁垒,探寻与学校的双边合作。

五、协调的执行环境是政策有效执行的重要支撑

政策执行环境孕育着政策执行标准的产生,并在潜移默化中影响着政策行动的各个环节。所谓执行环境,是指影响政策执行的政治、经济和社会条件。政治条件,主要是管辖特定区域的政党性质与党派意见;经济条件,则体现为执行区域或组织的可用经济资源以及特定政策执行对当下社会经济的反作用力;社会条件,通常将普通民众、社会精英、私人利益团体的政策态度考虑其中。鉴于我国社会环境和行政权力运作体制机制的独特性以及"双减"改革中学校主阵地的现实地位,"双减"政策环境应以学校为主体,厘清学校这一"减负"政策执行核心"代理人"所处的内外环境,以辨明"双减"改革最基层的生态环境现状及改良方向。

内部环境主要是校园内部的支持与规约,包括学校的经济环境、制度保障、文化氛围等。

一是学校设施设备的供给匮乏。当前,学校纷纷开展课后服务工作,但现有资源难以支撑"多样化""吸引力""科普、文体、艺术、劳动、阅读、兴趣小组及社团活动"的政策要求,学校课后服务水平的提升面临可依托设备资源及活动经费有限与学生差异化、个性化、层级化发展需求的现实矛盾。与此同时,较北京、上海等教育水平高、教育资源足的优势区域,西部省份、偏远山区等弱势区域在课后服务质量提升方面更显窘迫。

二是学校制度保障有待改进。大多数学校能根据上级指令形成一定的制度安排,保证课后服务等事项在政策要求范围内妥善开展,但仍存在激励性不足、课后服务开展界限模糊、校外资源引入空白等问题。课后服务给教

师的补贴低,现有激励未能与教师心理认同及行动妥善挂钩。课后服务中教师对作业辅导、答疑解惑等师生互动界限的把握让教师如履薄冰,不经意间对学生进行学科知识教导都可能使教师陷入不符合政策规定和家长认为存在"不公正"对待的两难之中。同时,学校在对校外资源的引入方面也尚未形成完善的制度设计。

三是校园文化对"双减"改革的思想塑造浮于表面。从当前各区域及学校的"减负"措施安排情况来看,多是对教师课后服务、课程教学、作业布置等方面的规约性话语,对教师压力疏解、"减负"政策实质、学生发展本位观念共识等的引导力不足。

外部环境则牵涉甚广,是"双减"政策执行环节中对学校主体产生影响的一切校外生态的集合统一,包括政治环境、社会经济发展状况、社会舆论等。

一是政治环境中国家宏观战略部署对"双减"持高度重视态度。"双减"改革是党中央站在实现中华民族伟大复兴的战略高度作出的重要决策部署,应当从政治高度来认识和对待此次教育改革的新征程。除了陆续出台专项配套政策解决"双减"中的关键性问题,国家积极动员各部门和社会力量进行系统的综合性治理,教育部更是在官网中开设"双减"专栏,实时更新政策动向、地方经验和专家评鉴。

二是社会经济发展对"双减"政策既有支持也有挑战。当前我国社会经济水平已能够支撑学校教育发展设备、技术等基本资源需求,基本上能基于学校发展实际情况开展不同程度的课后服务工作。尽管存在区域经济差异,但各地陆续发布政策来调整资源配置,落实好"优先发展教育"的战略指示。但同时,社会经济发展也面临多层次、专业化、高水平人才紧缺的生产力局限,义务教育作为人才成长的基建工程,借力"双减"工作实现该阶段教育的提质增效势在必行。

三是利益相关者对"双减"改革呈大部分认可与小部分质疑的舆论态势。"双减"工作开展以来,舆情走势不断上升,各方对"双减"均持较高热情与期待。数据显示,2021年7月24日至9月22日,与"双减"工作相关的网络文章总计1892509篇/条,属于重大教育舆情主题。教育、互联网、金融等行业高度关注"双减"改革,"助力教育良好生态""强化学校教育主阵地"

等正面思考层出不穷。[①] 97.5%的家长对学校新学期"减负提质"的各项措施和成效表示满意,其中六成以上家长表示非常满意。[②] 当然,一些质疑的声音则认为,对学科类培训的限制可能会加剧教育不公平、提升校外培训的管理难度、削弱子女"弯道超车"的机会。

协调的政策执行环境是保障"双减"工作顺利高效开展的重要支撑,针对当前"双减"改革中内外环境的限制性问题,应对内发挥学校育人主阵地功能,对外加强各方在人才需求方面的行动引导,内外共促构建出适合"双减"改革的生态环境。一方面,学校应充分发掘校内资源的利用性,探索校内设备、土地、校舍等资源育人功能的实践转化并走出校园,思考借助区域优势提升教学质量、创新作业布置、丰富课后服务形式的可能。同时,根据地方政策要求及学校发展实际情况,完善校内制度建设,渗透对教师的思想熏陶与观念引领,明确基本的教师弹性离校、课后服务开展、作业布置、与家长的责任对接工作的开展,更新教师补贴、服务方式及内容监管、校外资源规范化引入等具体事项的内容。另一方面,加大对外部环境中不稳定因素的监管与引导力度。既要规范教育行业准入门槛及企业的人才聘用机制,提升校外培训的质量,解决好劳动力市场中"唯文凭""唯高校"招聘下的高门槛同低内需的不匹配问题,也应加强舆论引导,重视社会舆论中的民众隐忧,扩大信息共享途径,及时回应民众质疑。

六、积极的执行态度是政策有效执行的精神动力

政策执行者的主观价值偏好通常通过其在特定政策执行中的理解力、配合度和行动力来影响政策执行过程及最终效果。政策是对价值的权威性分配,"分蛋糕"的过程中必然涉及多元利益主体的资源调配,而价值分配并不总是能满足所有利益相关者的期望,甚至需要一些群体牺牲部分利益以谋求更加深远持久的社会效益,这便涉及政策执行者的态度问题。各方是

---

① 孙梦捷,孙谦."双减"之下,学校育人主阵地如何巩固[N].中国教育报,2021 – 09 – 24(4).

② 教育部新闻通气会:打出政策"组合拳",加强校外培训机构管理[EB/OL].(2021 – 09 – 24)[2021 – 09 – 26]. https://baijiahao. baidu. com/s? id = 1711727164914181423&wfr = spider&for = pc.

否真正理解"双减"改革的本质,是否认可教育"减负"的价值本源及政策部署,是否愿意积极参加到政策执行过程中扩大政策影响,都是政策执行态度的重要表现。

一是对教育"减负"的认知偏差常常掣肘教育"减负"行动。就过往教育减负的经验来看,执行主体对减负政策价值、功能、内容及精神实质缺乏科学认知,易导致政策行动片面化,学校和教师对学生发展的认知局限于分数、升学率的应试指标,对减负政策表现出较强的政策漠视和心理抗拒,[①]即使根据有关规定调整学生课业负担,在方式方法的选择、政策指令的执行、教学质量的提升等方面仍较为刻板僵化。此外,政府部门及社会对教育减负问题重要性、严峻性和教育性的认知障碍,也加剧了教育减负的阻滞态势。

二是"双减"新格局下家长新的焦虑点及内卷倾向。作为重要的"外围"执行者,家长对"双减"改革的配合度、认可度和支持度影响着教育减负的开展。虽然家长对教育减负是认可的,减负对学生身心健康、全面发展的目标指向也是家长所期盼的,但碍于现实的升学、就业压力[②],家长在该问题上仍存在较大疑虑。学科培训遭到严格管制,一定程度上缓解了家长"不患寡而患不均"的内卷心理,但转向地下的隐性培训层出不穷,又重新催生出家长间的恶性竞争心态。对子女平庸的不甘与恐惧,促使家长选择不正规的学科培训机构,家教、"游击战"等变相补课层出不穷。更多家长则是采取"曲线救国"策略,转投非学科培训,由学科"内卷"转变为素质"内卷"。此外,弱势地区学校开展课后服务的水平如何,能否满足子女成长的多样化需求、弥补学科知识的薄弱地带,成为家长新的焦虑点。

三是各方对政策的响应效率与程度需要更强的外生性动力来推动提升。"双减"改革开展以来,各地积极响应,相继立足本地实际情况出台地方性政策指导区域内有关部门和机构的工作,并在一些具体事项上面向社会征求意见,以打磨行动方案,如成都市印发《关于进一步减轻义务教育阶段

---

① 葛新斌,张玲.我国减负政策执行阻滞及其对策探析:基于"马-萨模式"的视角[J].教育发展研究,2019(2):1-7.

② 张旸,张雪,刘文倩.义务教育阶段学生减负背后的供需困境与化解[J].中国教育学刊,2021(9):27-32.

学生作业负担和校外培训负担的实施方案》、天津市出台《校外培训机构预收费管理办法》、海南省开展专项行动整治变相违规学科类校外培训、宁波市将"双减"列为教育督导"一号工程"、云南省就义务教育阶段课后服务收费问题公开征求意见等。作为"双减"改革中遭管制的一方,新东方、猿辅导、好未来等校外培训机构纷纷表态,表示坚决拥护党中央、国务院的决策部署,深刻领会"双减"的意义。但碍于教育事业公益性、公共性等特点,调整教育活动的政策本身在强制性方面较为有限,以教化引导性手段为主,这也在一定程度上弱化了执行主体的行动积极性,仍需要更具强度、更加规范的监督机制来激发各方对政策的行动响应。

个体自身在认知水平、文化程度、价值观念、生活经历等方面的差异性决定了政策执行活动中必然存在着主观偏差,应正视共识凝聚的有限性,尽可能确保关键执行者具备一致的行动目标与高度的信念感、使命感和责任感,不断夯实利益相关者对教育减负的科学理解。一方面,加强政策宣传,提升目标群体的政策理解及配合意愿。以学校为依托,在日常培训、教师技能大赛、教师评奖评优等事项中渗透教育减负的相关部署及精神内涵,确保教师能够全面理解并接受政策指导。同时,学校应支持并引导家长正确对待校外教育,帮助家长树立科学合理的家庭教育理念及心态。另一方面,建立健全专项监督机制。落实好"双减"工作专项督导半月通报制度,对各地工作开展进度及达标情况进行定期通报、问责追责和信息公开。对校外培训机构进行摸排与长期监测,建立"黑名单"制度,形成常态化的校外教育市场监管机制。同时,设立专项监管平台,配备专门人员进行督导,畅通民众监督举报渠道,利用好社会监督力量。

第四章 "双减"格局下中小学高质量课后服务体系构建的现实挑战与行动逻辑

　　"双减"政策把"提升学校课后服务水平,满足学生多样化需求"正式列为"减负"的重要举措,并从保证时间、提高质量以及拓展渠道等方面作出重大部署,对校内课后服务体系进行了初步构想,强调了学校课后服务的价值与功能。"双减"背景下大力推进校内课后服务,不仅是党和国家坚持以人民为中心,从人民实际需求出发,回应人民群众对课后服务育人价值与社会功能充分发挥的现实诉求,而且是减轻教育负担、办好人民满意教育的必然之举。因此,高质量中小学课后服务体系的构建是"双减"政策能否顺利落地的重中之重。

一、构建中小学高质量课后服务体系的价值意蕴

　　课后服务并非新事物,其在我国的产生最早可以追溯至 20 世纪 90 年代。课后服务诞生之初只是为解决伴随"减负"而出现的放学后"三点半难题",其主要功能在于帮助家长暂时看护学生。近年来,随着社会加速发展,人们教育期望与要求不断提高,课后服务功能已逐渐由简单看护转向更高水平教育服务发展。此次"双减"政策的实施,使校外托管和培训机构受到进一步规范与限制,为了在减轻家长的焦虑与负担的同时满足家长和学生的实际需求[1],作为校外教育服务可替代品的校内课后服务被寄予更高期望,学校课后服务的育人价值与社会功能受到广泛关注与重视。

---

　　[1] 做好"5 + 2"课后服务,是落实"双减"政策的关键所在[EB/OL]. (2021 – 08 – 17) [2021 – 09 – 25]. http://news.2500sz.com/doc/2021/08/17/755290.shtml.

(一)高质量课后服务是培养德智体美劳全面发展的人的基本支柱

促进人的全面发展是我国社会主义教育的本质要求,也是党的教育方针的重要内容。1957年,毛泽东在《关于正确处理人民内部矛盾的问题》中提出"我们的教育方针,应该使受教育者在德育、智育、体育几方面都得到发展",首次明确了新中国促进人的全面发展的教育目的;2018年,习近平在全国教育大会上提出"要努力构建德智体美劳全面培养的教育体系,形成更高水平的人才培养体系","德智体美劳全面发展"这一教育目标正式在国家层面得以确立,成为我国教育方针的理论依据与教育实践的现实指导。一直以来,从"德智体"到"德智体美劳"的"人的全面发展"的内涵在不断丰富,但培养全面发展的人始终都是我国教育事业的根本目的与使命。"促进学生全面发展、健康成长"也是"双减"政策的指导思想和根本要求,课后服务作为"双减"政策落地生根的关键所在,是促进学生全面发展的一种有效的教育服务形式。一方面,中小学课后服务立足于学生身心健康成长,严格贯彻落实教育方针,在制度设计上将德育、智育、体育、美育、劳育等统筹安排,在减轻学生学业负担的同时强化德体美劳四育在学校教育中的分量,"五育并举",切实保障学生德智体美劳的全面发展。另一方面,中小学课后服务以丰富多样的课后育人活动为依托,在内容设计上将充分融入德智体美劳各方面素质教育的要求,使学校课后服务体系真正成为培养德智体美劳全面发展的人的基本支柱,促进学生的全面发展。

(二)高质量课后服务是落实学生作业管理制度的关键举措

作业负担过重一直是我国"减负"政策重点关注的问题之一,从1955年《关于减轻中小学生过重负担的指示》到2021年的"双减"政策,近70年间,一系列"减负"政策中都或多或少地涉及了对学生作业管理的规定。然而,从某种意义上来说,政策对学生作业管理的反复规定也反映了相关政策规定在落实效果方面一直不尽如人意,学生作业负担并未得到有效减轻。此次"双减"政策将"全面压减作业总量和时长,减轻学生过重作业负担"列为重要内容,并以校内课后服务作为落实作业管理制度的有效载体,为减轻学生作业负担提供了制度保障。一方面,学校课后服务为学生提供了一个完成作业的最佳场所。与家庭相比,学校教室的学习氛围无疑将更有利于学生高效且有质量地完成作业,同时还有助于学生养成良好的作业习惯。另一方面,学校课后服务要求教师充分利用课后服务时间,指导学生尽可能地在校内完成各科作业,并为学习有困难的学生提供个别指导,这一规定在很大程度上避免了让家长检查和辅导作业的问题,同时也使得学生的学习问题能够及时解决,有利于学生的学习进步。相比于以往单纯地从作业量、作业时间上对学生作业进行规定,高质量学校课后服务体系的建立,使得政策对于作业管理的规定首次有了落实的基础和实施的保障,确保了学生作业负担真正减轻的政策目标的实现。

(三)高质量课后服务是纾解家庭教育焦虑的有效抓手

教育焦虑是学生负担屡减不轻的深层原因。长期以来,父母对子女的教育焦虑与沉重教育期望直接导致了学生学业负担的不断加码。而在多次减负工作中,我们看到的是诸如"控制考试次数""减少作业量""严控竞赛选拔""禁止超前超标校外培训"等治标型减负措施,这类"堵式减负"举措虽然能够产生立竿见影的表面效果,但并不能从根源上解决学业负担问题。相反,一味地做"减法"还会加剧人们的教育焦虑,迫使其寻求更多的其他路径来弥补学校教育的不足,最终造成"负负得正""越减越重"的结果。与"堵式减负"举措相区别,此次课后服务体系的减负思路,强调的是"疏导减负"而非"堵式减负"。所谓"疏导减负",即学校通过提供包括作业辅导和兴趣拓展两大模块在内的丰富多样的高质量课后育人活动,尽最大努力在校内满足学生的多样化学习需求,让学生在校内"吃饱吃好",减少人们对校外教育培训机构的依赖以及由此产生的非理性教育需求,从而逐步摆脱校外培训机构对家长的"教育绑架",从根本上纾解家长的教育焦虑,逐渐摆正人们的教育观念,最终重建健康的社会教育风气与良好的教育生态环境。毋庸置疑,构建高质量课后服务体系是满足家长和学生实际需要、疏通家长教育焦虑情绪、促进学生健康成长与全面发展的治本之策。

(四)高质量课后服务是形成家校社协同育人的根本保证

家校社协同育人是现代教育的应有之义。2021年3月,"十四五"规划纲要明确了"建设高质量教育体系"的教育目标,提出了"健全学校家庭社会协同育人机制"的建设要求。家庭、学校与社会在教育上的合作,既是社会发展的现实要求,又是现代学校制度建设的必然趋势。虽然三者在教育中的角色、责任与作用有所差异,但其教育目的与方向却是高度一致的,并且各自在教育中都有着不可替代的优势。因此,在现代教育发展中,保证教育质量、提高教育效能,必须要充分发挥学校、家庭与社会各自的教育功能与作用,不能把教育的责任全部推给学校。高质量课后服务体系是有效整合学校、家庭与社会优质教育资源的桥梁与纽带。学校作为课后服务的责任主体,在家校社合作中担任着主导的角色。学校课后服务育人平台建设,一方面要充分利用少年宫、美术馆、博物馆等社会机构在素质教育方面的优势,另一方面要吸引有能力、有意愿的家长积极加入课后服务活动。同时,在家校社协同育人过程中,要做好三方衔接工作,打破过去的低效合作形式,让"家校社共育"看得见、摸得着、有抓手①,特别要注重发挥学校的引领作用,真正带动家庭和社会参与学生教育过程,最终形成家校社协同育人机制。

二、构建中小学高质量课后服务体系的现实挑战

自 20 世纪 90 年代至今,我国中小学课后服务已历经 20 多年的实践探索,但受各种因素影响,我国中小学课后服务发展仍处在不成熟阶段,高质量课后服务体系仍未形成,学校课后服务育人价值与功能的充分发挥还不到位。此次"双减"政策的出台,使校内课后服务受到空前关注,各省市纷纷制定相关政策文件来全面推进中小学课后服务。然而,由于我国公共教育服务体系尚不健全,加之中小学课后服务工作本身涉及面广且受经费、师资等因素制约,导致当前中小学高质量课后服务体系的构建面临着诸多问题与挑战。②

(一)政策体系建设滞后难以有效规范课后服务的有效实施

自 2004 年教育部等部门联合印发《关于在全国义务教育阶段学校推行"一费制"收费办法的意见》加强对学校的收费管理,间接导致部分学校有偿开办的"晚托班"被迫关闭开始,我国的学校课后服务正式开启了从政策"被波及者"走向政策"被关注者"的历程。近年来,随着社会结构的加速调整以及"减负""素质教育"等教育改革的持续推进,政府和社会对学校课后服务

---

① 卓金贤. 以平台建设推进家校社协同育人[J]. 福建教育,2021(28):21-23.
② 顾艳丽,罗生全. 中小学课后服务政策的价值分析[J]. 教育科学研究,2018(9):34-38.

的关注程度不断增加。为了更好地规范和监管学校课后服务的实施,2017年3月,教育部出台了国家层面的第一个关于课后服务的指导性文件——《教育部办公厅关于做好中小学生课后服务工作的指导意见》。此后,全国各省市相继制定并发布了规范中小学课后服务实施的政策,推动了课后服务工作在全国的开展。然而,在学校课后服务工作进一步全面推进的同时,我国相对滞后的课后服务政策体系却难以起到政策应有的引导与规范作用,制约了中小学课后服务的高质量发展。一方面,我国关于课后服务实施要求的政策规定还不健全,学校课后服务的质量标准、服务设施条件、服务经费、师资配置等方面都缺乏明确的规定。学校实施课后服务缺乏统一的操作标准和规范,也缺乏有力监督,造成各地学校课后服务的开展不可避免地存在较大差异。要进一步推进全国范围内课后服务保质保量的发展,国家层面必须梳理总结各地实践经验,总体把握学校课后服务的发展走向,出台相应实施细则。另一方面,从配套政策保障来看,完善的课后服务政策体系至少应当包括师资的供给与保障、质量监督与评估、经费来源与使用等方面的配套政策,但截至目前,我国学校课后服务在所涉及的这些关键性问题上还未获得政策保障。而要促进课后服务的高质量发展,这些现实性问题必须通过政策手段来跟进解决。

(二)经费投入不足难以支撑学校课后服务的高质量推进

充足的经费是课后服务工作正常开展的先决条件。从学校因课后服务而增加的基础性成本到服务人员的劳务补偿,无处不需要经费的支持。然而,从国家和各地的政策实践来看,目前我国中小学可用于课后服务的经费实际上极其有限,相对于"义务教育阶段有需要的学生全覆盖"的政策目标,学校当前所获经费根本难以支撑课后服务长期、有质量的开展。究其原因如下:

第一,虽然国家2018年就已在《国务院办公厅关于规范校外培训机构发展的意见》等政策中明确提出了"各地可根据课后服务的性质,采取财政补贴、收取服务性收费或代收费等方式筹措经费",现在"双减"政策中又重申了这一问题,但由于我国历来对教育收费持以严格管控的态度,地方政府和学校长期处于不能收费、不敢收费的状态,加之当前国家层面对于学校课后服务收费的界定仍不够清晰,且缺乏法律依据,[①]"具体怎么收""收多少"都是问题,导致学校在对课后服务的收费上仍持谨慎态度,不收费也不组织需要高经费投入的优质课后服务活动成为部分学校的共同选择,结果造成这些学校课后服务育人效果欠佳,引发家长的不满。有的地方虽支持学校收费,但即使收取了一定费用,这部分费用对于课后服务的高质量开展需求而言也是杯水车薪。例如,江苏省规定义务教育阶段课后服务收费为每学期每生不超过 300 元;[②]黑龙江省鹤岗市课后服务收费标准为每生每月不超过 80 元。普遍偏低的收费标准显然难以支撑优质课后服务的持续开展。

第二,在财政补贴方面,我国各区域的经济发展水平差异较大,部分地区财政较为紧张,能够为课后服务提供的经费十分有限,而小部分经济发达的地区却可以由财政全额保障学校课后服务的开展。例如,截至目前,在已出台财政补贴标准的地方省市中,河北省规定课后服务所需经费全部由财政负担,广东省深圳市也规定课后服务经费由政府保障,市财政统筹解决。而与此同时,有些地方则只能以服务性收费或代收费为主,在部分财力困乏的中西部经济欠发达县(区),课后服务费用甚至全部由学生所在家庭承担,[③]不可避免地增加了贫困家庭的经济压力;还有部分地处农村的小规模学校,既缺乏有力的财政支持,又无法收取足够的家庭费用,迫于经费、师资等多方压力而完全无力提供优质课后服务。在这种情况下,如果国家不加大对经济欠发达地区学校的财政补贴力度,这些地区学校的课后服务开展将面临诸多困难,且从全国范围来看,课后服务的开展差距将可能持续拉大,最终造成区域间教育发展新的不均衡。

第三,从学校课后服务目前的实施情况来看,部分地区正在探索建立政府、家庭、社会、学校等利益相关主体课后服务成本共担的经费保障机制。

---

① 吴开俊,姜素珍,庾紫林.中小学生课后服务的政策设计与实践审视:基于东部十省市政策文本的分析[J].中国教育学刊,2020(3):27-31.

② 教育部办公厅关于推广部分地方义务教育课后服务有关创新举措和典型经验的通知[EB/OL].(2021-06-24)[2021-10-20].http://www.moe.gov.cn/srcsite/A06/s3321/202106/W020210621369310244343.pdf.

③ 中小学课后服务 如何叫好又叫座[EB/OL].(2021-05-31)[2021-10-24].http://edu.people.com.cn/n1/2021/0531/c1006-32117756.html.

例如,海口市课后服务费用采取"政府补助、家长分担"的成本分担机制,政府主要承担场地资源、水电消耗、固定资产折旧等费用,家长主要承担劳务报酬成本;①宁波市课后服务费用采取政府兜底、家庭和社会合理承担的成本分担机制;②巴中市课后服务运行费用由政府和学校支持、家庭合理分担③。然而,尽管各省市都在探索建立合理机制,但还未制定出具有普适意义的可供推广的有效制度安排,各主体所分担成本的适当比例、家庭收费的合理标准等问题都需要在实践中进一步摸索和确定。对此,国家层面也仅提出了粗略的政策参考意见,未提供实质性建议。总体而言,无论是从财政补贴还是收费情况来看,我国中小学课后服务工作的开展在当前阶段仍受到经费不足的制约,需要进一步加大经费保障力度。

(三)服务人员匮乏难以保障学校课后服务的可持续开展

高质量的中小学课后服务需要有充足、稳定、专业的师资队伍做保障。从目前的开展情况来看,我国中小学校课后服务在师资数量、稳定性与质量方面都存在着问题,制约了课后服务的高质量开展。

第一,师资数量保障方面。学校课后服务首先面临着校内教师参与积极性不高的问题。目前,在各地各校开展的课后服务活动中,服务人员均以学校在职教师为主,在职教师是课后服务工作的主力军。然而,从实践来看,这支主力军对于课后服务工作的参与意愿并不高。一方面,学校课后服务的实施不仅加重了在职教师的工作负担和心理压力,而且占用了他们的休息时间,影响了他们的正常生活。许多参与课后服务的一线教师表示,学校日常教育教学工作本就繁重,除围绕教学展开的一系列备课、上课、作业批改、学习等事务,还有班级管理、家校联系以及其他日常行政事务,如今再

---

① 海口:"政府补助、家长分担"开展中小学生校内课后服务[EB/OL]. (2020 – 12 – 21) [2021 – 10 – 27]. https://baijiahao. baidu. com/s? id = 1686703729883432669&wfr = spider&for = pc.

② "5 + 2"课后服务时间、初中可开设夜自修……宁波出台课后服务政策[EB/OL]. (2021 – 08 – 27) [2021 – 10 – 27]. https://baijiahao. baidu. com/s? id = 1709258416641594605& wfr = spider&for = pc.

③ 四川省689万名学生参加课后服务 实现义务教育学校全覆盖[EB/OL]. (2021 – 10 – 26) [2021 – 10 – 27]. http://www. sc. gov. cn/10462/10464/10465/10574/2021/10/26/73 5d2ea902b94ff6a0c0a8988a7f7a23. shtml.

加上延时课后服务的任务,工作压力剧增。正如北京市润丰学校校长所述,学校开始提供课后服务后,小学班主任在校时长普遍在 11 个小时左右,下班后仍有未完成工作需在家进行,教师责任重、压力大。[①] 因此,且不说教师自身参与课后服务的主观意愿有多强烈,至少从精力上客观来看,仅课后服务延长的工作时间就给他们带来了一定挑战。另一方面,一些地方财政紧张、教师课后服务酬劳支付又无明确标准,导致部分参与课后服务的教师酬劳偏少甚至是无偿工作。此外,由于配套政策不到位,有的地方学校参与课后服务的教师并未在评优选先与晋升等方面得到相应照顾。[②] 在这种情况下,在职教师参与课后服务工作的积极性不可能高,进而导致课后服务难以获得充足的人力支持。

第二,师资稳定性保障方面。从当前政策规定与实际情况来看,除学校教师以外,课后服务的主要参与人员还包括校外专业人员和志愿者两类,这两类服务人员所呈现的一个最大共同特征即流动性较强。校外专业人员一般是指校外从事教育相关工作者或其他领域的优秀人才,这一类服务人员由于本职工作无法保证自身能够长期、持续、专注地投入学校课后服务,只能做到不定期参与,其服务不具有稳定性。此外,校外专业人员的引进在资质审核、薪酬支付等方面也存在较多问题,而这些问题如何具体应对至今仍未有定论。至于志愿者,一般主要由大学生志愿者和家长志愿者组成,相比于校外专业人员,这一类服务人员在引进方面相对容易,但由于大学生和家长本身也只能做短时间服务,且大学生由于学业等因素流动性较强。因此,如果没有合理的轮转机制,志愿者也难以提供稳定的服务。例如,上海中医药大学附属枫泾小学 2021 年 9 月面向全体家长招募的课后服务家长看护志愿者,一般仅能参加一个或几个星期五的课后看护,[③]志愿服务频次和时间均难以保证。

第三,师资质量保障方面。由于在职教师的精力有限且积极性不强、校

① 如何保障参与课后服务教师的权益[N].中国教育报,2021 – 10 – 11(2).

② 中小学课后服务 如何叫好又叫座[EB/OL].(2021 – 05 – 31)[2021 – 10 – 24].http://edu. people. com. cn/n1/2021/0531/c1006 – 32117756. html.

③ 枫泾小学:立足需求 家校共育 减负增效[EB/OL].(2021 – 10 – 23)[2021 – 10 – 23].https://www. 163. com/dy/article/GMVFLBIOO5428NOM. html.

外专业人员与志愿者的服务不稳定,以及部分服务人员专业能力与素质的不确定性,学校课后服务的师资质量总体上难以得到保证。

（四）评价标准模糊难以有效评估学校课后服务的影响效应

评价是检视工作情况、发现问题进而明确工作改进方向的重要手段。判断学校课后服务效果的好坏以及促进课后服务的高质量发展,完善的评价机制必不可少。目前,我国中小学课后服务评价机制尚未建立,现行评价标准未经科学考量,一些地方省市虽然已经创造性地提出了几个核心指标或评价原则,但尚未细化成可操作的具体标准,评价实践工作总体上仍不成熟。例如,深圳市教育局从"家长满意、学生喜欢、教师认可"核心指标出发,设置了以学生自愿参与度（10%）、书面作业完成度（25%）、各主体满意度（40%）、综合素质展示认可度（25%）为具体标准的课后服务工作评价体系,①虽充分体现了"以人为中心"理念,但忽视了环境设施、经费、安全等硬性条件的评价需要,不够全面和细致;安丘市教体局虽规定了将延时服务工作纳入教育综合督导评估②,但并未制定出具体制度,督导评估的主体、评估内容仍不明确,学校课后服务工作在实际开展中仍未得到有效评估与针对性指导。此外,个别地区教育行政部门尚未真正参与评价工作,课后服务评价以学校为主体展开,学校既是运动员又是裁判员,评价结果的真实性与客观性有待考量。显然,各地区"双减"政策的实践经历表明,不成熟的评价工作势必会影响课后服务的实施效果和质量。具体而言,当前各地区学校课后服务评价工作的问题主要可概括为以下三个方面。

第一,评价主体方面。课后服务的考评主体仍不明确,政府、学校、家长及学生等核心利益相关者参与课后服务评价的具体程序尚未制定,导致其意见、建议与诉求难以在课后服务的后续改进中及时反映出来,阻碍了课后服务质量的提升。

第二,评价标准方面。课后服务的质量标准和评价指标体系仍不健全,

---

① 探索家长满意、学生喜欢、教师认可的课后服务［EB/OL］.（2021 – 08 – 05）［2021 – 10 – 23］. http://szeb. sz. gov. cn/ydmh/xxgkw/jyxww/content/post_9041887. html.

② 安丘市教育和体育局关于高质量开展义务教育学校课后服务工作的通知［EB/OL］.（2021 – 09 – 13）［2021 – 10 – 23］. http://xxgk. anqiu. gov. cn/sjyj/202109/t20210922_594415 8. html.

就各地课后服务的开展现状来看,当前课后服务的评价标准主要是服务对象的满意度,即家长和学生对课后服务的满意程度,并未将诸如课后服务的计划完成情况、育人目标达成程度等相关标准纳入评价。评价标准过于单一,忽略了从课后服务的设计者——学校、课后服务的实施者——教师,以及课后服务的监管者——政府的视角出发,全面考虑和制定评价标准,导致学校课后服务发展的局限性较大。

第三,评价结果的使用方面。已经开展课后服务的许多学校还未正式将课后服务考评结果合理纳入学校或教师的考评系统,虽然 2017 年《教育部办公厅关于做好中小学生课后服务工作的指导意见》已经提出"要把课后服务工作纳入中小学校考评体系","双减"政策中也提到要把教师参与课后服务的表现作为教师评价与晋升的重要参考,但在目前的实践中,不仅课后服务评价结果本身还存在着是否科学的问题,评价结果的价值也未得到应有的重视,造成评价工作的意义缺失,课后服务评价在很长时间里沦为流于形式的宣传口号,服务质量难以比较衡量。

三、中小学高质量课后服务体系构建的行动逻辑

构建高质量课后服务体系是一项系统性工程,所谓高质量课后服务体系,可以从政策体系是否完善、资金是否充足、师资是否有保障以及评价机制是否健全等方面来衡量。基于此,高质量课后服务体系的构建需从完善政策法规体系、加大经费投入、优化师资队伍、健全评价机制等方面多措并举予以落实。

(一)以完善的政策法规体系确保高质量课后服务有效实施

完善的政策法规体系是规范中小学高质量课后服务实施的最有效手段,构建高质量课后服务体系须加快国家层面的实施细则与配套政策的制定。我国当前的课后服务政策体系还远未成熟,缺乏明确规定,更缺乏系统性政策,不利于课后服务的规范发展。从国际上看,政策是各国规制课后服务发展的普遍性工具,许多国家都已经形成了比较完善的政策法规体系,这为我国规范和促进中小学课后服务发展提供了经验和借鉴。

在美国,法律将儿童课后服务定性为公共福利,政府通过立法和国家层

面的政策来保障每一名儿童平等享受课后服务的权利。① 1971 年,联邦政府颁布《儿童全面发展法案》,首次明确了政府在儿童课后服务中的责任;② 1998 年美国将"21 世纪社区学习中心计划"列入《初等和中等教育法》,为全面推进课后服务奠定了法律基础,并为以公立学校为主体的课后服务的开展提供了重要指导;2002 年,通过《不让一个孩子掉队》等系列相关法案的颁布,美国逐渐将课后服务纳入公共服务体系并使之成为其中一个重要组成部分;2007 年,针对课后服务师资的供给问题,政府又实施了《延伸学习和放学后助教法案》。除此之外,在质量监管、内容设计以及资金来源等方面,美国政府也先后出台了相关政策,为课后服务规范发展提供了全面指导,有力地保障了课后服务的高质量发展。在英国,政府要求所有中小学必须成为课后服务的核心力量。③ 1997 年,学校课后服务开始成为政府的关注重点;2005 年,英国政府发布《拓展性学校:人人都能获得机会和服务》,承诺到 2010 年所有学校都会提供从早上 8 点到下午 6 点的一系列课后服务,④同时配备了专项资金助力学校启动课后服务。在日本,课后服务同样被界定为社会福利事业。1998 年,《儿童福利法》的颁布正式确立了日本课后服务的法律地位;自 2007 年起,文部科学省和厚生劳动省陆续制定并出台了《放学后儿童计划》《将不再作为普通教室的教室活用到"放学后儿童计划"》《放学后儿童综合计划》等 8 项政策,对课后服务所涉及的执行主体、运行机制、实施场所、财政经费和师资保障等诸方面进行细致且全面的规定,为课后服务在全国开展提供了有力的政策支持。⑤ 此外,加拿大、澳大利亚、韩国等发达国家也都针对课后服务出台了系列政策与法规以引导和规范其发展。显然,课后服务政策要素包括经费来源、师资配置、服务内容、质量标准、服务评估、服务时间与场所以及运行机制等方面。其中,经费来源、师资配置、服务内容、服务评估则是课后服务政策重点关注和解决的问题。

---

① 周红霞.发达国家小学课后托管政策的比较与借鉴[J].外国中小学教育,2016(6):36 – 42,29.

② 孙传远,阚道.美国儿童课后教育项目研究及启示[J].外国中小学教育,2012(10):16 – 20,25.

③ 张亚飞.主要发达国家中小学课后服务研究[J].外国教育研究,2020(2):59 – 69.

④ 傅蕴.英国拓展性学校的实践及其存在的问题[J].教学与管理,2011(22):86 – 88.

⑤ 李冬梅.日本:放学后儿童教室 + 放学后儿童俱乐部[J].上海教育,2016(11):45 – 48.

在我国,目前国家层面仅有《教育部办公厅关于做好中小学生课后服务工作的指导意见》《国务院办公厅关于规范校外培训机构发展的意见》《教育部等九部门关于印发中小学生减负措施的通知》以及"双减"政策对学校课后服务的实施进行了规定。虽然,上述政策内容已涉及了课后服务的内容形式、师资与经费保障以及时间和场地等方面,但相关规定的模糊性仍较强,如在经费问题上,如何收费仍不明确。现有政策规定的模糊性、配套政策建设的滞后与课后服务的高质量发展需求相冲突,这就要求我们尽快健全课后服务政策体系。一方面,我国应立足各省市的实践探索,积极总结学校课后服务的实践模式。另一方面,应有选择地借鉴国外课后服务的规范经验。在此基础上尽快制定国家层面的课后服务实施细则,并针对师资与经费、质量标准及评估等方面进一步出台更具体的规定,为高质量课后服务发展提供政策保障。

(二)以合理的经费成本分担机制保障高质量课后服务的高效运转

多元化经费来源渠道是学校开展高质量课后服务的基本条件,而合理的成本分担机制则是确保经费来源稳定与可持续的基础。当前我国学校课后服务经费主要来源于政府财政补贴和家长缴纳费用。然而,目前各级政府的经费投入比例不明确且尚未形成稳定的经费投入制度,家长缴费数额普遍偏低且各省市在家长是否缴费问题上仍存在较大差异,社会对学校课后服务的经费支持作用则尚未得到重视,导致课后服务缺乏充足、稳定的经费来源,无法支撑学校高质量课后服务发展。从国外经验来看,各级政府财政支持、家庭合理分担与社会捐助是支撑课后服务发展的主要力量。因此,构建高质量中小学课后服务体系,必须建立以政府投入为主、家庭合理分担和鼓励社会捐赠的成本分担机制。

为学校课后服务提供财政支持是公共财政的应有之义。课后服务作为学校教育的有益延伸,是一项公益普惠性事业,对于保障处境不利儿童健康成长、促进教育与社会公平具有重要意义,政府理应承担其在高质量课后服务供给中的责任。事实上,以财政拨款作为经费的重要或主要来源是多数发达国家的共同选择。澳大利亚联邦政府不仅为课后服务机构提供设立资金,而且与州政府、区域行政部门共同承担其运行资金。① 同时,政府还为家庭提供儿童看护津贴,以减轻家庭在支付课后服务费用方面的负担。② 法国政府为市镇课后服务提供国家启动基金,家庭补贴国家出纳处和家庭补助管理局每年还会拨款给市镇政府,供其开展课后服务。③ 在日本,中央、都道府县、市町村各级政府作为课后服务经费来源主体,各承担课后服务财政拨款的三分之一。④ 显然,来自各级政府的经费支持为这些国家课后服务的发展提供了有力的保障。在我国,由于不同区域、城市在经济发展、生活水平以及政府财力等方面有着较大差异,固定的经费投入比例无法保障经济薄弱地区的课后服务发展。因此,各级政府在课后服务成本分担上,应当基于各地实际情况的综合考量来形成具有地域差异性与补偿性的分担模式。经济欠发达地区的课后服务经费应当以省、市级政府财政支持为主,中央政府也应当根据各地情况给予最低水准保障并进行调节,以缩小各地区学校课后服务发展的差距。

家庭缴费是学校课后服务经费的重要来源之一。基础设施的完善、服务人员的酬劳、课后活动的开展都需要经费,庞大的社会需求仅依靠国家财政难以得到满足。在美国,即便是规模最大的课后服务项目,其运行资金主要还是来自收费,法、英等国的课后服务同样也将家庭缴费作为经费来源之一。我国作为发展中国家,人口众多,教育财政压力较大,家庭合理分担课后服务部分成本是促进学校课后服务高质量发展的重要支持。目前,我国部分地方政府已经率先出台了关于课后服务收费的方案,如陕西省安康市出台《关于全市中小学校内课后服务收费有关事项的通知》,将全市中小学课后服务收费标准统一定为每生每课时 4 元,并实行最高限价管理;天津市印发《关于做好我市义务教育阶段学校课后服务经费保障工作的通知》,规定中小学课后服务收费每生每月不超 180 元。这些都是现阶段推进高质量

---

① 代俊,庞超.澳大利亚儿童课外看护教育服务与启示[J].外国中小学教育,2012(7):18－22.

② 张忠华,李玲.澳大利亚学龄儿童课外看护服务及启示[J].教育学术月刊,2020(9):19－26.

③ 纪俊男.法国:致力于提供人人可负担的课外托管[J].上海教育,2016(11):38－41.

④ 李智.日本儿童课后照顾服务制度及其启示[J].中南大学学报(社会科学版),2016,22(2):213－219.

课后服务建设的有益探索,在此基础上,我们还必须明确对家庭进行课后服务收费时应当考虑不同学生家庭的经济承受能力,可以根据学生家庭收入情况及家庭参与课后服务子女数量来设定不同的收费标准,并为低收入家庭子女免费提供课后服务,以保障每一名学生能够平等享有课后服务机会。同时,也可以进一步出台课后服务阶梯价格政策。

此外,社会捐赠也是助力学校课后服务高质量发展的重要力量。在许多国家,来自商业组织、基金会、公益性团体以及个人的捐赠构成了课后服务经费中不可忽视的一部分。因此,政府和学校应当重视社会组织的力量。一方面,政府应当创新体制机制,鼓励和引导社会各界关注学校课后服务发展,动员社会力量以实际行动支持课后服务工作的开展;另一方面,中小学校应当充分发挥积极主动性,主动采取措施吸引捐赠,如通过校友会建设,呼吁杰出校友积极捐赠各类资源支持母校工作。

(三)以专兼职结合的师资队伍支援高质量课后服务的有序开展

师资是实现高质量课后服务的核心,师资问题是制约课后服务质量提升的关键所在。针对当前课后服务师资在数量、质量、结构性、稳定性等方面的问题,当务之急是明确课后服务教师准入资质,吸引多方人员共同参与,建立一支专职与兼职相结合的课后服务师资队伍。

首先,建立高素质教师队伍的前提是制定详细的准入标准,政府应当对课后服务人员的资质进行规定和审查。一般而言,从事教育服务的人员的资质至少应当在身心健康、学历层次、技能水平、资格证书以及从业经历等方面达到基本要求,才能保障课后服务的质量。教师资质是确保教育质量的首要前提,因此人员资质向来是各国课后服务工作关注的重点。例如,加拿大英属哥伦比亚地区规定,课后服务机构教师必须年满19周岁并且接受过儿童教育培训,魁北克地区则规定教师必须持有 ECCE(Early Childhood Care and Education)主管部门颁发的证书,并规定教师资历的最低标准是高中或高中同等学力,且有一年相关工作经验;[①]芬兰规定,课后服务教师必须具备大学学历或中等以上的职业资格证书,并具备领导学生的能力,且无犯

---

① 何静,严仲连.加拿大学龄儿童托管教育的内容、特点及启示[J].外国中小学教育,2015(3):28-33.

罪记录;瑞典要求课后服务教师必须完成大学相应专业课程,并取得毕业证书①。纵观课后服务发展较为成熟的国家,明确规定课后服务人员的从业资质是它们的共同特点。我国学校课后服务的发展处于初级阶段,尚未出台关于课后服务人员的相关资质规定,但部分省市目前已经对课后服务人员的构成进行了初步限制。例如,上海市规定,退休教师、志愿者和其他持有教师资格证的人员可以作为课后服务的后备力量;深圳市规定,具备指导能力的高校教师、退休教师和符合资质条件的社会机构教师,科学家、运动员、教练员、艺术家、民间艺人等各领域专业人才,以及其他符合育人活动需求的公益人士等,②都可以作为课后服务教师队伍的补充力量。这些规定都为国家层面课后服务人员资质要求的制定奠定了基础,特别是在出台准入标准时,对课后服务人员身心健康、学历层次、技能水平、资格证书以及从业经历等资质情况进行实质性审查,从而确保课后高质量服务的教师队伍质量。

其次,建立吸引多方人员共同参与的课后服务教师队伍建设常态机制。师资紧缺是世界范围内课后服务发展面临的共同难题,许多国家都为解决这一问题做出了积极探索。例如,法国通过动员已有人力资源、设立"未来职业计划"来稳定和壮大课后服务人员队伍。前者是指地方政府通过选拔和直接雇用符合相应资质的人员(志愿者教师和志愿者)等方式来增加师资储备;后者是指政府通过设立"未来职业计划"预先管理岗位和从业者能力,鼓励年轻人加入课后服务活动组织并为他们提供培训和指导,借此形成更加稳定的课后服务人员队伍。③ 美国把未来教师培养和课后服务发展相结合,推动有资质的高中生、教育类大学和学院的学生参与课后服务,部分高校甚至明确要求学生必须有参与课后服务项目的经历。这些举措既为课后服务提供了充足的人员,又为未来教师提供了技能训练的机会,有效缓解了

---

① 贾利帅,刘童.北欧四国中小学课后服务的实践、特征及启示[J].基础教育,2021,18(4):103-112.

② 深圳市教育局关于印发《深圳市义务教育阶段学校课后服务实施意见》的通知[EB/OL].(2021-03-05)[2021-10-04].http://www.sz.gov.cn/zfgb/2021/gb1190/content/post_8590862.html.

③ 纪俊男.法国:致力于提供人人可负担的课外托管[J].上海教育,2016(11):38-41.

课后服务师资不足的问题。① 基于此,我国应多渠道动员人力资源来扩充课后服务教师队伍。一方面,广泛招募和吸纳符合资质条件的社会人员参与课后服务;另一方面,积极寻求与高校特别是师范类高校建立合作关系,鼓励大学生尤其是教育类专业的大学生积极参与课后服务,可以考虑通过教育实习等途径有效引导大学生群体加入课后服务。此外,在引进校外人员加入学校课后服务时,学校应当组织开展相应的兼职教师上岗培训与在职培训,不断提升兼职教师的教育服务能力,以保证课后服务的质量。

最后,建立合理的薪酬与激励制度以提升教师参与课后服务的积极性。一方面,针对校内专职教师,学校应当充分考量其因延时课后服务而增加的工作量,在原有工资基础上增加课后服务劳动报酬,充分保障教师劳动权益。此外,可以将教师参与课后服务的表现作为职称评聘和表彰奖励的参考依据,引导教师积极参与课后服务工作。另一方面,针对从校外引进的兼职教师,学校应当依照标准,根据课时量发放相应的劳务费,对表现优异者还可以颁发荣誉证书,以激发其工作热情。

(四)以科学的监督评估机制助推高质量课后服务的健康发展

中小学课后服务规范化与高质量发展离不开健全的监督评价机制,当前我国滞后的质量监督与评估机制建设无疑阻滞了课后服务的高质量发展进程。为推动课后服务的可持续健康发展,我国应当尽快出台国家层面课后服务质量标准②,建立健全课后服务监督与评估机制。

制定质量标准是高质量课后服务评价的基础。当前,世界范围内许多国家均已建立了相对完善的课后服务质量标准体系,为我国制定国家层面课后服务标准提供了一定借鉴。加拿大儿童托管教育联合会于1991年发布了《国家儿童托管教育质量评估》,从环境、设施、安全、健康、课程、师生比、人员关系等七个方面对课后服务质量作出详细规定③;澳大利亚于2010

---

① 张亚飞.主要发达国家中小学课后服务研究[J].外国教育研究,2020,47(2):59 - 69.

② 李醒东,赵伟春,陈蕊蕊.对义务教育阶段学生课后服务的再思考[J].中国教育学刊,2020(11):61 - 65,91.

③ 何静,严仲连.加拿大学龄儿童托管教育的内容、特点及启示[J].外国中小学教育,2015(3):28 - 33.

年开始推行《儿童早期教育和看护全国质量框架》,该框架为澳大利亚各地儿童课后服务提供了一种全国性的监管、评估和质量改进方法,其中国家质量标准详细规定了七个重要的课后服务质量领域,包括教育计划与实践、儿童健康与安全、物理环境、人员配备、与儿童的关系、与家庭和社区的合作伙伴关系、治理和领导[①];丹麦规定对课后服务中心的质量监管内容包括员工资质、教学实践、教学内容、安全卫生等方面[②];美国于 1998 年发布了《安全和益智:发挥课外时间的作用》报告,对课后服务质量标准进行了明确且全面的规定,具体涉及合格工作人员、师生比、安全与健康和营养问题、家庭参与、与学校学习相协调等多个方面[③]。显然,明确质量标准是发达国家确保提供高质量课后服务的关键举措。基于此,我国也应尽快明确规定课后服务的人员配备、环境设施、经费投入、服务内容、师生比等要素的基本标准。唯有如此,才能有效规范学校课后服务行为,才能使有关部门与机构对课后服务的监督与评估工作有据可依。

建设监督与评估机制是高质量课后服务体系可持续发展的基本保障。

一是应明确责任主体。政府相关部门应当在学校课后服务质量监管中承担主要责任,同时第三方专业评估机构与家长也应当发挥作用。其一,中小学课后服务质量是关乎公共利益的重要问题,教育行政部门应强化责任意识,担负起监管与评估责任;其二,第三方专业评估机构具有独立性和较强的专业性,其参与课后服务评估有利于增强评估工作客观性和科学性,促进学校课后服务工作的问题改进与质量提升;其三,家长作为学校课后服务的间接对象,承担了一定的服务成本,有权利参与课后服务的监督与评估,并就课后服务成效提出意见。

二是应丰富监督与评估方式。对学校课后服务的监督评估工作,既应有来自政府、第三方评估机构、家长的外部监督与评估,也应有来自学校自身的内部监督与评估。学校作为课后服务的设计者与实施者,不仅对课后

---

① Australian Children's Education & Care Quality Authority. National quality standard[EB/OL]. [2021 - 10 - 04]. https://www.acecqa. gov. au/nqf/national - quality - standard.

② 贾利帅,刘童. 北欧四国中小学课后服务的实践、特征及启示[J]. 基础教育,2021,18 (4):103 - 112.

③ 张亚飞. 主要发达国家中小学课后服务研究[J]. 外国教育研究,2020,47(2):59 - 69.

服务工作的计划完成度、目标达成度以及实施最终成效有着最深刻的认识，而且对于课后服务开展中所遇到的问题与不足有着最直观的理解。因此，推动由学校主导的课后服务内部监督与评估工作，对于学校课后服务的高质量发展有着积极意义。

三是应重视评估结果的使用。评估工作的终点并非评估报告的生成，只有把评估结果投入使用并对评估对象产生切实影响，评估工作的价值才能得以实现。地方政府应当把课后服务评估结果作为学校教育质量评价的重要依据，并将其与学校奖惩、资源配置和校长考核相挂钩，以引导和督促学校扎实推进课后服务的高质量发展。

第五章　教育培训机构的法律地位
与法律规制

随着我国教育体制机制改革的不断深入,市场参与教育活动俨然成为发展教育的重要方式,国家对教育培训市场进一步加大了放开力度,教育培训机构出现了"井喷式"发展。但与此同时,教育培训机构违规办学、非法办学问题已成为国家及社会各界关注的焦点。2018 年《国务院办公厅关于规范校外培训机构发展的意见》提出依法规范、分类管理、综合施策、协同治理原则,促进校外培训机构规范有序发展。同时,2018 年《中华人民共和国民办教育促进法》(简称《民办教育促进法》)也明确了教育培训机构的营利性,实施"分类登记、分类管理",为我国教育培训机构的治理指明了方向。此外,《法治政府建设实施纲要(2021—2025 年)》提出,要加大"教育培训"等关系群众切身利益的重点领域执法力度。但整体来讲,教育培训机构的发展还缺乏明确的法律规制,致使实践中教育培训机构参差不齐、无序发展现象比比皆是,给教育培训市场的健康发展造成了很大的伤害,亟待进行明确的法律规范。通常来讲,教育培训机构是实施社会教育权的载体,是由个人或民间机构投资举办的非学历教育机构,按照法定程序设立且具备法人资格。运用法律手段对教育培训机构进行法律规制是教育法治现代化的基本方式,也是教育治理体系与治理能力现代化的重要表现。

法律地位是权利主体在法律关系中的权利与义务。由于社会关系的复杂,同一主体在不同的社会关系中地位有所不同,其法律关系中的权利与义务内容也是迥异的。教育培训机构的法律地位是指其在不同法律上的地位以及与其他主体构成的法律关系。

一、作为社会教育权的教育培训机构的法律特点

权力是关系范畴,表达着一种支配与被支配的关系。教育权力是各主体在教育领域的支配力和强制力,由国家掌握就是国家教育权,由社会掌握就是社会教育权,由家庭掌握就是家庭教育权。从法理上来讲,教育培训机构享有的权利属于社会教育权,社会教育权是国家赋予教育培训机构的法定权利,可以从权力来源、权力行使、构成主体三个方面分析教育培训机构的法律特点。

（一）从权力来源来看,教育培训机构属于社会教育

中国近代的社会教育始于清末。鸦片战争之后,中国阶级矛盾和民族矛盾激化,西方资本主义列强入侵,强迫清政府签订了一系列不平等条约,欧美等国家纷纷在华设立教会学校。因此,这一时期出现的大量西方教会学校都是社会力量创办的学校。近代的私立学校分为教会和国人创办两种形式。教会学校不受教育主管部门的直接控制,政府控制相对宽松。1912年公布的各级学校令中,虽然明确规定了私人可设立学校,但国家开始运用法律、行政及财政手段对私立学校进行管理,将其纳入国家统一教育体系。1949年新中国成立后,国家回收教育权,社会教育与公立教育才得以合并,建立了公共教育体系。私立学校被取缔,国家教育权盛行,学校性质皆为公办,政府成为教育的唯一办学主体。自此,社会教育权因国家教育权的扩张而消亡。20世纪70年代末期,我国社会力量办学又以各种形式出现并逐渐扩大。1982年宪法明确规定了国家鼓励社会力量办学,第一次用宪法的形式肯定了社会力量办学的合法性。随着教育改革的不断推进,社会力量办学经历了由萌生、发展到壮大的过程。

（二）从权力行使来看,公民将自然权利中部分权力委托于社会组织便形成社会教育权

在人类社会发展中,有了人类就有了教育,教育儿童是家长的一项“自然权利”。但伴随着社会分工所产生的“术业有专攻”,父母难以完成教育时,则需要把教育子女的部分权利让渡给社会教育。相对于社会办学,国家办学则出现得更晚。社会教育权在国家教育权出现之前就已经存在,国家教育权是从社会教育权中衍生出来的权力。家庭教育权是父母的基本权

利,而社会教育权则是家庭教育权的让渡。从其历史沿革来看,教育培训机构的存在顺应了社会传统文化,是历史发展的必然,是具体的历史的合法存在。社会教育权是由社会力量作为权利主体所直接行使的权力,天然具有公益性。无论是国家、社会还是个人都必须服从法律,服从教育事业的公益性。社会教育权与其他权利一样,都是在制衡的情况下行使的,主要表现为与国家教育权之间的制衡。国家教育权的行使包括国家对教育事业的举办权和管理权。一方面,无论是中央集权制的国家还是地方分权制的国家,由政府举办的学校,其管理权归于政府。另一方面,由私人或民间机构举办的学校,如教育培训机构,虽然享有较大的自主权,但为保证教育的公益性,必须接受政府的监管。同时,社会教育权也能够制衡国家教育权的行使。只有这样才能办好人民满意的教育,不断促进学校教育、社会教育及家庭教育的可持续协调发展。

（三）从构成主体来看,教育培训机构的构成主体是教育培训机构以及教师和家长

依据宪法、教育法的相关规定,国家鼓励社会力量办学,教育培训机构依法享有办学自主权,有建立和管理自身发展的自由,其包括教什么、谁来教、怎么教等。我国法律赋予了社会教育主体的办学自主权。教育培训机构的存在是具有法律支撑的,是合法存在的。对教师而言,教师依法承担着教书育人的责任。《中华人民共和国教育法》(简称《教育法》)规定了教师享有法律规定的权利,履行法律规定的义务。无论是公立学校的教师,还是校外培训机构的教师,都是依法行使其教育教学权。对家长而言,则是依法行使家庭教育权的表现,《中华人民共和国宪法》《中华人民共和国婚姻法》规定教育子女是父母的权利,同时也是父母必须履行的基本义务。家庭教育权是一种"亲权",基于父母与子女的血缘关系,是专属于父母的一种自然权利。"一切以儿童的最大利益为首要考虑",是《儿童权利公约》确立的保护儿童的最高原则。《世界人权宣言》第二十六条第三款规定,父母对其子女所应受的教育的种类,有优先选择的权利。父母是未成年人的法定监护人,可以在学校教育之间进行自由选择。因此,选择送孩子去教育培训机构,以获得适合子女的教育,是父母依法履行其教育选择权的合法表现。

二、教育培训机构的法律属性

教育培训机构享有的权利,是相对于国家公权的一种私权,其存在具有一定的法理基础。教育培训机构在民法中是"特殊企业法人",其公益属性是不同于一般企业法人最显著的特征;在行政法中是"行政相对人",与政府构成行政法律关系。归属于社会教育权范畴的教育培训机构,相对于国家教育权而言,其具有独特的法律属性。

（一）教育培训机构的权利主体是非政府机构其他利益群体的组织或个人

我国《教育法》规定了国家、企事业单位组织、社会团体、其他社会组织及公民个人有权举办学校及其他教育机构,即依据权利主体的不同,可以将举办主体分为国家和社会力量两大类,而教育培训机构属于社会力量办学。《民办教育促进法》第二条中明确赋予了社会组织或个人以社会教育权。教育培训机构的权利主体为非政府机构的利益群体组织或个人,其教育经费来源主要依靠社会组织以及个人投资捐资、集资、贷款等,而不是靠国家的财政教育投入。如新东方、好未来、学大教育等,从其举办者的身份来看,大多是依法成立的法人组织。因此,教育培训机构最显著的特征是具有营利性。

（二）教育培训机构依循"法不禁止即自由"的原则

"法不禁止即自由"来源于西方法学,是私法自治的根本原则。1789年法国《人权宣言》规定,"凡未经法律禁止的行为不得受到妨碍"。在1791年《法兰西共和国宪法》中明确规定了凡未经法律禁止的,都不得加以取缔。随后,这一原则被很多国家写进成文法律中,使其变成了一项从效力范围延伸到整个法律领域的宪法原则。在法治社会,对公民实行"法不禁止即自由"原则,是指只要公民不违反法律的强行性规范,国家行政机关就不能以任何名义干涉公民的行为,从而公民也不必为此承担法律责任。依据"法不禁止即自由"原则,凡是法律不禁止的,都是许可的。与国家教育权不同,教育培训机构所行使的社会教育权的自主和自由范围更大一些,但前提是不能出现有损社会道德以及风气的行为。

（三）教育培训机构要遵守实体法的规定

社会教育权受实体法规限,只有在实体法范围内活动才具有合法性。

教育培训机构是具有民事能力的社会组织,其设立程序、财产数额、机构设置等均由法律明定,只能在法律规定的范围内活动。必须严格遵守民法总则、消费者权益保护法、公司法等实体法规定,其运行才具有合法性。我国《民办教育促进法》第六十一条规定了民办学校不得违反教育法、教师法的规定,否则将给予相应处罚;《中华人民共和国公司法》(简称《公司法》)第十二章明确规定了违反公司法应承担的法律责任,包括虚假登记、抽逃出资、违法经营等行为,依法承担吊销营业执照或民事赔偿等法律责任。教育培训机构在运营过程中,必须严格依法办学,不得做出损害受教育者合法权益的违法行为。

(四)教育培训机构依赖于契约性法律或习惯法

社会教育权作为一种教育权利,是依赖于契约性法律或习惯法存在及运作的,所有社会教育权的权利主体(包括社会团体、个人)都具有法律上的平等地位。与国家教育权的法定权不同,社会教育权是人们在经历长期社会生活过程中所形成的、从先前社会承传下来的,或人们约定俗成、存在于人们意识和社会惯常中的,表现为群体性、重复性自由行动的一种权利。[①] 依照现行的法律制度,社会办学主体与受教育者的监护人之间基本是一种民事契约关系,可视为监护人将家庭教育权委托给教育培训机构,校方实际上是在代理监护人行使教育权。如果监护人认为校方未能很好地履行相应的教育责任,监护人可以依据习惯契约收回对校方的委托权。同样,校方也可以拒绝接受特定的人员入学,并依据特定的规定对学生进行个性化的管理,同时接受国家和社会其他成员的监督,以保证公益性的实现。[②]

(五)教育培训机构要坚守教育的公共性原则

我国《教育法》明确规定了教育活动必须符合国家和社会的公共利益,教育培训机构所具有的法律特点归结到法律上就是确立其教育的公共性原则。教育的公共性原则表明,教育是非营利事业,学校是公益性组织。[③] 教

---

① 尹力.教育法学[M].2版.北京:人民教育出版社,2015:251.

② 劳凯声.变革社会中的教育权与受教育权:教育法学基本问题研究[M].北京:教育科学出版社,2003:336.

③ 陈鹏,祁占勇.教育法学的理论与实践[M].北京:中国社会科学出版社,2005:255.

育培训机构的发展应坚守教育公共性原则,这种公共利益是指我们的国家利益和全体成员的利益。2017 年教育部发布的《营利性民办学校监督管理实施细则》第三条明确规定了营利性民办学校应坚持教育的公益性。不论是营利性或是非营利性的培训机构,它们可能在组织、管理、经费来源等方面各有不同,但体现在公共性方面都是一致的。从法人属性来看,教育培训机构主要以营利为目的,具有营利性;从服务产品属性来看,教育培训机构在实施教育权时,具有公益性,为公共利益服务。二者相互共生,并不必然发生冲突。我国教育的公益性之所以会与"不以营利为目的"画上等号,而且发展成为一个问题,并不是由于它的公益性质所决定的,而是法律的规定使二者有了等同性。[①]

三、教育培训机构在民法上具有"特殊企业法人"的法律地位

民法是调整社会关系的基本法。社会教育权在教育教学过程中主要形成的是民事法律关系,其行为受民法的调整和规范。教育培训机构作为民事法律关系主体,具有法人属性,在民法中具有"特殊企业法人"地位。

(一)教育培训机构是依法成立的法人

从民法的视角来看,教育培训机构作为市场经济主体参与民事活动,其法律地位是法人或非法人。在民法中,民事法律关系主体主要有自然人、法人和非法人组织三类。自然人从出生就是享有法律人格的人。法人是按照法定程序设立,有一定组织机构和独立财产的社会组织。法人的本质特征为团体性与独立人格性,这说明它首先是一个团体、一个组织,而不是一个人,这是它区别于自然人的特征。非法人组织是未经法人登记但可以以自己的名义进行民事活动的组织。与法人组织不同,非法人组织是由组织成员自己决定,法律一般不加规定。而法人是具有法律要求的组织体,其设立程序、机构设置等均有法律规定。教育培训机构是否具有法人性质?《中华人民共和国民法典》(简称《民法典》)规定法人成立必须具备的条件有:(1)依法成立,依照国家的法律法规而成立;(2)作为独立民事主体,必须要有财产或经费才能进行民事活动,这是其

---

① 余中根.论营利性学校及其法律属性[J].中国教育法制评论,2011(9):202-216.

生存与发展的基础;(3)要有自己的名称、组织机构和住所;(4)能够独立承担民事责任。

上述四项规定是法人成立必须具备的一般要件,我国法律规定企业组织及其他团体只要具备这些条件,从成立起就具有了法人资格。因此,教育培训机构只要符合法人成立的基本要求,就具有法人资格,能够独立享有民事权利并承担民事义务。

(二)教育培训机构具有特殊企业法人地位

教育培训机构作为一种社会组织,其在法律上的归属从主体资格角度来看,首先具有法人属性。其次,在现行体制中,教育培训机构属于哪种法人? 我国《民法典》中将法人分为企业法人与非企业法人两大类,非企业法人包括机关法人、事业单位法人和社会团体法人。基于此,教育培训机构应当归属于企业法人。2001 年发布的《教育类民办非企业单位登记办法(试行)》将民办学校定性为民办非企业单位法人,即从事非营利性公共事业服务的社会组织,其宗旨是提供社会服务,而不是为了营利。但是这个概念很模糊,法人的分类中没有此类型,在现实运营中无法获得相关合法性的认可,而且在理论界也存在着争议。教育培训机构作为市场经济主体参与相关民事活动,以营利为目的是其在运行过程中最显著的特征。从当前教育培训机构的设立资质、投资性质、实际运营模式来看,大多数教育培训机构属于营利性民办学校,个别可能选择成为非营利性的课外辅导机构不在我们的讨论范围。

1. 特殊企业法人

企业法人是以营利为目的,从事经济活动的法人,符合国家规定的设立登记、企业名称、组织机构、教学活动等法律条件,能够依法独立享有民事权利和承担民事义务,具有民事权利能力和民事行为能力,如纳税、投资、发起或接受诉讼,参加社会活动。企业法人与事业法人和机关法人的最大区别在于,它能依法从事商业经营活动,赚取利润。《公司法》第三条规定:公司是企业法人,有独立的法人财产,享有法人财产权。公司以其全部财产对公司的债务承担责任。主要特征有:(1)依核准登记程序成立的法人。企业法人是生产经营活动的主要参与者,为规范经济秩序,其成立必须经过核准登记。(2)向社会提供产品或服务,并以营利为目的。(3)依法独立享有民事权利和义务。(4)依法承担民事责任。

基于此,我们认为教育培训机构属于企业法人,它是企业法人的一种特殊组织。不同于一般企业法人,它是具有特殊身份的企业法人,我们称之为"特殊企业法人",其特殊性表现在它具有公益属性。教育培训机构本质上是从事教育活动的,具有公益性的法律特点,要遵循教育的公共性原则。

2. 与一般企业法人的区别

教育培训机构之所以是特殊企业法人,是因为教育培训机构有着不同于一般企业法人独特的组织特性。其与一般企业法人既有相似性又有差异性,差异性主要表现在设置目的、经费来源、调节手段等方面。

第一,设置目的不同。教育培训机构的宗旨是以培养人才为中心,遵循教育规律,坚持教育的公共性原则,培养社会主义事业的建设者和接班人,提高全民族的综合素质。而一般企业是以营利为目的生产和经营单位,追求利润最大化是企业发展的原动力与终极目标。因此,对企业的发展是以经济效益高低为衡量标准,而衡量教育培训机构的发展水平则主要是看人才的培养质量,即学生是否得到了全面发展。

第二,经费来源不同。教育培训机构作为我国教育发展新的增长点,其经费来源主要是依靠社会组织和个人投资、捐资、集资、贷款,利用国家非财政性经费。而一般企业则拥有直接从事生产经营活动的资产,并以这种资产为基础进行经营性活动,经过不断的周转而实现资本的增值。尽管一般企业也可以通过贷款筹集资金,但都是有偿使用的。

第三,调节手段不同。教育培训机构是从事教育活动的培训机构,具有公益性,国家现行法律赋予其办学自主权,并受国家教育行政部门的监管。我国《教育法》第二十九条规定了教育培训机构享有法律规定的办学自主权。同时,国家也必须对其职能的实施进行必要的限制。尽管在一定程度上教育培训机构受市场的配置与调节,但衡量其发展水平不能简单地用经济效益作为标准而忽视教育的公益性属性。而企业则不然,它必须拥有完全的自主经营权,否则就不能称为企业。企业对国家授权其经营财产及人员依法享有占有权、使用权和处分权,能够主动对其生产、经营、企业内部人事、工资、绩效等作出决策并组织实施。国家虽然也会用计划等手段对企业进行宏观控制,但企业在大多数情况下是通过市场来进行调节的。

表5-1 特殊企业法人与一般企业法人属性的比较

属性	特殊企业法人	一般企业法人
设置目的	从事教育活动,以培养人为主,以人才质量为衡量标准	以营利为目的,追求利润最大化,以经济效益为衡量标准
经费来源	社会组织或个人的投资、集资及贷款等非国家财政经费	直接通过生产经营活动,不断周转实现资本积累
调节手段	依法行使办学自主权,主要受国家教育行政部门监管	依法行使自主经营权、财产使用权等,并受政府调节

(三)教育培训机构与教师和学员的法律关系

教育培训机构作为社会组织,在特殊企业法人状态下与教师、学员主要体现的是一种民事法律关系。

教育培训机构与教师的法律关系主要表现在:一是国家依法维护教师的合法权益。教育培训机构与教师是基于聘任合同的平等的劳动关系。教育培训机构应当按照教师法、劳动合同法的有关规定与教师签订劳动合同,依法保障教师的合法权益。二是教师应承担特定的法律义务。教师在日常教学活动中,要严格遵守法律法规的规定,严于律己,自觉接受教育培训机构与学员的监督,严格遵守教育培训机构的管理,按照合同约定完成教学任务,依法履行义务。

教育培训机构与学员的法律关系主要表现为管教关系和服务关系。第一,管教关系。营利性学校的目的包含两方面:一是人才培养,二是营利。其中,人才培养是首要的。[①] 教育培训机构依法享有办学自主权,从事的是教育活动,依法对学员进行教育与管理。不断规范教学行为,尊重学员基本权利,完善教育合同,切实维护学员的受教育权益。第二,服务关系。教育培训机构与学员之间的服务与被服务的关系是十分明确的。教育培训机构为学员提供教育服务,学员接受教育服务。在营利性学校,教育培训是一种

---

① 余中根.论营利性学校及其法律属性[J].中国教育法制评论,2011(9):202-216.

培训服务,学员付了钱成为消费者,培训机构为其提供知识服务。学员成了培训机构的顾客,作为消费者,学员对其服务质量有了更高的要求,以此来满足自身对教学品质的追求。但服务并不意味着无条件服从,在教学过程中,教育培训机构要知悉学员的教育需求,倾听学员的问题,为其提供相应的服务,而学员也要遵守教育培训机构的规章制度。

（四）教育培训机构的法人权利

教育培训机构作为特殊企业法人,在法律上具有营利性与公益性的双重属性。因而,作为教育培训机构的法人权利应从以下两方面来探讨。

1. 基于法人属性的权利

我国《民法典》规定了法人具有独立的名义、独立的财产、独立的组织结构以及独立的责任。其享有的民事权利主要有三个方面。一是财产权。法人财产权是指具有一定物质内容或者直接体现某种物质利益的权利。从其权属范围来看,教育培训机构以独立的财产从事民事活动,其财产权就是其法人本身,教育培训机构的财产权包括法律所规定的法人的全部财产;从其权能来看,依法对其财产享有占有权、使用权、收益权以及独立的支配权。二是经营权。教育培训机构作为营利性机构,在其经营过程中,依法享有国家所赋予的经营权,这也是其作为法人依法行使独立财产权的基础。我们认为,教育培训机构的经营权应当包括:(1)依法从事教育教学活动,为学员提供教育服务,这是教育培训机构基本的经营范围。(2)作为营利性机构,有权利获得相应的利润。(3)教育培训机构在日常经营活动中,为了提升品牌效应,可以进行广告宣传等相关的经营策划活动。(4)享有自主经营及服务选择的权利,教育培训机构与学员签订合同时,自主确定其服务内容、课程设置、教学计划等。(5)法人变更、终止的权利。当然,教育培训机构经营权遵循"法不禁止即自由"的原则。三是人身权,指不涉及直接财产内容的权利。教育培训机构的经营者有依法维护自己人格的权利。主要内容包括:(1)名称权。法律赋予法人使用、转让名称的权利。(2)名誉权。法人依法享有维护自己名誉的权利,任何人不得诋毁。(3)荣誉权。教育培训机构依法享有维护自身荣誉不受侵犯的权利。

2. 基于公益性的教育活动组织而享有的权利

基于公益性的教育活动组织而享有的权利主要来源于《教育法》的规

定。《教育法》规定,教育培训机构依法行使办学自主权。教育培训机构有设立和管理学校的自由,有独立处理自己内部事务的权力。教育培训机构在《教育法》上的权利包括:(1)依据章程自主管理的权利。教育培训机构依法自主管理学校。(2)教育教学活动的组织权。教育教学是培训机构最重要的活动,教育培训机构根据自己的办学目标和任务,依据国家政策法规对教学、课程方面的相关规定,有权自主实施其课程目标、教学计划以及教学进度等。(3)奖励或者处分的权利。(4)管理和使用设施和经费等。教育培训机构在享有权利的同时,还应承担《教育法》所规定的义务,其主要内容有:(1)不得违反相关法律法规的规定,依法制定学校规章制度。(2)严格教育教学标准,保证教育教学质量,为学员提供有质量的服务。(3)维护学员、教师的合法权益,按照国家法定要求与教师签订劳动合同。(4)学员享有知情权,表现在了解学校办学情况及学业成绩等相关信息等方面,教育培训机构应当定期或不定期、主动向受教育者提供此类信息。(5)要严格按照国家规定收取费用,不得出现乱收费、预支收费等违规办学行为,其收费标准应向社会公示。(6)教育培训机构应当接受国家教育行政部门的监督。

四、教育培训机构在行政法上具有"行政相对人"的法律地位

教育培训机构治理是中央及地方政府部门针对校外培训机构的发展颁布的一系列规范性文件,对规制和促进教育培训机构的有序发展具有重要意义。[①] 因此,教育培训机构需要遵循规范性制度合法进行,其在接受行政部门审批、备案、登记注册、监督管理等过程中,与行政部门构成行政法律关系,受行政法调整,教育培训机构处于行政相对人的法律地位。

行政相对人是行政法学理论体系的基本概念,不同学者持有不同观点。有学者认为,行政相对人是在行政关系中行政主体行政行为影响其权益的个人、组织。[②] 有学者认为,行政相对人是在行政法律关系中处于被管理的一方当事人。[③] 如果仅仅将行政相对人定义为"被管理一方的当事人",忽视

---

① 祁占勇,于茜兰.校外培训机构治理政策的内容分析[J].现代教育管理,2019(3):44-50.

② 姜明安.行政法与行政诉讼法[M].北京:北京大学出版社,2000:131.

③ 燕广,胡建淼,王建东.行政法新论[M].杭州:浙江大学出版社,1992:115.

了行政相对人在行政法律关系中的主体地位,行政相对人应是行政法律关系的参与者,是享有权利和履行义务的公民、法人和其他社会组织。教育培训机构作为社会组织要接受政府教育行政部门的监管,其法律地位是"行政相对人"。作为行政相对人,教育培训机构的行政相对人法律地位需要进一步深入探讨。

（一）教育培训机构与政府的行政法律关系

《国务院办公厅关于规范校外培训机构发展的意见》出台前后,很多省市相继颁布了治理校外培训机构的规范性文件,如《上海市营利性民办培训机构管理办法》《西安市民办非学历文化教育培训机构管理暂行办法》等。

2017 年《上海市营利性民办培训机构管理办法》和 2022 年《上海市校外培训机构设立与管理实施办法》中,教育培训机构与政府部门的行政法律关系主要包括权利与义务两个方面。在权利方面,依法享有申请登记的权利,包括设立审批、发证备案、法人登记、教学点设立等。在义务方面,一是必须接受政府对教育培训机构办学行为的管理,包括对其组织机构设置、教学活动抽查、教师聘用、学杂费管理等,还有专门针对义务教育阶段相关培训活动的特殊规定等。二是接受政府的监督检查,包括年度检查、信息公开和信用等级监管等。

2018 年《西安市民办非学历文化教育培训机构管理暂行办法》中,教育培训机构与政府部门的行政法律关系主要表现在:一是申请设立的权利,教育培训机构的举办者向审批机关提交设立申请,按程序提交相关材料。二是办学许可证的审批颁发,审批机关审核通过后及时发放办学许可证。三是向工商部门进行法人登记,依法取得法人资格,经营者在取得办学许可证并进行法人登记之后方可进行教育活动。四是必须接受政府部门监督,接受政府年度检查。五是依法承担法律责任,接受政府的相应处罚。

其他省份也陆续出台针对教育培训机构的管理办法,随着《民办教育促进法》的修法以及各地方实施细则的渐次出台,教育培训机构市场必将进入规范管理时期。

从上述上海、西安在教育培训机构方面的政策可以看出,教育培训机构与政府的法律关系主要表现为行政管理关系,教育培训机构享有设立登记注册、办学许可证审批等权利,同时履行接受政府指导与监督义务。与此同时,我国法律规定教育培训机构要服务社会公共利益,但从目前现实来看,教育培训机构在运行中还存在着诸多问题。不同于有财政支持的公立学校,营利性民办学校获得办学盈余非常困难,学校的生存环境尤其窘迫。为获得竞争优势和长远发展,很多教育培训机构一味追求利润,从而导致破产跑路、欺诈等教育纠纷问题相继产生,这样的恶性循环非常不利于教育市场的健康稳定发展。

基于此,教育培训机构作为行政相对人,是具有独立人格的法律主体。在行政法学中,平衡论视角下行政相对人和行政主体的权利应是平衡的。基于这一认识,在政府与教育培训机构的行政法律关系中,除了监督、管理之外,可以给予教育培训机构适当的服务和鼓励扶持政策。例如,我国台湾地区的《教育基本法》中就有对私人办学奖励的规定,政府依法为其提供必要的扶持与经费补助,并依法进行财务监督;对有卓越贡献者,给予适当奖励。

因此,我国教育培训机构与政府行政法律关系主要体现在以下几方面:一是设立登记。教育培训机构依法在工商部门进行登记注册,主要依据《民办教育促进法》的相关规定。二是审批注册。经审核批准正式设立的教育培训机构,审批机关应及时为其发放办学许可证。三是指导与监督。教育行政部门要依法对教育培训机构办学行为进行监督,包括组织设立、教育教学、教师聘用等方面的指导与监管,一旦发现教育培训机构侵犯了学员的合法权益,教育行政部门有权进行相应处理。四是扶持与鼓励。我国《民办教育促进法》专门设有"扶持与奖励"一章,规定对民办学校的扶持与奖励措施,但大多都是"可以"而非"应当"。因此,是否给予扶持与奖励,由各地方政府依实际情况来定。

(二)作为行政相对人的教育培训机构的权利与义务

教育培训机构作为一般的行政相对人,可依法享有以下权利:(1)申请权。教育培训机构根据自身的发展需要,可依法向行政主管部门提出申请,以实现其法定权利,如办理办学许可证、申请补助与救济金等。当其合法权益受到侵害时,可以通过申请许可权来获取法律的保护等。(2)参与权。教育培训机构有参与制定教育法规或计划的权利,可以通过论证会、座谈会、电子邮件等途径参与行政法规、规章及政策的制定。(3)听证权。教育培训机构依法享有听证权。当出现违法办学行为对其进行处理时,应广泛听取意见和建议,提供相应的理由和依据,充分给予当事人辩论的机会,这样才能最大限度地避免因行政机关的独权造成对培训机构权益的侵害。(4)排除违法行政的请求和行政介入权。教育培训机构的权益受法律保护。行政主体不正当行使权力,会给教育培训机构办学自主权带来侵害,没有给予法定保护时,培训机构可以依法请求行政主体履行其法定职责等。

相应地,教育培训机构也要承担以下义务:(1)服从管理的义务。教育培训机构要遵守国家法律法规的相关规定,依法履行各项义务。(2)主动协助行政主体执行公务,如配合公安部门维护社会秩序等。(3)维护国家和社会公益。教育培训机构的宗旨就是要为社会公共利益服务。(4)自觉接受行政监督,依法向行政部门提供真实情况、说明等有关材料。(5)提供真实信息。向行政主管部门提供的信息要真实、准确,若故意弄虚作假、捏造事实等,依法承担相应法律责任。(6)遵守法定程序。教育培训机构的设立、登记、审核等要严格按照法定程序进行。

五、教育培训机构的法治缺失

近年来,我国教育培训机构种类繁多,在满足学生和家长对教育多元化需求的同时,也呈现出营利性教育立法缺失、政府部门监管缺位、教育行政执法困难以及守法意识淡薄等诸多失范现象,扰乱了行业发展秩序。

(一)营利性教育立法缺失

法律必须具有时效性和可操作性,才能体现它的法律效力。当前我国规范教育培训机构的法律法规仅有《教育法》《民办教育促进法》以及相关政策条例,缺乏专门针对校外培训行业的法律法规。[①] 尽管《教育法》认可民办教育的合法地位,《民办教育促进法》为规范非学历类文化教育服务的培训机构也提供了基本法律规范,《关于进一步减轻义务教育阶段学生作业负担和校外培训负担的意见(2021—2025 年)》《法治政府建设实施纲要罚暂行办法》对校外培训行政处罚立规定则,旨在加强校外培训监管,使校外培

---

① 祁占勇,于茜兰.校外培训机构治理政策的内容分析[J].现代教育管理,2019(3):44-50.

训成为学校教育的有益补充。2023年颁布的《校外培训行政处罚暂行办法》明确了校外培训机构违法的情形,规定了法律责任。但教育培训机构与普通民办教育的本质不同,教育类法律并不能完全解决教育培训市场出现的问题。而在《民办教育促进法》中没有明确针对培训机构法律问题作出规定,导致其法律身份模糊,针对教育培训机构的管理条款也比较少,程序不够细化,且较为宽松。另外,基于教育培训市场产品服务的特殊性,依靠公司法、统计法等其他经济类法律也不能满足教育产品属性的基本要求,很多教育培训机构依据公司法运行,忽视了其在教育领域的公益属性。总体看来,现有法律政策的规范只涉及了学校设立与管理层面,没有上升到国家法律层面,使得现实中教育执法部门对非法办学的教育培训机构执法无法可依。因此,加强营利性教育立法,出台针对性的法律文件,是规范教育培训市场的重中之重。

(二)政府部门对教育培训机构监管仍需加强

教育培训机构急速扩大的市场背后,实则潜伏着混乱无序的管理现状。政府对教育培训机构进行监管过程中出现了职责分工不明确、监管范围不完善等现实问题。民办教育培训机构兼具教育机构和商业机构的双重属性[1],因此要受双重监管。按照《民办学校分类登记实施细则》的规定,教育培训机构要先取得办学许可证,然后到工商部门登记办理营业执照。但由于《民办教育促进法》中并没有明确规定各个行政主管部门对教育机构的具体监管职责,没有形成明晰的监管权责体系,使得各地行政部门在执行时出现无人监管的现象。一旦出了事,则谁也管不着,往往不了了之。同时,对教育培训机构的监管也存在着范围不完善的问题,国家对教育培训机构的监管范围事项应包括机构设立的监管、教学与师资的监管、收费与财务的监管以及机构变更和终止的监管等。从设立方面来看,准入门槛较低,尤其是法人资质条件的限定。《营利性民办学校监督管理实施细则》规定,举办者要提交资质证明文件,如有效身份证件复印件、个人存款等,但并没有对法人资格标准的相关规定,包括针对举办者学历背景、身体健康、文化素养等

---

① 方芳,钟秉林.我国民办教育培训行业发展现状与对策[J].中国教育学刊,2014(5):1-5.

方面进行限定,这会导致"只有数量而没有质量"的结果。作为教育培训机构,从事大规模的集体性市场交易行为,需要有一定的准入门槛,以剔除无法满足门槛标准的供给者,在一定程度上保障供给的质量。① 从教学与师资方面来看,培训机构之间师资质量严重不均衡,表现在教师队伍专业知识、能力水平、教学素养等方面的差异。从收费与财务方面来看,教育培训机构的乱收费、预支收费等不法行为依然存在。从变更和终止方面来看,我国教育培训机构的退出机制还不够完善。

（三）教育培训机构的行政执法有待加强

教育行政执法是教育行政部门根据法律法规章规定而履行的教育管理职权。教育部颁布《校外培训行政处罚暂行办法》,自 2023 年 10 月 15 日起施行,提出了校外培训行政处罚总体要求。当前教育行政部门在依法防范教育培训机构纠纷案中存在的执法困难主要体现在以下方面:一是执法力量不足。教育培训机构由教育局、工商局、人社局等多部门分别管理,但按照现行政策规定,教育部门负责办学许可证审批,承担了大部分的治理工作。教育部门虽然有执法权,但没有执法队伍,对无证无照培训机构,既不能扣押,也不能查封,执法威慑力不足。同时,大多数的教育行政人员不具备相关法律知识,会出现执法不当、程序缺失等问题。此外,专门教育执法机构的缺失也是执法力量不足的主要表现。以广州市为例,广州某区有几百家教育培训机构,但负责管理的却只有两三个人,为其执法增加了困难。要切实做到有法不依、执法不严、违法不究,就必须要加强执法队伍建设。二是执法手段单一。由于教育部门执法缺乏专业执法队伍,一旦出现非法办学的教育培训机构,很难及时发现,加之各部门间缺乏合作,各自为政,执法手段单一,极大地影响了教育行政部门的执法力度。如果各部门缺少配合,就会出现以下情况:没有公安部门的参与,教育执法难以开展;没有卫生部门的参与,就无法对教育培训机构环境卫生、食品安全等情况进行准确判定;没有工商部门的支持,就无法掌握市场上教育培训机构登记的精准数据,无法实现有效监管。因此,要提高执法效率,各部门间必须紧密配合,实现有效联合执法。

① 胡天佑.我国教育培训机构的规范与治理[J].教育学术月刊,2013(7):14-19.

（四）教育培训机构法律意识淡薄

守法是实现法治的前提,依法治国不仅要有法可依,而且要做到人人守法。只有全民守法才能真正将依法治国落到实处。目前,由于我国教育培训机构的经营者缺乏守法意识,不遵守教育培训市场的运行规律,在经济利益的驱使下,出现了很多一味追求营利而忽视教育质量的培训机构。2018年,西安市教育局对教育培训机构进行了专项整治,停办了734家培训机构。之后有记者采访发现,有些培训机构不管不顾,甚至改头换面,继续经营,严重扰乱了教育培训市场的正常秩序。教育培训机构守法意识淡薄,导致教育市场出现了大量跑路、虚假宣传等违法办学的教育机构,侵害了学员的合法权益,引发了一系列教育法律纠纷案件。不可否认的是,在当前消费者投诉案中,教育消费投诉已经占据了很大比例,应当引起公众和国家足够的重视。

六、教育培训机构的法律规制

规制以维护市场秩序为目的,教育培训机构的治理是在其"合法化"的前提下,运用法律手段对其进行的完善和规范。对教育培训机构的法律规制,其核心是遵循社会教育权发展理论,坚守教育公益性原则,并本着扶持与规范并举的原则,从立法、监管、执法、守法等方面不断完善法律体系,着力解决教育培训机构在市场竞争中所出现的失范现象,为整个教育培训行业的发展提供法律保障。

（一）制定"社会教育法"等营利性教育机构的专门法律

加强教育立法,实施教育的法治化运行,是现代教育发展的要求。而营利性教育立法对加快推进和完善我国教育培训机构的法治建设具有重要意义。2010年《国家中长期教育改革和发展规划纲要（2010—2020年）》提出要规范各种社会补习机构,2017年《营利性民办学校监督管理实施细则》中专门针对教育培训机构的监管进行了规定,2018年《国务院办公厅关于规范校外培训机构发展的意见》强调要进一步强化校外培训机构整治工作。现有《中华人民共和国民办教育促进法》《中华人民共和国民办教育促进法实施条件》《中共中央办公厅、国务院办公厅关于进一步减轻义务教育阶段学生作业负担和校外培训负担的工作措施》。但总体来看,这些文件范围都比较笼统和过于原则,不能满足当下教育培训机构综合治理的现实需要。为此,可以将国家现有政策中关于教育培训机构工作章程、设立审批、组织机构等加以汇总、修改和充实,制定"社会教育法",推进教育培训机构规范化发展。以韩国为例,该国2016年制定"辅导法"来专门规制教育培训机构的做法值得借鉴。该法对教育培训机构的设立、教学活动、师资管理等方面进行了全面的立法规制,构建了完善的立法体系。通过立法,明确了教育培训机构的目的和经营者的义务、强化监督机制、建立严密法律责任体系等。我国教育培训机构的法律规制可参考韩国经验,通过制定"社会教育法"等专门立法,促进教育培训机构的合法化运行,其主要内容应包含立法宗旨、监管对象、经营者的权利与义务、监管内容、政府管理职责、法律责任等。

（二）完善权责利统一的教育培训机构的监管体系

法律的存在是为了规范社会公众的行为,它规定了公民应享有的权利和义务,而国家机关的工作则是依据法律法规,依法对社会行为进行规范和监督。政府需要完善的监管体系确保教育培训机构的规范发展。

首先,要明确政府监管责任。各地区要切合自身现实情况,明确监管部门及相关部门的职责分工,分清责任,出了问题归谁来管、如何管,使教育培训机构的治理做到有据可依。对于教育行政部门而言,应当侧重对业务内容的监管,配合其他部门做好未取得办学许可证等非法行为的查处及执法工作。工商行政部门要做好教育培训机构的登记管理等工作,对于未取得营业执照的、未经教育部门许可的超范围经营的公司进行严厉查处,加强法人注册登记、招生宣传等事项的监督。卫生、公安等部门要各司其职,做好对教育培训机构卫生、安全等领域的日常监督工作。

其次,要完善政府监管范围。在设立条件方面,要提高准入条件,尤其是对经营者办学资格条件的提高;严格审查办学资质,对教育培训机构办学条件、收费标准等方面进行具体详细的规范,没有达到标准不予以办理。在教学与师资监管方面,要加强对教育培训机构办学宗旨、授课内容、教学质量等是否有违反国家相关政策法律的规定,防止条件较差的培训机构进行非法办学,降低教育培训市场的教育质量。在收费与财务监管方面,应建立教育培训机构资金监管服务平台,规范教育培训机构收退费程序,严格落实预付式消费的有效监管。在机构变更和终止监督方面,要完善终止清算的程序,加强破产退出的法律规制,完善退出条件、退出方式、退出程序、监管及惩治机制等,切实保护受教育者的合法权益。

(三)加强教育行政部门对教育培训机构的综合执法力度

教育行政部门是教育行政执法的主体,加强教育行政执法工作是当前教育系统落实全面依法治国、推进依法治教的重要举措。

首先,要设立专门执法部门。2014年发布的《关于开展教育行政执法体制改革试点工作的通知》要求"整合调整行政执法力量,设立专门执法机构或者队伍,充实基层执法力量"。其中,上海、青岛、深圳等城市成为改革试点。这些先行地区探索设立专门业务科室和直属事业单位等机构,如上海市成立了教育行政执法事务中心、义乌市成立了教育监察大队等,这些做法对设立教育行政执法机构具有重要的借鉴意义。同时,要提高执法人员的法律素养,教育部门的行政人员作为实施法律法规的执行者,代表的是国家。作为行政执法人员,必须要有较高的法律素养,以身作则,在执法过程中要有规范性,依据法律要求严格执行。提高执法人员的法律素养,需定期进行法律培训,了解学习法律知识,不断增强教育行政执法力度。

其次,要严格教育执法程序。教育执法要做到公平公正,最重要的就是严格按照法律程序来加强执法力度。通常来讲,教育行政执法程序应包括:学员提出申请,教育行政部门依法受理。对于受理案件要查明事实,并进行分析判断,确定案件是否属实;确认属实后,依据国家相关法律法规文件,审查案件的法律适用,并作出解释。之后要将案件事实及过程向教育培训机构当事人及社会公开,并进行听证,在充分听取当事人说明后,作出规定,制作法律文书,送达当事人。最后,由教育行政部门按照文书规定来进行教育执法。这些程序是教育执法过程中必不可少的。同时,教育行政部门要依据宪法和法律对行政机关职权的规定,依法行使行政命令、行政处罚、行政强制、行政许可及行政奖励等措施,以保障法律法规在现实中落到实处。

最后,要创新执法手段。为了规避教育行政部门单独执法的局限性,各部门应加大联合执法力度,明确相关部门的职能分工,相互配合与协调,由教育、市场监督、公安、消防等部门划出重点区域,聚集执法力量,建立联合执法机制。此外,也应对政府工作人员的工作进行监督和责任追究,提高政府工作人员的服务意识和工作热情。①

（四）提高教育培训机构中不同法律关系主体的守法意识

防止教育培训机构法律纠纷案件发生的关键在于学法懂法用法，以期达致守法，心中有法，依法办事。

首先，教育培训机构要不断提高守法意识，这是促进教育培训市场稳定运行的内驱力。第一，增强法律意识，严格遵守《民办教育促进法》《公司法》等法律法规的规定，按照国家法定程序设立申请学校，维护法律权威，依法诚信经营，不能一味追求谋利而超越法律的边界。第二，行业间要互相监督、良性竞争，通过成立机构行业协会来增强内部自律机制，一旦发现有培训机构在办学资质、招生、教育教学等方面存在违规行为，及时向有关部门反映，共同抵制不正当竞争。第三，经营者在与学员签订服务合同时，严格遵守合约规定，履行义务，不断增强社会责任感。

其次，教育培训机构的学生要增加自身维权意识。对于学员而言，要提高自身维权意识，增强维权能力。学员要学习法律知识，提高自身辨别能力，一旦权益受到侵害，能够用法律途径来维护。第一，学习法律知识，不断增强自身法律素养，依法履行法定义务，对待教育培训机构要理性消费，不能盲目听信其虚假宣传。在选择教育培训机构时，要仔细审核其办学许可及资质证明，防止教育培训机构有意隐瞒相关事实。第二，与培训机构签订合同时，要认真阅读条款内容，包括其教学内容、师资水平、学费标准等基本情况，查看有没有不合理甚至不合法的条款以及其他预支收费情况，防止侵权行为的发生。如果发现有不合理的条款，可以要求教育培训机构充分解释。第三，当合法权益受到侵害时，可以通过法定程序使受损害的权益获得法律救济。法律救济对于保障学员合法权益具有重要意义。当学员与教育培训机构发生法律纠纷时，可以通过诉讼、申诉、调解等途径解决。

---

① 祁占勇,李清煜,王书琴.21 世纪以来我国校外培训机构治理政策的演进历程与理性选择[J].中国教育学刊,2019(6):37－43.

第六章 教育培训市场治理的
政策变迁与演进逻辑

　　"双减"政策针对以"应试"和"超前教育"为导向、与素质教育和全面发展的教育背道而驰的校外培训机构开展全面整治。事实上,校外培训机构的泛滥与乱象,严重破坏了教育生态,违背了学生发展的规律性,增加了家庭经济负担。对校外培训机构的规范和整治,有利于减轻学生学业负担,缓和家庭矛盾,有效规范市场秩序,从而促进学校教育的良性发展以及家庭、社会、学校三者形成合力、共同育人。因此,梳理自 21 世纪以来我国校外培训机构治理政策并勾勒其演进逻辑。在此基础上,立足我国实际并着眼国际视野来展望我国校外培训机构治理政策的未来走向,以期能为校外培训机构治理政策的科学、民主发展提供咨询性意见和建议。

一、我国校外培训机构治理政策的发展历程

　　按照校外培训机构治理的阶段性特征及相关重要治理政策的颁布时间,21 世纪以来我国校外培训机构治理政策的变迁可分为初步规范阶段(2000—2007 年)、政策设计阶段(2008—2013 年)、全面整治阶段(2014 年至今)三个阶段。

　　(一)校外培训机构治理政策初步规范阶段(2000—2007 年)

　　进入 21 世纪后,随着我国经济发展水平的提高和广大未成年人对精神文化需求的日益增长,党和国家对青少年健康成长表现高度的重视和极大的关切,在"全党全社会都来关心少年儿童健康成长"的号召下,全国范围内校外活动场所建设有了长足的发展。为深入贯彻落实《中共中央国务院关于进一步加强和改进未成年人思想道德建设的若干意见》精神,充分发挥公

益性文化设施在未成年人思想道德建设中的重要作用,《中共中央办公厅、国务院办公厅关于加强青少年学生活动场所建设和管理工作的通知》(2000年)、《关于公益性文化设施向未成年人免费开放的实施意见》(2004年)、《关于进一步加强和改进未成年人校外活动场所建设和管理工作的意见》(2006年)、《教育部办公厅关于做好2007年暑期未成年人校外活动场所工作的通知》(2007年)等文件相继出台。在这一时期,虽然社会上已开始出现一些校外培训机构,但政策文本仍然围绕"校外活动场所"治理规范展开,校外培训机构的概念尚未在政策中被明确提出。在这一阶段,政策在变迁中呈现以下特点:

1. 重视对校外活动场所的建设与规范

随着校外活动场所的增加和青少年参与度的提高,校外活动场所在资金投入、建设和管理上都亟待进一步加强。这一时期对校外活动场所的建设和规范主要体现在以下几个方面:一是积极扩建场所,完善场所内部设施和软件建设。政府除直接投资校外活动场所的建设外,还制定了一系列的优惠政策鼓励社会力量投资建设校外活动场所。二是注重提高校外活动场所的管理水平。一方面要求公益性文化设施和机构要制定各项制度,深化内部改革,强化内部管理,提高服务水平;另一方面则指出要着重提高校外活动场所工作队伍的素质,如鼓励各地培养高素质的校外教育人才,积极开展校外教育研究为实际工作提供指导等。除此之外,各主管部门也应制定行业管理标准并建立考核评价体系从而规范校外场所管理工作。三是将安全问题置于开展校外活动的首位。政策中主要强调各主管部门要重视对校外活动场所的建设,落实活动场地、器材、公共设施等安全检查工作。在学生进行校外活动时,必须配备相应的引导人员和安全保护人员,保障学生人身安全,及时遏制事故的发生。政策文本中着重提出为避免学生在活动过程中发生意外事故,应提前对校外活动所需的场所、器材、设施等进行检查,保证其安全性。

2. 强调校外活动与学校教育相衔接

在持续推进2002年课程改革的背景下,校外培训机构治理开始重视校外活动与学校教育的有效衔接,政策文本中也强调教育行政部门要和校外培训机构主管部门一同积极探索校外活动与学校教育有效衔接的工作机制。校外活动与学校教育衔接的方式主要有两种：一是将校外实践活动作为校内课程的补充。政策文本中多次提到，教育有关部门在对校外教育资源充分摸底调查后，要根据不同活动场所的功能及特点，结合学校的教育目标和课程安排，统筹规划校外活动，并做好具体组织工作。除此之外，为切实保证校外实践活动时间倡导将其排入学校课程表，这就把校外活动列入了学校教育教学计划。二是利用校外活动场所促进学校教育。例如，在中小学的美术、科学、体育等正式课程的教学设计中增加合理的实践活动，利用校外活动场所促进教学活动中实践环节的有序展开，提高学生的学习效率和效果。与此同时，治理政策中也提出各校外活动场所进行教育活动时不得开展与学校教学活动一致的学科教学。

3. 凸显校外活动场所的公益性

在这一阶段，针对一些校外活动场所在发展过程中侧重于经营性创收，未能服务广大青少年的问题，国家强调校外活动场所应坚持公益性原则：一是校外活动场所要向学生免费或优惠开放。政策文本中提到，公共文化设施、社会团体所属的文化体育场所等必须坚持公益性原则，免费向学生开放。而其他类型的校外活动场所，则要低收费或积极创造条件免费向青少年学生开放。二是校外活动场所应免费开展丰富多彩的活动。政策中着重指出，公益性文化设施在免费开放的同时，要把社会效益放在首位，坚持为学生服务的宗旨，根据青少年学生的需求，免费开展健康有益的课外活动，使青少年能够愉悦身心、增长技能、开拓视野。三是注重整改不合格场所。政策强调，各地有关部门应建立完善的评价体系定期对校外活动场所进行评估和审核，整改未能贯彻落实公益原则的校外活动场所。

（二）校外培训机构政策设计阶段（2008—2013 年）

2008 年，学而思（好未来的前身）、学大教育等大型教育机构纷纷向校外培训市场发力，并完成转型，但巨大商机导致这一新开辟的市场内乱象丛生，严重破坏了教育生态，成为国家推进教育事业健康发展的一大障碍。由此，"有偿培训""收费培训"等概念开始大量在政策文本中出现，《关于2008

年规范教育收费进一步治理教育乱收费工作的实施意见》(2008年)、《治理义务教育阶段择校乱收费的八条措施》(2012年)、《国务院关于深入推进义务教育均衡发展的意见》(2012年)、《教育部等五部门关于2013年规范教育收费治理教育乱收费工作的实施意见》(2013年)等文件相继出台。在这一阶段,政策在变迁中呈现以下特点:

1. "补习班"在政策文本中首次出现

随着校外培训市场的初步发展,社会办学机构开始与学校、教师合作,不同规模、种类的补习班如雨后春笋般冒出。2008年,"补习班"这一概念首次在教育部监察科发布的《关于2008年规范教育收费进一步治理教育乱收费工作的实施意见》中得以界定,指出"严禁学校、教师举办或与社会办学机构合作举办向学生收费的各种培训班、补习班、提高班等有偿培训"。此后,"补习班"这一概念的内涵不断在政策文本中得以丰富。例如,2012年政策文本中提出了"占坑班"的概念,特指以选拔生源为目的的各类培训班;2013年则提出坚决治理"课堂内容课外补",即公办教师在校外培训机构兼职代课,将教学重点故意放在校外讲授这一突出问题。

2. 着眼资源合理配置的义务教育均衡发展

在教育城乡、地区差异化显著,教育资源极度不平衡的背景下,教育公平问题逐渐成为社会关注的焦点,但在面临升学压力时,人们仍挤破头地想进入重点学校和重点班,这无疑导致了社会对校外培训的需求成为刚需。《国家中长期教育改革和发展规划纲要(2010—2020年)》中明确要求"推进义务教育均衡发展",同期,国家相继发布了一系列有关教育乱收费的文件,旨在推进资源合理配置、解决择校问题。第一,规范公立中小学录取学生行为,切断学校和培训机构之间的利益共同体营利合作关系,保障学生入学机会平等。政策强调禁止学校单独或联合、委托社会培训机构进行以选拔生源为目的的各类培训行为,严禁学校以是否参加某种形式培训班作为录取学生的前提和标准。第二,规范公立中小学教师教学行为,严禁"课堂内容课外补",保障学生在校学习内容同等。政策特别强调,坚决治理公立中小学及教师利用校外培训谋利的不当行为,确保每个孩子都能在学校教育的有限时间内接受符合课标标准的教育。2014年,教育部为进一步改善"择校热"问题、实现教育机会均等,将"义务教育免试就近入学"作为年度工作要点。同年,北京市小学就近入学比例达到 93.7%、初中就近入学比例达到 76.82%。①

3. 推动行业自律并开展绿色培训

2013 年 2 月,中国民办教育协会倡导、学大教育等 17 家培训机构共同发布了《中小学生校外培训机构自律公约》(简称《自律公约》),从招生与办学原则、教学质量、行业秩序等方面对校外教育培训机构作出了具体规范。同年 3 月,为了贯彻"实现中小学生减负"的方针,《教育部办公厅关于开展义务教育阶段学校"减负万里行"活动的通知》随即颁布,鼓励更多机构加入《自律公约》、担负社会责任,推动行业进行自我规范和净化,促进绿色培训的开展。绿色培训着眼科学性和人文性的统一,强调校外培训不违背学生身心发展规律、不改变科学的学习节奏、摒弃绝对功利的教育理念、摆脱"盈利""乱收费"的帽子,以推动学生个人和教育生态的可持续发展。既用科学的方法传递逻辑思维、教授科学知识、培养求真精神,又将教育赋予人文灵性,满足个人与社会需要的终极关怀而"止于至善"。②

(三)校外培训机构全面整治阶段(2014 年至今)

教育竞争压力不断增大,以"应试"为导向的校外培训机构市场进一步扩张。中国教育学会发布的报告显示:2014 年,我国参加课外辅导的学生约占全体在校学生总数的 36.7%,在北京、上海、广州等大城市更是高达 70%;2016 年,我国校外培训市场规模已超 8000 亿人民币。然而,校外培训市场良莠不齐、集中程度低,与以人为本的教育教学规律相背离,不仅使学生的课外负担加重,还增加了家庭经济压力,已经成为人民广泛关注的社会问题。党的十九大以来,中国特色社会主义进入了新时代,我国社会主要矛盾已经转化为人民日益增长的美好生活需要和不平衡不充分的发展之间的矛盾,反映到教育上,就是人民群众对高质量高水平教育的需要同教育发展不均衡不健康之间的矛盾。为办好人民满意的教育,《教育部等五部门关于2014 年规范教育收费治理教育乱收费工作的实施意见》(2014 年)、《教育部

① 教育部部长袁贵仁检查北京市中小学开学情况[EB/OL]. (2014 – 09 – 12)[2018 – 09 – 08]. http://jw. beijing. gov. cn/jyzx/jyxw/201602/t20160216_6421. html.

② 杨叔子. 绿色教育:科学教育与人文教育的交融[J]. 教育研究,2002(11):12 – 16.

等四部门关于 2016 年规范教育收费治理教育乱收费工作的实施意见》
(2016 年)、《关于切实减轻中小学生课外负担开展校外培训机构专项治理
行动的通知》(2018 年)、《国务院办公厅关于规范校外培训机构发展的意
见》(2018 年)、《关于进一步减轻义务教育阶段学生作业负担和校外培训负
担的意见》(2021 年)等文件相继出台。在这一阶段,政策在变迁中呈现以
下特点:

1. 积极回应人民关切

以人民日益增长的享受公平而有质量的教育的需求为目标,国家在政
策中积极回应了人民群众的难问题与新期待。一是纠正教育行风问题,加
强中小学师德师风建设。2015 年教育部印发《严禁中小学校和在职中小学
教师有偿补课的规定》,规范在职中小学教师的教学行为。二是关注学生减
负,营造健康教育生态。2017 年《关于深化教育体制机制改革的意见》中指
明,要规范校外培训机构及其培训范围和内容,严格审查其办学资质。三是
着力整治校外培训行业。校外培训机构整治作为教育部党组确定的 2018
年"奋进之笔"重点攻坚计划任务,各省市部门给予高度重视并相继发布了
地方专项治理实施方案,全国范围的联动治理体系正在快速形成。截至
2018 年 8 月 20 日,全国已摸排培训机构 38.2 万家,其中发现问题 25.9 万
家,按照边摸排边治理的原则,已经整改 4.5 万家。①

2. 治理措施具体化

在校外培训机构内进行的学校外教育,其出发点本身是为了实现学生
个性化的全面发展。有效的政府需要意识到校外培训有积极和消极两方面
的因素,有些应受到鼓励,有些则是非法行为,重要的是怎么将它们区分开,
并作出合理的政策安排。② 校外培训机构治理具体措施存在以下表现:一是
明确治理对象。政策对治理对象的界定不断充实,指出将教师在校外培训
机构有偿授课、学校与校外培训机构合作有偿补课、校外超前教学、无证非

---

① 年底前完成所有校外培训机构整改[EB/OL].(2018 - 08 - 24)[2018 - 09 - 06]. ht-
tp://www. moe. gov. cn/jyb _ xwfb/xw _ fbh/moe _ 2069/xwfbh _ 2018n/xwfb/mtbd/201808/
t20180824_346035. html.

② HEYNEMAN S P. Private tutoring and social cohesion[J]. Peabody journal of education,
2011,86(2):183 - 188.

法办学等行为作为具体治理对象。二是建立长效机制。校外培训机构治理行动不是一蹴而就的,甚至会经历几次反复。因此,政策文本中不仅要求快、准、狠地展开摸排和专项治理行动,更强调要多管齐下综合施策,在协同治理模式下强化长期性的监督和管理,以求深度净化培训市场环境、维护健康的教育生态,切实为中小学生减负。

3. 整合社会资源并完善支持系统

校外培训市场是典型的刚需市场,不能仅局限于以"堵"为取向的治理、彻查,而应同时着眼于整合社会力量,建构起以"疏"为导向的配套社会支持系统。社会支持系统大致可划分为"政府的职能""经济与非政府组织的作用""公众与社会群体的影响"①。校外培训机构治理政策从以下几方面着手:一是健全政府工作机制。强调各级教育行政部门切实提高思想意识、抓紧明确责任、尽快出台方案、迅速组织摸排、准确把握政策、制定专项治理方案。二是做好课后服务工作。政策指出,要充分发掘中小学校课后服务主渠道作用,积极整合来自社会各界的优质资源。三是拓宽舆情宣传渠道。"社会舆论支持"和"家长支持"是社会支持系统中的重要因素。因此,政策强调要通过多种途径加强政策宣传与解读,形成良好积极的社会舆情导向,使政策要义家喻户晓、正确教育理念深入人心。

二、我国校外培训机构治理政策的演进逻辑

(一)以社会需求为导向的校外培训机构治理政策形成的动力机制

21 世纪以来,校外培训机构治理政策形成的动力机制主要在于社会现实的改变。针对社会需求,政府由出台宏观的治理政策逐步转向出台统一的纲领性文件,各地根据地方现实充分发挥地方自主性,因地制宜开展工作。以社会需求为导向的校外培训机构治理政策形成的动力机制主要分为三个阶段。一是宏观指导阶段(2008 年前)。在 21 世纪初,校外培训机构还未在全国范围内普及,学生的校外教育主要围绕"素质教育"这一主题,在青少年宫、博物馆等场所中开展一系列形式多样、丰富有趣的教育活动。因此,在第一阶段中,国家政策主要针对全国范围内各级各类校外活动场所及

---

① 吴康宁.教育领域综合改革需要怎样的社会支持[J].教育研究与实验,2013(6):1-5.

其从业人员作出宏观的指导与规范。二是独立规制阶段(2008 年至 2014 年前)。在学大教育、新东方等龙头企业的推动下,校外培训市场得以开辟,并且快速扩张。2008 年,"有偿培训"首次进入政策文本,作为教育乱收费问题和教育均衡发展问题下的子问题,不断被各类教育政策文本提及。同期,参加各类学科竞赛及特长考级成为入学的一大捷径,学校与培训机构组成了庞大的利益共同体,操控了部分入学名额。2010 年以来,政策文本中不断重申禁止开设与选拔生源、升学考试挂钩的各种规模的竞赛类补习班,切实为义务教育均衡发展、教育资源合理配置的稳步推进创造良好环境。在第二阶段中,校外培训问题只作为教育乱收费、教育均衡发展等话题的子话题出现,政策中涉及该问题的相关文本篇幅较短,表达也相对单一,主要由中央政府提出"加强管理""规范市场"的意见,并严厉禁止相关机构在教育市场中出现。三是专项整治阶段(2014 年至今)。尽管国家已经在多个政策文件中对校外培训机构作出了针对性的规制,但校外培训市场乱象屡禁不止,具有复杂性和反复性,逐渐发展为全国性的社会问题。2014 年,政策文本中首次提出要对校外培训机构进行全面整治。但在不同区域,校外培训市场发展程度不同,存在的问题也具有差异性。为了因地制宜办好人民满意的教育,切实解决与人民群众息息相关的教育问题,教育部明确要求各地"认真制定专项治理工作方案",充分调动地方积极性与主动性,切实保障治理政策落实到位。在第三阶段中,国家稳步展开对校外培训机构市场乱象的专项整治行动,并将治理责任逐渐下放至地方政府,治理政策得以在各地具体化发展。

（二）以规范与引导为核心的校外培训机构治理政策演变的目标取向

政策本身往往是价值负载的,而在政策环境中存在着多元利益主体。[①]在政策制定过程中,这些利益主体会通过博弈以获取自己的最大利益,最终呈现的政策文本则是各个利益集团妥协的结果。在校外培训机构治理政策演变的过程中,政策目标的确定主要有规范和引导两个核心,代表着公共权

---

① 林小英.理解教育政策:现象、问题和价值[J].北京大学教育评论,2007,5(4):42 - 52,184 - 185.

威和以人为本两个不同的目标取向。

规范的目标取向主要针对三个方面:一是对校外培训机构本身进行规范。21世纪初,国家为推进素质教育,促进人的全面发展,注重校外活动场所的公益性和多元功能,将校外活动场所视作学校教育的外延性补充,强调其对人德智体美劳全面发展的服务性质,同时对校外培训场所的安全作出了明确要求。随着以"课外补习"为主要功能的校外培训机构的出现及火爆,国家进一步着手对其办学资质及内容进行监督、审查和治理,政策文本内容不断充实、手段趋于完善。二是对公立学校进行规范。1985年5月,《中共中央关于教育体制改革的决定》颁布,真正意义上的教育竞争在我国正式起步。2003年以来,"教育乱收费"问题在国家发改委发布的全国价格举报中连续多年占据高位。2008年后,国家在政策文件中不断重申,严禁学校、教师与社会办学机构合作举办向学生收费的各种培训班、补习班、提高班等有偿培训。三是对公立学校教师进行规范。重点查办公立中小学教师诱导、组织、参与有偿补课,为校外培训机构介绍生源、提供信息等行为。

引导的目标取向也体现在三个方面:一是引导教育生态良性循环。教育活动中竞争越来越激烈,功利性教育甚嚣尘上,教育资源分配失衡,国家根据"办公平而有质量的教育"的方针,着眼学生减负,重点整治与升学、择校挂钩的校外培训机构,平衡教育生态,保障社会稳定。二是引导校外培训机构行业自律。2018年4月,在第七届中国培训教育发展大会上,《校外培训机构自律公约》得以发布,这是结合时代精神,对2013年《自律公约》进行的重新修订,全国160多家校外培训机构共同签署,承诺依法、诚信、规范、创新办学,践行社会责任,不以应试或竞赛为教学目的,共同维护健康的教育生态和行业环境。三是引导配套服务不断完善。中小学要进一步增强育人能力和教育服务能力,针对放学后无法按时回家的学生,不仅安排专门教师提供作业辅导,更要开展起丰富有趣的拓展实践或社团活动填补空白时间,促进学生的全面发展。

(三)以治理和宣传为抓手的校外培训机构治理政策实施的过程保障

教育政策执行是整个教育政策过程中最为重要的阶段,它是一个连续的、动态的过程。政策实施的过程保障是指通过一定的细则和要求来使政策得到贯彻实施,强调的是政策的执行过程,是对整个教育政策执行或实施过程中的各种变量及其相互关系的认识和控制。① 因此,在校外培训机构治理政策实施中过程保障尤其重要,国家主要通过治理和宣传两种方式来助力校外培训机构治理政策的实施。由于社会经济的发展,政策实施过程保障的手段又在不同时期呈现出了不同的特点。在前期政策实施过程中是以各级政府按照国家有关规定直接进行行政管制的治理形式为主,而在后期校外培训机构治理的主体、对象及方式等都发生了转变,主要体现在三个方面。一是由行政机关单一主体治理转变为多元主体治理。在前期,各个政策的颁布主体大都是国务院及各部委,政策颁布后具体执行的主体也是行政机关。而在后期,政策文本中提到治理校外培训机构时,要"面向社会宣传,推动社会培训机构行业自律,提倡建立健全课后服务制度",这就将治理校外培训机构的任务一分为多,由社会公众、行业协会和行政机关等多个主体协同治理。二是治理对象逐渐多元化。前期政策实施过程中治理对象主要是某些学校或校外培训机构不合理的行为,如"规范各种社会补习机构和教辅市场""坚决治理'课堂内容课外补'、公办教师在校外培训机构兼职补课、学校组织集体补课乱收费等突出问题"。而在后期治理政策中则具体提出了六种整改对象,囊括了校外培训机构、学校和教师的各种不良行为。除了分门别类治理校外培训机构外,还着重提出中小学应提高育人能力,提升教学质量,保证中小学生在校内就"吃饱""喝足"。三是愈加重视舆论宣传。在对校外培训机构持续规范的过程中,后期更加注重通过宣传引导整合社会力量助力治理政策的实施。如 2018 年《教育部办公厅等四部门关于切实减轻中小学生课外负担开展校外培训机构专项治理行动的通知》中强调利用舆论宣传在全社会形成良好氛围,借此引导家长理性看待校外培训,树立正确的教育观和人才观,不盲目跟风参加校外培训,减轻子女学业负担,从而从根源上制止"应试导向"的校外培训机构的泛滥。

---

① 祁占勇,王佳昕,安莹莹. 我国职业教育政策的变迁逻辑与未来走向[J]. 华东师范大学学报(教育科学版),2018(1):104 – 111.

（四）以政治话语为主导的校外培训机构治理政策制定的话语文化

影响政策制定和政策转向的动力可能更多来自人们认知层面的变化，而话语分析能够较好地帮助人们从意义的维度理解公共政策领域的结构和变迁，为理解公共政策表象背后复杂深刻的意义互动提供途径。① 因此，研究政策制定中的政治话语文化，有利于探究政策背后公共利益的形成和社会总体的价值取向。21 世纪以来，我国校外培训机构治理政策以政治话语为主导，并在发展中不断趋于多元化。以政治话语为主导的校外培训机构治理政策时期，政策话语特点主要体现在三个方面。一是要求校外活动融入思想道德教育的内容。政策文本中多次提到校外活动场所应将思想道德教育的内容融入丰富多彩的活动中并将其常态化。二是充分挖掘校外培训机构的爱国主义内涵。政策强调，在对校外活动管理过程中，尤其要"加强爱国主义教育基地为重点的未成年人活动场所建设、使用和管理"，如努力发掘纪念馆、烈士纪念建筑物保护单位中的爱国主义和思想道德建设内涵。三是校外培训机构要始终坚持党的指导思想。在党的指导思想的引领下，首先在"十一五"时期提出教育事业的发展要以素质教育为主题，把立德树人作为教育的根本任务。为形成推进素质教育的合力，2007 年《国家教育事业发展"十一五"规划纲要》中要求"进一步加强青少年校外活动场所的建设，各类公益性的文化、体育场所和设施要向学生免费或优惠开放，为青少年健康成长营造良好环境"。接着，在《国家中长期教育改革和发展规划纲要(2010—2020 年)》中提出把育人为本作为教育工作的根本要求和推进义务教育均衡发展的工作方针。在工作方针的指引下，规范各种社会补习机构和教辅市场，斩断补习机构与学校教师之间的不当合作，为学生减负便成了治理校外培训机构的重点。党的十九大以来，相关政策话语呈现多元化趋势发展。例如，伦理学话语主要关注校外培训机构会影响学生身心健康和道德发展，但有利于差异化个性化办学；社会学话语主要从校外培训机构可以促进教育良性发展和社会阶层流动、保障社会的稳定和谐意义上看其

---

① 李亚，尹旭，何鉴孜. 政策话语分析：如何成为一种方法论[J]. 公共行政评论，2015(8)：55-73，187-188.

存在的必要性；经济学话语主要关注校外教育机构泛滥的主要原因是教育总供给存在"供需错位"；公共管理政策话语从管理学的角度论述如何更好地规范和整治校外培训机构，从而使政策制定更加科学化等。

三、校外培训机构治理政策的未来走向

21世纪以来，我国校外培训机构治理政策经历了从无到有的框架设计阶段和内容丰富阶段，在实践中不断得到充实和完善，但是仍存在着动力机制过于单一、目标取向功利化、过程保障不够全面、话语规则难以下移等问题。校外培训机构治理作为一个社会性问题，其政策选择未来势必将经历一个由"一"逐渐向"多"过渡、由功利性逐渐向教育性过渡的过程。

（一）兼顾统筹规划与多方推动的校外培训机构政策的动力机制

对于校外培训的大多数研究，有三种主要的潜在数据来源，即接受校外培训的学生、父母或其他家庭成员以及提供培训的人。但是，他们可能无法提供研究所需要的信息，或者在某些情况下可能不愿意透露。① 因此，在政策形成过程中，政府在牵头规划的同时要推动共谋机制的形成，促进多元主体的行动智慧得以发挥。

一是政府要做到统筹兼顾。首先，要在各级政府部门之间建立统一的机制，确保政府内部信息的流通和共享。目前，校外培训市场监管体系混乱，各部门间信息不对称或扯皮不作为，大大降低了工作效率，政府需建立起一个职权明确、信息充分的统筹机制，推动各级政府部门间的协调合作。其次，要进一步完善相关法律法规。第一，要尽快使有针对性的法律条文加入《民办教育促进法》，甚至出台相关单行法。校外教育作为一个全球性的教育现象，理应受到来自国家立法机构的关注，无论是支持其蓬勃发展还是限制其市场发展，都需要严格的法律依据作为有效的行动指南。我国台湾地区自20世纪中叶起就颁布并多次修改了《补习教育法》，2014年还出台了《短期补习班个人资料档案安全维护计划实施办法》等更为细致的法律文

---

① BRAY M. Researching shadow education: methodological challenges and directions[J]. Asia pacific education review, 2010,11:3 – 13.

件,逐步完善了相应的制度配套。① 第二,应在教师法中进一步明确公立中小学教师的国家公务员身份。现代社会,传统价值观与新价值观相结合,教师仍受到尊重,但其价值已经很大程度上被绩效水平、薪水、学术成就等所量化。教学固然是一项稳定的工作,但其物质特权被市场经济中更多有利可图的就业机会所抵消,许多教师通过校外培训创造额外收入。为教师赋予国家公务员身份,既在法律上规范公立学校教师在校外培训机构中的营利行为,又能提升教师职业的荣誉感和幸福感。

二是要形成多方推动力。首先,地方行政部门要因地制宜开展治理行动,制定和执行政策时要体现"地方特色";同时,要加强责任落实到位,各部门协力打好"组合拳",保证政策的顺利推行。其次,切实提升教育质量。从供需关系上来说,学校教育功能有限使得各类校外培训机构遍地开花存在正当性;而随着人们对高质量教育需求的不断增加,教育中低端产品过剩、高端产品不足的"供需错位"现象越发明显。② 因此,不仅要对校外培训机构的办学机制和教育行为作出规范,进一步探索其更多利于青少年身心健康发展的功能,更要推动学校教育本身升级,在学校教育中满足学生及家长的教育诉求,从而减少学生对校外培训的需求,达到"釜底抽薪"的效果。

(二)兼顾以人为本与教育先行的校外培训机构政策的目标取向

教育政策的制定和执行要首先关注学生的身心发展规律,落实"以人为本"的教育教学观念,关注教育的内在目的,回归教育的本质。当前校外培训以超前教学、考前提升等形式为主,严重违背了青少年的身心发展规律和教育教学规律,在学业压力过重的情况下又向学生施以沉重的校外负担,未来的教育政策应坚持人本的目标取向。一是教育去"工具化",倡导正确教育观。教育以促进人的发展为最终导向,绝不仅是提升个体竞争力的工具,政策要推动教育跳出"应试"怪圈。如果对学生的评价是基于天赋、成绩、德育表现、实践经验等综合标准时,学生压力就会从考试转化成其他更积极的准备方式。政策应该致力于赋予教育人本内涵,以推动国家教育的绿色发

---

① 尚红娟. 台湾地区补习班的发展概况与政府监管[J]. 教育发展研究,2017(10):30-39.

② 王军. 从行政监管到多元治理:"社会教育培训机构的综合治理"研讨会综述[J]. 教育发展研究,2017,37(10):26-29.

展,让孩子健康、快乐地学习和成长。二是实现校内外教育有效衔接、协同育人。尽管在校外培训机构的确切性质及作用上与学校教育存在差异,但其仍有许多与校内教学相同的潜在力量。因此,校内外教育融合的互动应该得到更多的关注。二者应该在达成资源优势互补的共识上开展自发的、以实现中小学生健康发展为导向的平等合作,使校内教育的群体的、基础的关照与校外教育个体的、发展的关照有机结合。三是设置校外培训行业准入门槛、培养专门教师。我国校外培训市场准入门槛低,行业内部分散,竞争激烈,监管难度极大,行业整体素质提升势在必行。在日本,不仅有专门的课外补习从教人员,其对民办教育培训行业的治理也经历了从政府"唱独角戏"到政府规制与行业自律"双管齐下"的发展过程,即建立起全国学习塾协会,为民办教育培训参与主体提供行为指引,实现行业自治。① 政策文本中应进一步明确相关机构及其从业人员的准入门槛、鼓励行业"自律公约"成员的进一步扩充;同时,政府和社会应为校外辅导专职教师提供大量的职前培训机会,并通过行业资格证考试进行考核。

（三）兼顾多措并举与稳步推进的校外培训机构政策的过程保障

校外培训机构的问题长期积累,乱象重重,治理难度极大。在这种情况下,只有各级政府和相关部门及社会力量整合起来多措并举打出"组合拳",治理效果方能长效。

一是要强化监督和检查。首先,政府应下放权力,在各地设立专门治理校外培训的机构,并重视监管队伍的培训与建设,在贯彻国家文件的前提下由基层创造性实施治理,提高监督与检查的科学性与可行性。其次,在对校外培训机构进行资质审查前需构建专业性的质量评估指标体系。例如,可以基于调查与分析,征求专家学者、家长、教师与学生等的意见,基于现实情况建构实用性较强的校外培训机构质量评估指标体系。再次,对校外培训机构开展"面线点"式的摸底排查。"面"就是要在大范围内对所有校外培训机构进行摸底,边摸底边排查,统计违规培训机构数量。之后,要及时对摸底工作总结和分析,将违规培训机构分类,如存在安全隐患问题的分为一

① 高牟.日本民办教育培训行业自律模式探析:以全国学习塾协会为例[J].比较教育研究,2018(8):14-22.

类、以"应试为导向"超纲教学的分为一类、无证无照的机构分为一类等,再按"线"式对每种违规类别进行专门治理。最后,重"点"整治屡禁不止、违规严重的培训机构并进行公示。

二是完善课后服务保障机制。课后"三点半难题"是导致培训机构泛滥的原因之一,为此应积极寻求政府与社会力量进行合作的可能性和现实路径,从课后服务的主体、资金来源、内容、形式等方面进行创新和完善。当前,各中小学课后服务实施的主体主要是本校教师,但这样极有可能加重教师负担,从而影响正常上课质量。因此,我们可以借鉴美国"21世纪社区学习中心计划",在学校上课时间以外由志愿者团体向社区内的学生及家庭提供有关学业的、艺术的和文化的多种活动机会。不再将课后服务囿于学校和教师,而是着力培育公益性教育辅导机构和教育志愿者团体对城市社区、农村地区的中小学生开展有针对性的培训帮扶。课后服务筹措经费时,除政府购买课后服务外,还可以采取按合理的比例收取家长的费用,或学校与第三方专业机构合作,政府进行补贴的形式购买课后服务的方法。为了制止课后服务成为变相的集体辅导和补习,学校还应与当地教育部门合作改变课后服务的主要内容和形式,利用校外资源,帮助学生开拓视野,增强实践能力,如开展博物馆参观活动、体育馆健体活动,安排健康有益的娱乐游戏和拓展训练等。

三是积极引导家长转变观念。当前家长层面的"剧场效应"愈演愈烈是校外培训机构屡禁不止的重要原因。"剧场效应"映射在当前的教育环境下,是指某个因补课提升学习成绩的学生会引发其他学生和家庭的追赶,在你追我赶中所有的人为此都付出了更高昂的时间成本和精力成本,但最终他们之间的相对差距仍未改变的现象。为了缓解教育环境中的"剧场效应",应着力改变家长观念。首先,学校可以通过邀请专家举行主题讲座或培训,改变家长传统的教育观和人才观,培养学习型家长。其次,选取有能力、有精力的家长成立家长学校,在家长群体内部宣传解读政策,减少政策推行阻力。最后,应加强对家庭教育的指导服务,营造良好的教育生态。家长转变观念,相应需求减少后,培训机构便没有了扎根发芽的土壤。

（四）兼顾多元话语与民众参与的校外培训机构政策的政策话语

校外培训机构政策的制定在继续坚持多元话语取向的同时，还应加大民众参与力度。民众参与，是指具有教育参与意愿和能力的行为主体利用相应的平台和手段，为实现自己的利益、理想、诉求和主张而进行的影响教育改革的各种行为总和。[①] 在治理国家的过程中每个公民都应该有发言的权利，如果政策制定缺少民众的诉求、建议与认同，政策的科学性、民主性和可行性就难以保证。民众参与的前提是要完善制度支持与法律保障，各级地方政府应建立和完善参与机制，保障民众参与的合法性、有序性。具体来讲，可以通过以下三个方面探求民众参与校外培训机构治理的路径。

一是要建设民众参与平台，拓宽民众参与渠道。民众参与决策的前提是国家充分下放公共话语权，政府应利用信息化手段积极发展电子政务，建设民众参与的平台，让民意有路可走。首先，每个政府部门网站都要开辟专门收集民众意见的板块，建立便捷的校外培训机构资讯管理系统，便于民众查找相关资讯和政策信息以及对即将出台的政策提出意见，同时其他国家机关及工作人员也可以通过这种途径方便地获取相关数据，保证机构间沟通的畅通无阻。其次，应将街头调研常态化，即通过在街头发放问卷、采访等形式，对群众的意见进行收集、整理和专业化分析，以增强决策的民主性。

二是要建立完善的反馈与责任追究机制。针对民众提出的关于政策的意见和建议，政府应通过网络平台及时给予反馈，反馈内容包括政府在制定政策时采用或不采用其建议的缘由。除此之外，还应对政府工作人员的工作进行监督和责任追究，提高政府工作人员的服务意识和工作热情，只有这样才能保证民众参与的实质有效性。

三是实现政策评估的民众参与。政策评估是保证政策民主化和科学化的重要环节，权衡各方面利益基础上作出的评估、提出的政策建议，易于被广大群众接受。政策评估的有效进行，不仅要依靠决策者和评估者的智慧和能力，更要调查和考虑利益相关者的意见。所以，在校外培训机构治理政策的评估中，要借力第三方的智慧，重视非正式评估，从而实现评估过程中

---

① 张天雪，何菲. 民众参与教育改革实践前提及发展路径［J］. 中国教育学刊，2013（8）：1－4.

的民众参与。政府要推动评估结果公开化和透明化。有关部门可以将校外培训机构的相关政策评估报告在政府网站、评估机构网站或专家个人微博上公开刊载等。通过构建顶层设计与基层探索的良性互动机制,由此增强公民参与的自主性和有序性,从而推动公民实质性参与校外培训机构的治理。①

① 关爽,郁建兴.让公民治理运转起来:重新审视《公民治理:引领 21 世纪的美国社区》[J].公共行政评论,2014(5):173－183.

第七章 教育培训市场治理政策的
现实困顿与缘由

一、教育培训市场治理政策的现实困顿

刘复兴强调价值选择、合法性、有效性等问题是教育政策价值分析的主要研究对象和主要研究内容。[①] 教育政策的价值选择,强调的是教育政策为了何种目的而制定、制定的目标群体有哪些以及政策向公众承诺了哪些内容。它是教育政策主体依据自身价值判断作出的社会选择。教育政策的合法性,强调这种社会选择和价值选择是否符合国家的意识和法律形态、是否与社会普遍价值观一致的问题。教育政策的有效性,强调教育政策能否有效实施从而解决目标教育问题。任何一项教育政策在制定过程中,政策主体都会作出价值选择。如果这种价值选择和价值判断符合社会普遍价值认同和社会规范,这种教育政策就能够有效缓解教育问题,实现其合法性和有效性的统一。任何一项教育政策都要接受价值选择、合法性和有效性的检验,从而判断教育政策制定的合理性、科学性以及实施的可操作性。针对2018年2月教育部办公厅等四部门《关于切实减轻中小学生课外负担开展校外培训机构专项治理行动的通知》(简称"教育部《通知》")和各省市地方治理政策方案,我们从教育政策价值分析的三个维度出发进一步分析治理政策文本存在的问题。

(一)价值选择单一:政策"整治"目的较重,行动具有即时性和临时性

首先,要了解此次教育培训市场治理行动的目的或者行动目标。确定目标是公共政策分析的重要步骤,政策目标的实质是教育政策价值(利益)

---

① 刘复兴:教育政策的价值分析[M].北京:教育科学出版社,2003:80－81.

分配的取向,是决策者希望达成的政策结果或者想要取得的效果。目前,行政部门对中小学教育培训机构的整顿目的和重点在于通过整顿无序竞争和过度竞争的乱象,重申中小学教育培训机构辅助教学、促进素质教育和青少年身心健康成长的办学意图。这种以整顿修正为重点的政策目标使得此次教育培训机构治理政策的内容和要求以"疾风骤雨式"的"整治"行动为主,而对于如何进行长效治理和长效监管,发挥教育培训机构的积极影响和作用则措辞较少。这种治理行动总体无法摆脱运动式治理的特征,规制手段呈现出一定的阶段化和形式化的特点。整顿方式和激励方式之间欠缺协调,政策在执行中容易因手段过于强硬而导致矫枉过正的问题,引起破而不立、治标不治本的结果。

其次,分析教育部《通知》标题,由"专项治理行动"字样可以看出,此次政策的颁布是一次专项行动,其包含的特点有:政策客体明确、政策目的性强、政策手段直接、政策力度强有力、要求极强的时效性。分析教育部《通知》及各地方治理政策方案共32份政策文本的标题,主要有"方案""通知"和"行动"三种。其中,以"方案"命名的有23个,占71.8%;以"通知"命名的有8个,占25%;以"行动"命名的最少,只有一个地区,仅占3.2%。(见表7-1)这三种命名形式在此次治理行动中具有同等效力。无论是教育部《通知》还是各地方治理政策方案,其颁发都是多个部门联合发文。这些治理政策是针对当前教育培训市场出现的乱象问题而颁发的直接性治理方案,在实施中并没有有力的高位政策做统领支持,因而在一定层面上导致了政策稳定性差、有效期短的问题。

表7-1 教育部和各地区颁发相关教育政策标题类型统计

标题	发文机构或地区	数量	占比
通知	教育部、湖北、广西、青海、重庆、贵州、辽宁、福建	8	25%
方案	安徽、广东、新疆、内蒙古、宁夏、黑龙江、兵团、甘肃、吉林、浙江、湖南、江苏、上海、山西、河北、山东、天津、北京、江西、河南、海南、四川、陕西	23	71.8%
行动	西藏	1	3.2%

再次,在中央对教育培训机构规范的政策引导下,2018年各省级政府相

继出台了相应的治理文本。通过教育部、各地方政府或者教育厅官网,共搜集到国家层面及20个省市地区关于校外教育培训机构的后续治理政策(或设置与管理办法)(见表7-2)。分析政策出台的时间,自2018年2月教育部《通知》颁布以来,各省市地区迅速响应,不管是31份地方治理行动方案,还是后续一系列有关教育培训机构的治理政策和相关文件通报都主要集中在2018年8月至12月这一时段,此后有关教育培训机构治理的相关政策信息变少。除了发文时间,从截止时间来看,教育部《通知》第四部分治理步骤明确此次治理行动要于2019年6月底完成,这也在很大程度上表明此次专项治理行动的即时性和临时性。

表7-2　国家层面及20个省市地区教育培训机构治理政策后续颁布情况

序号	地区	颁布时间	文件名称
1	内蒙古	2018.04.18	《内蒙古自治区校外培训机构综合治理工作方案》
2	广东	2018.05.28	《民办培训机构的设置标准》
3	浙江	2018.06.05	《关于加强民办教育培训机构设置和管理的指导意见(征求意见稿)》
4	国务院办公厅	2018.08.22	《国务院办公厅关于规范校外培训机构发展的意见》
5	湖南	2018.09	《校外培训机构设置标准的意见》
6	河北	2018.09.26	《河北省校外培训机构设置与管理办法》
7	山东	2018.10.23	《山东省教育厅关于规范校外培训机构设置标准的通知》
8	河南	2018.11.06	《河南省校外培训机构设置标准(试行)》
9	贵州	2018.11.08	《贵州省教育厅关于规范校外培训机构设置有关工作的通知》
10	北京	2018.11.09	《北京市民办教育培训机构办学标准(暂行)》
11	黑龙江	2018.11.16	《黑龙江省民办教育培训机构设置标准(试行)》
12	安徽	2018.11.22	《安徽省校外培训机构设置标准(试行)》

序号	地区	颁布时间	文件名称
13	福建	2018.11.22	《福建省校外培训机构设置标准(试行)》
14	海南	2018.11.27	《海南省校外培训机构设置标准(暂行)》
15	湖北	2018.11.30	《湖北省人民政府办公厅关于规范校外培训机构发展的实施意见》
16	江苏	2018.12.05	《省政府办公厅关于规范校外培训机构发展的实施意见》
17	山西	2018.12.10	《山西省教育厅关于进一步规范民办校外培训机构审批和管理工作的通知》
18	江西	2018.12.11	《关于规范校外培训机构设置的意见(试行)》
19	四川	2018.12.22	《四川省规范校外培训机构发展实施方案》
20	广西	2018.12.30	《广西壮族自治区校外培训机构管理办法》
21	青海	2018.01.18	《关于青海省规范校外培训机构发展的实施意见》

最后,这些治理政策方案中强调,各级政府要尽快成立教育培训市场专项治理工作小组,同时要协同各部门联合行动。"专项工作小组"主要将各个政府部门的工作人员进行选择性抽调,将这些人临时集中在一起,专门为此次专项治理行动服务,进行一系列政策落实的排查与摸底工作等。这一专项性在很大程度上体现了治理方案的临时性质,治理行动结束后,这些机动工作人员将返回原部门恢复原先工作,专项行动小组也随之撤销。这也在一定层面上揭示了此次政策行动的短时性,政府将此次治理行动的重点放在"整治"上,期望运用行政规范手段使得教育培训市场乱象问题在短时间内得到有效整改,而对于后续工作计划安排则较为笼统。政府此次的治理行动主要还是突出短期内整治成效,对于教育培训市场长效机制的建立尽管有所提及,但是相对于整治措施而言,不够细致规范,后续工作的跟进和开展也需要进一步的制定。

(二)合法性缺乏:强制性工具应用过多,自愿性和混合型工具应用不足

豪利特将政策工具看作一种特殊的方法和手段,是政府为了达成既定

的政策目标,通过综合考量在众多途径中选择的合适的方法和手段。政府对于政策工具选择的差异影响了政策实施的效果。[1] 政策工具也可以看作政府在政策制定过程中为了有效解决政策问题而选择的治理工具。政策目标的实现需要借助各种政策工具来完成和实现,通过政策工具,政府可以把既定的政策目标转化为现实的政策行动,实现二者的有效联通和结合。合理的政策工具犹如政府的左膀右臂,是政府治理的强有力手段。[2] 根据政府介入公共产品与服务的程度不同,政策工具可以分为自愿性工具、混合型工具和强制性工具。[3]

自愿性工具,是指政府很少或者几乎不干预的政策工具。这种政策工具的实施以社会群体的自愿性为基础,依靠各社会群体的自我管理和自我规范来实现。与自愿性政策工具相反,强制性工具主要依靠政府的行政手段,借助政府的权威来对政策目标对象发挥作用,以引导其行为规范。混合型工具具有前二者的双重特性,其核心特征是允许政府对社会群体的决策和行为进行一定的干预,但最终决策的权力仍归私人所有。[4] 结合朱春奎规整的政策工具分类表,根据教育培训机构治理政策类型,对教育部《通知》中三种政策工具的应用进行统计,分析得到表 7 - 3。

表 7 - 3　教育部《通知》中三种政策工具的应用统计

	分类	字节段落	次数	共计
自愿性工具	家庭与社会	"引导家长树立正确教育观念""各地要积极借鉴一些地方的有益经验,及时总结本地改革情况"	2	2
	自愿性组织、自愿性服务		0	

---

① HOWLETT M. Policy instruments, policy styles, and policy implementation: national approaches to theories of instrument choice policy[J]. Policy studies journal,1991,19(2):1 - 21.

② 张成福,党秀云.公共管理学[M].北京:中国人民大学出版社,2001:62.

③ HOWLETT M,RAMESH M. Studying public policy:policy cycles and policy subsystems [M]. Oxford:Oxford University Press,1995:163.

④ 福勒.教育政策学导论[M].许庆豫,译.2 版.南京:江苏教育出版社,2007:230 - 235.

续表

	分类	字节段落	次数	共计
强制性工具	规制 体系建立和调整、建立和调整规制、设定和调整标准、许可证和执照、检查检验、监督、考核、法令、法规、特许、禁止、裁决、处罚、制裁	办学许可证、营业执照	6	21
		立即停办整改、取消资格、停止办学、审核备案	4	
		不得、严禁	2	
		坚决查处、依法追究、严厉追究、严肃处理	4	
	命令性和权威性工具 机构设置、政府机构改革、政府机关能力建构、政府间协定、指示指导、计划、命令执行、强制保险、政策试验	谨慎、责令、纠正	5	
混合型工具	信息发布、信息公开、建设舆论工具、教育学习、舆论宣传、鼓励号召、呼吁	规范管理、切实加强领导、进一步完善、确保如期完成、畅通群众反映渠道、健全部门工作联动、加强舆论宣传、积极借鉴、共同研究制定	9	9

如表7-3所示,教育部《通知》中强制性工具应用较多,规制、命令性和权威性工具词汇运用频率极高。这表明当前我国对教育培训机构的治理仍是以行政手段为主的政府管制阶段。此次专项治理方案的重点领域在教育培训市场的资质排查和业务规范上,严格排查整顿教育培训计划的营业资质、硬件设施、师资队伍等条件,这些都属于基础性的规制管理。当前对教育培训市场的治理措施主要是以政府的意志为中心的管制性规定,而作为治理对象的教育培训市场自我规范的意识相对较差。这一点在省级政策文件中体现较为明显,省级政策文件对强制性工具的应用明显多于中央政府的政策文件。强制性工具的过多使用在短期内能收到一定的政策成效,存在问题的教育培训市场能得到有效的整治和规范,教育培训的市场秩序在一定程度上也能得到有效调整。但长期的行政管制手段以及权威性工具的

使用存在弊端,容易造成一定的社会矛盾和社会问题,尤其是容易激化政策制定者、执行者与利益相关者之间的矛盾。例如,政府通过行政管制手段强制停办和整改了一批不符合规定的教育培训机构,导致原本在这些机构学习的学生面临"无处可去"的境地,家长们也很难一时寻找到另外合适的教育机构,学生和家长的需求难以满足,容易引发不满情绪。

当前教育培训市场治理政策方案中,自愿性政策工具的应用较少,[①]这说明政策的制定和执行中,由于占有绝对的资源优势以及明确强烈的政策意愿,政府占据了绝对的主导地位,政策客体在很大程度上愿意进行自我管理解决社会问题的动力和趋向较弱。政策的颁布和执行对政策客体的调动力不够,政策客体执行积极性不足。另外,对于一些培训机构在自身经营活动中出现的制度规范性差、教师队伍不完善等一系列问题,治理政策利用自愿性工具,通过价值倡导促使这些培训机构进行自我管理和自我约束,倡导家长擦亮双眼理性消费,呼吁学校加强教师管理和课程质量。但是,这些自愿性工具使用的前提在于"强烈"的价值认同。面临当前社会出现的教育变革问题,无论是教育培训市场的利益追求,还是家长和学校的成绩诉求,都难以在短时间内形成统一的价值认同。因而,自愿性工具的使用和目标的实现并不容易。总体来说,现阶段教育培训市场的治理政策主要停留在以政府意志为中心的行政管制阶段,政策的权威性工具应用较多,自愿性工具应用较少,教育培训市场的自我规范意识相对较弱。

(三)有效性缺失:各省市地方制定的政策条款缺乏创新性

从发文部门来看,此次教育培训市场治理行动方案的发文部门主要包括国家级和省市级两个层面。我国是典型的自上而下的垂直行政管理体制,这种体制的最大优势在于既能有效地将政策上传下达,又能保证政策传播和执行的时效性和准确性。教育部《通知》发布之后的三个月内,各省市及其所辖市县陆续发布本地区教育培训市场治理行动方案,从中央到地方的政策性向导在很大程度上能够既增强政策制定者的信念感,也增强政策的权威性和执行者的认同感。这种高度一致的管理体制尽管能够将教育部

---

① 张端鸿,刘虹.中国高等教育改革与发展的政策工具分析[J].复旦教育论坛,2013,11(1):50－54.

《通知》中的国家意志有效而迅速地上传下达,进而推动教育政策在各省市地区的有效实施和开展,但是显然,将 31 份地方治理政策方案和教育部《通知》进行比较分析发现,这种模式在一定程度上造成了地方政策文本的重复,影响地方政策创新性的发挥。

首先,从文本形式来看,对比和分析 1 份国家级教育部《通知》和 31 份地方政策文本,比较突出的一个问题是,地方政策文本形式及政策内容规范与国家颁布的较为雷同。从文本框架来看,教育部《通知》中政策文本框架主要包括指导思想、治理任务和整改要求、治理分工、治理步骤、组织实施五部分。将 31 份地方治理行动方案的文本框架制表(见表 7 - 4),从中可以看出,大部分地区的治理行动方案文本框架与教育部《通知》一致,文本由五部分组成,这样的地区有 17 个。其余地区中,黑龙江为七部分,内蒙古、贵州、山西、江西、福建为六部分,湖北、西藏、重庆、山东、海南、四川、上海为四部分,还剩一个辽宁,为三部分。各地区关于教育培训市场的治理行动方案普遍以教育部《通知》为蓝本和模板,因而在整体框架上具有极高的相仿度。例如,教育部《通知》中第一部分为"指导思想",共有 14 个地区第一部分以"指导思想"字样命名。尽管有些地区在措辞、顺序和结构方面有所调整和改变,但其整体模板仍与教育部《通知》高度相似。

表 7 - 4　国家层面《通知》和 31 份地方政策文本框架

序号	地区	部分						
		一	二	三	四	五	六	七
1	国家	指导思想	治理任务和整改要求	治理分工	治理步骤	组织实施		
2	安徽	指导思想	工作目标	治理重点和排查内容	整改要求	实施步骤和方式		
3	湖北	组织领导和责任分工	专项治理的对象和重点	步骤	方式和方法			
4	广东	指导思想	治理对象	治理内容和整改要求	工作职责	治理步骤		

续表

序号	地区	部分						
		一	二	三	四	五	六	七
5	新疆	指导思想	治理范围	治理步骤	治理任务和整改要求	组织实施		
6	内蒙古	指导思想	工作目标	治理任务和整改要求	治理分工	治理步骤	工作要求	
7	广西	总体要求	治理任务和整改要求	专项治理领导小组	治理步骤	工作要求		
8	宁夏	指导思想	治理任务和整改要求	治理分工	治理步骤	组织实施		
9	西藏	总体要求	治理任务和整改要求	治理步骤	工作保障			
10	黑龙江	指导思想	组织机构	治理内容	任务分工	治理步骤	工作要求	治理举报电话信箱
11	青海	总体要求	治理范围	治理内容	工作步骤	组织实施		
12	重庆	治理任务和整改要求	治理分工	治理步骤	组织实施			
13	兵团	治理目标	治理重点	治理分工	治理步骤	组织实施		
14	北京	工作目标	主要任务	职责分工	方法步骤	工作要求		
15	甘肃	指导思想	治理任务和整改要求	职责分工	治理步骤	组织实施及工作要求		
16	吉林	工作目标及任务	工作分工	工作步骤	保障指南	工作要求		
17	浙江	主要目标	主要任务	治理步骤安排	职责分工	工作要求		
18	湖南	指导思想	工作任务	工作指南	工作步骤	工作要求		
19	贵州	组织领导	治理内容	整改方法	工作分工	阶段划分	组织要求	

续表

序号	地区	部分						
		一	二	三	四	五	六	七
20	江苏	治理目标和原则	治理任务和整改要求	职责分工	治理步骤	工作要求		
21	山西	指导思想	治理任务和整改要求	工作机构	治理分工	治理步骤	工作要求	
22	河北	指导思想和基本原则	治理任务和整改要求	治理分工	推进指南	组织领导		
23	山东	总体要求	重点任务	实施步骤	组织保障			
24	江西	指导思想	工作机制	治理重点	治理分工	组织实施	工作要求	
25	河南	指导思想	预期目标	整改要求	治理分工	治理步骤		
26	海南	指导思想和治理要求	治理分工	治理步骤和工作任务	组织实施			
27	四川	工作目标	分段整治	治理分工	组织领导			
28	福建	治理对象和范围	工作目标和原则	主要任务	行动安排	工作要求	治理举报电话、信箱	
29	陕西	目标任务	责任机制	工作重点	实施步骤	组织领导		
30	辽宁	治理重点	主要任务和时间安排	工作要求				
31	上海	工作目标	工作原则	工作机制	工作任务			
32	天津	指导思想和工作目标	治理任务和整改要求	治理分工	治理步骤和要求	组织实施		

　　其次,各地方政策文本之间文本内容与教育部《通知》较为相似,创新性稍显不足。由于各省市地区政策框架所划分部分和名称并不完全一致(如表7-4所示),因而无法系统比对各政策文本每个部分的相似度和重复率。简单比较各政策文本的全文内容,以教育部《通知》为基础模板,通过比对各省市地区31份政策文件,得到表7-5。(比对方法:通过软件将

两份文件进行比对,比对后保留重复内容,进行字数统计,相似度＝重复字数/总字数。)由该表分析31份地方政策文本与教育部《通知》全文相似度比对情况,有11个地区相似度在45%以上,其中重庆相似度高达88.5%。分析比对发现,地方政策文本设计主要以五大部分展开:第一部分为指导思想,包含了此次教育培训市场治理行动的总体原则和总体要求,是各省市地区工作开展具体治理工作指导方针和指导依据。第二部分为治理任务和整改要求,即明确此次治理行动方案的治理客体及针对性的整改要求。第三部分为治理分工,明确了治理主体及各主体相对应的责任。第四部分为治理步骤,将此次治理行动划分为三个阶段,确定每个阶段的主要目标和时间安排。第五部分为组织实施,是行动方案的具体组织实施部分。31份地方治理政策文本基本上包含了这五部分,尽管部分地区根据自身的实际情况进行了调整和改变,但大体只是进行了合并或拆分处理,难掩一定的程式化倾向,地区政策制定的突破性和创新性稍显不足。更有一些地区的治理行动方案明显直接照搬教育部《通知》内容。仅有部分省份的政策呈现出地方特点:山东省重视学校和家庭之间的联系,在家校合作方面进行了有益探索;浙江省将政府各部门参与此次治理行动的工作纳入政府部门的绩效考核中,以确保治理工作的质量和效率;陕西省要求各教育培训机构在广告宣传前要进行宣传内容的备案,以避免培训机构虚假宣传;广西壮族自治区要求严格控制学生课后作业量,以切实减轻学生的课业负担,促进学生健康成长。

　　总体来说,由于这些地方政策内容总体上依据教育部《通知》来制定,各地方政府的政策文本整体出现"雷同化"的问题。除了上海、陕西和山东等地政策文件创新性较高,其他地区的政策基本没有逃离参借国家层面和优先型地区政策的窠臼,个别地区缺乏独立思考,甚至照抄国家层面的政策文本,原创性极低。我国各省市间经济、社会、文化、教育发展水平等各方面存在很大的差异,这种"同质性"较高的治理政策不但不能很好地适应当地的实际情况,而且暴露出各地教育培训机构治理政策文本"贴合地方实际"明显不足、缺乏特色、创新性不足的问题。

表7-5　31份地方政策文本与《通知》全文相似度对比情况

地区	政策全文相似度	地区	政策全文相似度	地区	政策全文相似度
广东	45%	浙江	21%	河南	33.5%
湖北	38.7%	湖南	22%	黑龙江	40%
安徽	30%	贵州	47%	青海	53%
江苏	19%	重庆	88.5%	新疆	55%
山西	50%	兵团	55%	内蒙古	48%
河北	47%	北京	32%	广西	36%
山东	16.3%	甘肃	45%	宁夏	50%
天津	45.7%	吉林	42%	西藏	37%
江西	32.4%	海南	32.5%	四川	43.6%
陕西	17%	福建	27.6%	上海	2%
辽宁	45.8%				

（四）执行性障碍：政策细节不明确，可操作性不强

自2018年教育部《通知》下发以来，各地迅速响应，从国家层面和地方层面建立起一整套及时的治理行动方案，这些政策方案对教育培训机构治理工作的有效开展起着重要作用，成为各省市地区依法治理不规范教育培训机构的重要政策依据。尽管这些政策在整体框架和内容维度上较为全面，基本包含了治理过程的所有步骤，但是绝大多数省份缺乏对本地区教育培训机构的现状、治理的必要性和程度、可能存在的治理困难等问题的分析，一些具体政策细节并没有作出明确规定。

首先，各地区政策对教育培训机构的性质类型划分、审批制度等细节把握不足。一是各地方对教育培训机构的含义界定、范畴划分不完全一致。例如，对存在问题或有违规操作的教育培训机构，各地政策基本上采取的是关闭机构的方式。有媒体报道，我国教育培训机构整治对培训规模较小、名称存在不规范的机构一般直接强制关闭并加入黑名单，这种"一刀切"的行政管理方式不利于教育培训机构的整改。二是政策内容中关于教育培训机构的审批制度不完善。各省市地区教育培训市场治理政策文本中提及检查整改无证无照或者证照不齐全的教育培训机构，一旦发现，要指导其办理相

关证照。但是,政策中并未提及负责核查资质、进行审批以及颁发执照的具体部门。例如,有的省提到按照审批权限和监管职责对各类教育培训机构(含无证无照培训机构)逐一开展全面清查和治理,但对于教育培训机构具体设置标准、审批范围、审批和登记流程及日常监管的要求并未作详细说明和规定。三是,部分省市效同教育部《通知》,规定建立黑白名单制度,但对于"黑白名单制度"的具体内涵、操作流程、变更与终止的情形和流程、责任机制和信息公开制度等操作细节的规定都尚未作出明确说明。这些细节的不明确不仅容易造成基层部门在执行时产生执行偏差和误解,而且会增加基层政府部门的执行难度,不利于教育培训机构治理工作的顺利推进。

其次,各治理方案督导检查机制细节不明。各省市地区依照教育部《通知》精神,在政策实施内容中提及要适时开展专项督导检查工作。但是,就其文本规范来看,这些督导检查工作更注重纠错和检查,强调的是对治理政策执行过程的检查,而对于具体检查工作如何开展、由哪些部门负责组织实施、检查的标准和力度如何界定、对检查部门的工作如何监督等并未作出描述。另外,尽管部分地方治理政策方案规定要对工作严重滞后的相关部门领导和负责人进行问责,但如何界定执行不力的程度以及如何进行追责、追责的力度和措施等政策细节未被提及。

再次,缺乏对于政策执行效果的评价标准和评价方法。例如,此次治理行动中,整治不规范的教育培训机构和中小学校的政策目标相对容易评估和界定,但对于切实减轻中小学生课业负担、促进学生身心健康发展的政策目标缺少可实行的评估机制。

最后,政策中对各部门之间的工作安排缺乏系统衔接,容易造成工作衔接不当,影响政策执行力。例如,各省市地区在开展校外教育培训机构专项治理行动时,需要整改的机构进行查处后,政府如何分工处理这些机构的去留问题、需要停办整改的机构人员的惩戒问题、需要补充材料完善的机构的审批问题、审批后颁发执照的问题等都未明确。根据教育部《通知》要求,各省市相关部门要共同负责、密切配合协同合作开展教育培训市场的集中整治。各省市治理政策方案也贯彻了这一精神,在方案中建立了部门协作工作机制,各部门联合执法对本地区教育培训市场进行专项整治。但是,这一工作机制的领导、负责以及监管和问责等细节描述较少,甚至没有描述。例如,各部门联合建立的工作机制如何开展,各部门如何有效衔接工作、避免造成监督区域空白和重复监管等一系列问题都没有在政策中明确规定。

这些细节在政策制定时往往被省略或缩减,在规定不具体、不明确的情况下,容易导致方案的执行性和可操作性存疑,往往会带来政府和被规管机构间的"互相误解",甚至引起法律纠纷等问题,不利于教育培训机构治理工作的顺利推进。总体来说,各省市地方政策文本尽管与教育部《通知》高度一致,在一定程度上保证了政策的权威性和稳定性,但地方政策文本细节不明确的问题容易造成政策的执行性障碍,不利于政策的有效实施。

二、教育培训市场治理政策存在问题的缘由

教育政策的形成和发展不是政策制定者简单的决策过程,并不能单纯地从现有的政策结果去探究原因。我们应将政策置于整个政策环境,将政策当作因变量,系统分析与政策发展相关的政治环境、经济环境、文化环境及政策演进的历史传统,分析政策产生、转变、替换和形成的全过程,以此探究当前政策出现问题的综合原因。历史制度主义的制度变迁系统分析了影响和改变制度发展的综合客观条件和因素,论述了政策变迁的过程和原因。[①] 制度变迁分为制度生成和制度转变两大类型,内容包含渐进转型理论、路径依赖理论、制度生成理论以及断裂平衡理论。历史制度主义吸收了集团理论的观点,认为制度的差异性来源于各个国家政治及经济架构的差异性,这种差异在一定程度上也导致了政策后果的不平等性。历史制度主义认为公民的偏好受到国家政治、经济制度因素的影响,因而它非常强调宪法、国家结构、国家利益集团关系以及政治网络对相关人政治偏好的构造。[②]那么,各种相关因素是通过何种机制来影响制度相关人的偏好和选择的?是什么因素导致此次教育培训市场治理政策文本出现问题?我们不妨结合历史制度主义的制度变迁理论来分析此次教育培训市场治理政策问题产生的原因。

---

① 豪尔,泰勒. 政治科学与三个新制度主义流派[M]// 何俊志,任军锋,朱德米. 新制度主义政治学译文精选. 天津:天津人民出版社,2007:47.

② 伊梅古特. 新制度主义的基本理论问题[M]// 薛晓源,陈家刚. 全球化与新制度主义. 北京:社会科学文献出版社,2004:113.

（一）政策问题突出亟须解决，治理缺乏长效机制

此次国家推动全国范围内展开教育培训市场专项治理行动，颁发专项治理政策方案，是制度内部要素和外部力量共同推动的结果。渐进转型理论提到，制度变迁中"替换"这一环节是指内部要素和外部力量推动主流制度对环境的不适应，使得替代制度慢慢成为主导，替换替代制度，引发制度变迁。结合此次教育培训市场治理行动，外部力量层面，当前我国教育培训市场问题日益扩大，影响正常市场秩序。而内部要素层面，过去的教育培训市场相关法规政策已经不能完全适应当前的市场需求，政府需尽快出台新的政策法规来规范乱象问题。这两者结合便推动了以往教育培训市场治理政策的转型，引发制度变迁。在此，我们需要进一步从外部力量和内部要素来分析政策（制度）文本呈现价值选择单一、政策整治目的较重、行动具有即时性和临时性问题的原因。

首先，教育政策是针对政策问题而提出的，探究此次治理行动的整治目标取向问题，我们先要分析此次政策出台需要面对和解决的政策问题。教育政策问题是教育政策的出发点和落脚点。自20世纪90年代以来，我国教育培训市场发展迅猛。近些年，教育培训市场在自身规模、学员数量、潜在市场规模和类型种类方面的规格标志着我国教育培训市场已具规模。为了满足学生和家长多样化和个性化的教育需求，弥补主流学校教育的短板，迎合出国潮和考学热的浪潮，我国教育培训市场的需求和市场日益扩大。随着教育培训市场的极速扩张，一系列失范现象和乱象问题开始显露。[①] 第一，教育培训机构属性定位模糊，导致部分机构片面追求经济效益，忽略社会责任。我国教育培训市场从诞生至今，这种教育功利属性和商业营利的双重属性始终没有得到准确明晰，定位不清往往导致教育培训机构从设立到运营的整个过程出现问题，教育培训机构质量堪忧。第二，我国教育培训市场内部品质参差，优劣水平差距较大。市场内部，一些培训机构片面追求商业利润，忽略师资和培训内容的质量和要求；更有甚者，以次充好，通过不正当手段占据市场有利地位破坏市场秩序，影响教育培训市场的质量和口

① 汪丞,程斯辉.规范教育培训市场的对策思考[J].河北师范大学学报(教育科学版),
2013,15(2):5-8.

碑。第三,教师资质和专业化水准存疑,市场中有关培训教师资格准入和培训内容的制度不够健全。这一系列问题导致教育培训市场从业人员质量和专业化存疑,教师队伍和管理人员队伍缺乏核心竞争力。[1] 第四,教育培训市场骗局层出。目前,我国教育培训市场出现的骗局主要包括:虚假夸大教育机构资质,以次充好;虚假承诺家长高通过率和高上座率;虚假承诺高水平专家团队,夸大教师资质;虚假承诺包办证书和考级等。针对我国教育培训机构出现的诸多失范现象,仅靠市场这一单一的"手"进行自我控制和自我调节显然是不够的,政府采取强有力的行政强制手段是现阶段处理和解决这些问题最直接和最有效的措施。政府亟须采取强硬的行政手段和政策,通过整治行动来解决当前教育培训市场出现的乱象问题。

但教育培训治理从本质上来说是一项长期任务,需要解决一系列矛盾问题,如教育培训需求与教育体制机制的矛盾等,因此教育培训市场的治理不是一蹴而就的,需要长效治理机制。当前教育培训市场政策规范缺乏这种长效治理机制,尤其是缺乏评估制度和监管制度等内容,因而显现出一定的临时性和即时性。教育政策评估就是对教育政策本身的合理性及实际效果进行评价和估量,并作出价值判断。[2] 教育政策评估是教育政策过程的一个重要环节,通过教育政策评估,可以预测教育政策措施产生的效果,发现教育政策执行过程中存在的实际问题和障碍,总结教育政策中的经验教训,判断教育政策目标的实现程度。从一定意义而言,教育政策评估能够决定教育政策的基本趋势和走向。一项教育政策应该继续执行还是废止? 如果继续执行,是否需要依据实际发展情况进行调整和修改,这种修改是大范围进行还是微调? 这些问题都需要通过教育政策评估来实现解决。教育政策评估对提高教育决策的科学性、调整和完善教育政策方案起着重要的作用。但此次各省市地方治理政策方案缺失了政策评估的相关内容,对于政策的完成度、政策执行时是否面临执行困境、执行过程中是否导致执行偏差、导致执行偏差的因素来源于政策本身还是政策客体、对于这些偏差应该如何调整和纠正等问题都未进行详细说明。

---

① 胡美伦.浅议我国中小学课外教育培训市场几个急需解决的问题[N].企业家日报,2018 – 11 – 01(3).

② 黄明东.教育政策与法律[M].武汉:武汉大学出版社,2007:173.

(二)政策过程政府主导,多元利益主体价值认同缺乏

分析教育培训机构治理政策中强制性工具使用较多而其他政策性工具使用较少的原因,需要从我国的实情出发,从政策环境中的多元利益主体视角出发,切实从国家政治体制、经济发展以及社会回应等诸多方面进行探讨,进而找出原因。

首先,政府作为政策制定的主要主体,其政策偏好和政策能力,以及过去的政策经验都对政策工具的选择产生直接影响。施耐德和英格拉姆认为,政府通过对政策其他利益主体的社会权力持有度进行判定,判断是否值得为其提供服务,这种认知和假定决定了政策对社会其他利益主体的态度,从而影响了政府政策工具的选择。因此,我们要分析一项政策中政策工具选择的原因,就要具体分析这项政策制定时的政策环境,厘清政策环境下各利益主体之间的权力关系,这种权力关系不仅包括政治层面,还包括经济和文化层面,这点与历史制度主义的路径依赖理论不谋而合。某一制度的演进和发展,与这一制度历史进程中政治制度、社会结构以及各方社会力量的角逐情况密切相关。传统经验与历史的延承影响新制度的建构,同样,新制度的方向、内容和模式依赖历史的习惯与经验。长期以来,我国实行高度集中的行政管理体制,政府在社会管理中主导的长期定位、政府开展社会治理工作的历史经验,无不影响着政策的制定及政策工具的选择。

豪利特和拉米什认为,研究决策者政策工具的选择要着重分析国家能力和政策子系统复杂程度这两方面因素。国家能力,指当前社会国家机关具有的权威能力,即影响社会群体观念和行为的能力;政策子系统复杂程度,指政策执行过程中需要面对的相关利益主体及社会环境的复杂程度。[①]根据两种因素的力量对比情况,形成豪利特和拉米什政策工具选择偏好表。(见表7-6)。根据该表,如果一个国家的统治力量相对较强,超出社会的对抗力量,此时国家政府机关对于社会群体的管控能力较强;如果此时政策相关利益主体类型较为简单,复杂程度较低,政府往往倾向于通过国家力量采取管制和直接规制的强制性政策工具。当一个国家各利益群体出现剧烈

---

① HOWLETT M,RAMESH M. Studying public policy:policy cycles and policy subsystems [M]. Oxford:Oxford University Press,1995:163.

分化时,无法使国家权力建立在稳定的基础上,则国家倾向于采用自愿性政策工具。显然,我国当前教育培训机构治理政策的政策背景模式属于前者。我国是人民民主专政的社会主义国家,政府机关有权力有职责按照国家法律法规依法对社会公共事务进行管理,国家行政权力集中且具有权威性。此外,当前政府面对的政策子系统十分明确,即乱象的教育培训市场、政策子系统类型单一,因而政府扮演主导者角色,采取直接强制性政策工具以便更有效率地达成政策目标。

表 7-6 豪利特和拉米什政策工具选择偏好表

		政策子系统复杂程度	
		高	低
国家能力	强	(自愿性工具)市场工具	(强制性工具)管制、公共企业、直接提供等
	弱	(自愿性工具)家庭与社会、自愿性组织等工具	(混合型工具)

其次,政策活动和政策过程本身就是各利益相关主体为了自身的利益价值进行互相角逐和博弈的复杂过程。[①] 政策的制定一般依靠规范和引导两个最基础的方式进行,在政策工具中体现为强制性工具和自愿性工具的应用。当前教育培训市场政策文件中权威性工具应用较多,政府在落实此次中央政府大力整顿教育培训市场的政策意图中更多地采取强制性工具来实现高度统一的政策目标。主要依赖政府强制性的行政手段来实现各主体对治理工作的高度支持,而政策中自愿性政策工具较少、类型种类单一。已有的自愿性政策工具主要是通过宣传和引导,呼吁家长树立正确的教育观念,理性选择教育培训机构;倡导教育培训市场和中小学校自我规范和自我约束。自愿性政策工具主要依靠社会群体的自觉性和自愿性对社会事务进行管理和约束,不仅能够有效减少政策成本的输出,还能够有效调和社会矛盾,提高政策的社会接受力,使政策更好地推进和开展。事实上,自愿性政

---

① 林小英.理解教育政策:现象、问题和价值[J].北京大学教育评论,2007,5(4):42-52,184-185.

策工具实现的前提是社会形成统一的价值认同。这说明当前针对我国教育培训的治理,社会范围内缺乏统一的价值认同,自愿性工具难以充分使用和有效实施。尽管我国教育培训市场起步较晚,但是发展迅速,在短时间内呈现出繁荣景象。这种行业的突然火爆使得社会各群体还未形成充分的一致性认同。教育培训机构、家长、学校、政府等都处在当前教育变革的不确定性中,各行为主体价值认同缺乏必然导致自愿性行为的减少,自愿性政策工具难以得到有效发挥,教育培训市场治理的目标就难以实现,因而政府选择使用较少的自愿性政策工具、较多的强制性政策工具来达成政策目标。

再次,制度也离不开文化的约束。长期以来,社会文化传统,尤其是社会各主体对教育培训机构的文化认知和价值认同对于政策工具的选择也具有一定的影响。路径依赖中的文化传承强调文化是影响制度变迁甚至决定制度走向的重要因素。文化因素总能够潜移默化地影响制度的内在精神,进而影响制度设计和政策工具选择。教育培训市场是近几年兴起的新型行业,受传统文化和观念的影响,社会并未形成对教育培训的统一文化认同和价值认同。从教育培训机构自身层面来看,在现实中,各教育培训机构往往难以处理和均衡其成立之时就存在的教育公益性和商业经济性双重属性。一旦教育培训机构将侧重点放在商业利润层面,教育培训的公益性价值就会被破坏和湮灭,导致教育培训市场乱象。部分教育培训机构运营者缺乏相关的法律法规知识和遵纪守法意识,肆意钻法律空子破坏行业规则,严重违背教育培训市场运行规律。这些教育培训机构往往缺乏自律意识,在利益和金钱的驱使下通过各种不正当手段扰乱市场的正常竞争活动,破坏正常市场竞争秩序。更有甚者,一些主流学校参与教育培训机构的利益合作,忽略教育的本质和教育的目的,对学生的身心成长造成严重阻碍。教育培训市场的乱象问题导致教育培训市场偏离了原本的教育目的,政府不得不采用行政规范手段对其进行强制整改。

最后,社会大众对于教育培训市场的认识也不成熟。一部分家长认为教育培训是影响学生健康成长的"毒瘤",严重加剧了社会的教育不公平,大量教育培训市场的存在对学生的"减负"有百害而无一利,这些家长期望政府严厉取缔教育培训市场;还有一部分家长仅看重教育培训对学生学习成绩的影响,而忽略了教育的本质内涵。这些都说明社会上对教育培训市场缺乏广泛的认同,没有意识到教育培训市场同样担负着培养人才的教育目标。

(三)相关法治体系不健全,具有"法律试行"特征

分析此次各省市地区教育培训市场治理行动政策条款缺乏创新性的问题,其原因是教育培训相关法治体系不健全,现有法律法规具有"法律试行"特征。

首先,分析当前我国已经颁布的与教育培训机构治理相关的法律法规等规范性文件,现行政策文件大多具备"法律试行"的特征。法律试行是指立法者在制定法律之时在细节操作上留有余地,通过给予制定规范可以调整的含义,使得整个法律制度形成了一种灵活的具有反思机制的法律反馈系统。① 法律试行其实是国家立法机关在制定法律之时对权利义务的关系制定和对社会群体的规制均采用暂时性立场,因而不妨碍制度的改革和变革。这种法律并不是一成不变的,而是具有一定的可修正性和可调节性,它能够通过不断修正法律试行中的错误来不断适应新的客观环境,从而达到预期的政策目标解决新的政策问题。法律试行具有一定的反思性学习和搁置正当性争议的特征,其目的是保证立法的合理性和时效性。②

其次,"法律试行"的特征导致教育培训市场治理政策的法律化程度不够。我国教育培训市场的制度生成始于20世纪末期,在鼓励和支持社会力量办学的同时,国家同时开始加强对校外教育的宏观管理。由此可见,我国对教育培训市场的制度生成较为晚一些。而韩国早在20世纪60年代就已经对影子教育市场采取措施以解决影子教育带来的考试热和升学热问题。这些举措完成了韩国影子教育治理的制度生成,也为后期的制度转变奠定了基础。新制度的生成往往经历从无到有的过程,新制度并不是原本就存在的,是政策制定者为了完成现行政策目标而设计和建立起来的。我国教育培训市场治理政策发展年限不长,因而制度的孕育成熟期较短,制度的发展也不尽完善。历史制度主义的制度生成理论中强调,社会力量、社会理念

---

① 陈肇新. 提升教育公平感的法律程序治理:以中小学校外培训机构的法律规制为视角[J]. 全球教育展望,2018(9):87-100.

② 季卫东. 论法律试行的反思机制[J]. 社会学研究,1989(5):81-91.

和社会组织的变动和作用都会引发新制度的生成。21世纪初,随着经济社会的不断发展、出国热和考学热的不断升温,我国教育培训市场飞速发展与扩张。与之而来的是市场乱象问题层出,社会各界高度关注教育培训市场发展问题,政府部门作为市场的监管者和协调者,先后颁布多个文件和政策来对教育培训市场进行规范和管理。除了教育部《通知》,2018年8月22日,《国务院办公厅关于规范校外培训机构发展的意见》颁布,对教育培训市场进行更为系统的规范和治理。"法律试行"的特征使得当前我国教育培训市场治理政策文本的法定效率凸显"多政策性"和"少法规性"。多政策性体现在当前与教育培训市场治理相关的政策文本往往是以文件、规章的形式推动的,具有鲜明的政策性。已颁布的有关教育培训治理政策的规范性文件,从性质看属于部门规章或者政府规章,不具有法律效力,从效果看在一定程度上影响了政策的实施力度和效度。

最后,当前教育培训市场的国家法治体系不健全,缺乏有力的高位政策做统领支持。规范性的制度与法规不仅有利于政府有效管理行业发展,而且能够督促行业内部的自律和规范。目前我国教育培训市场发展中缺乏这一重要的督促机制,国家尚未出台专门针对教育培训机构发展与规范的法律法规。我国有关教育的法律不乏其例,但缺乏教育培训市场的专门法。尽管教育培训机构属于民办教育类型,其规范应参照《民办教育促进法》,但是其中缺乏对教育培训设置、准入、审批和监管等具体规范和具体细节的规定,如教育培训机构的性质和定位问题。当前,我国社会办学组织可以自由选择营利性或者非营利性的法人组织性质,这种界定方法尽管在某些层面上能够促进和鼓励社会力量办学,提高社会力量办学水平和能力,但这种界定方法却引发了一系列政府规范问题。目前市场上存在的诸多中小学教育培训机构,一部分以"教育咨询"和"文化培训"的名义开展营利性教育培训,因而接受工商行政部门监管。例如,通过查寻企业工商信息发现,我们熟知的国内知名教育培训机构新东方等,属于营利性法人,企业类型是有限责任公司,经营范围包括教育咨询和文化培训等。一部分社会组织举办文化艺术类学校,这些学校属于民办非企业单位,接受民政部门监管。这使得在实际监管中,一旦这些机构出现问题,各部门之间的职责难以厘清,监管机构繁复重叠,从而影响监管职能的发挥。除此之外,相关政策法规中对于教育培训机构的准入制度也缺乏统一规定,对于教育培训机构的设置标准、人员资格及用地属性等问题缺乏统一设置标准,具体主要表现在资金和准入面积方面。这两方面的设置标准与地方经济发展水平、家庭经济承受能力等密切相关,全国缺乏统一的测量标准,因此很容易造成地方在治理方案制定和行动时具有极大的随意性。教育培训市场的国家法律体系不健全,导致在实际管理中相关政府部门缺乏政策法规依据,监管部门难以开展监督检查活动,难以做到审批与管理中有法可依、执法和监管中执法必严、处罚和管制中违法必究。

现行有关教育培训机构的这一"法律试行"特征,尽管在一定时期内可以灵活适应当时的情形,有效地促进制度的改革和完善,但如今教育培训市场已经形成市场繁荣,乱象问题层出不穷,仍旧"试行"的法律规制难以满足政府部门治理的政策需求,这种特征也在很大程度上影响了后续政策的制定和实施。

(四)当前教育培训机构审批管理多头,责权不一监管难以到位

长期以来,我国政府对于教育培训市场的治理政策是平缓而平和的,新中国成立至今,国家对校外教育的治理大致经历承认、肯定重要地位并开始初步治理、逐步提供制度保障、统筹协调和指导这一过程。此次教育培训机构治理行动之前,我国教育培训市场治理政策长期处于禁止与规范之间,对于教育培训市场的具体准入条件以及发展规范并没有明文条例作出说明,政府审批监管等一系列措施也长期处于"模糊"状态,因此教育培训市场相对处于平稳状态。历史制度主义的断裂平衡理论解释这种现象为"间隔平衡",即制度在发生重大变化之前长期处于相对停滞和平衡的状态。近些年教育培训市场在快速扩大的同时,一系列乱象问题随之而来,这种"间隔均衡"状态才被打破。原有政策和原有行政手段中审批管理多头、责权不一监管难以到位引发政策细节不明确、可操作性不强的问题。

首先,教育部《通知》和各省市地方专项治理政策方案中,除了上海市为单一部门发文,其余地方均为多部门联合发文。同时,在政策方案中均提及各级政府部门要协同展开联合治理行动。这种多部门协同发文和协同合作治理模式一方面能够形成"1+1>2"的政策执行合力,减少政策成本,使得治理行动能够得到有效开展。但另一方面,多部门颁发和执行政策容易导

致政策实施和监管过程中的权责模糊、权责重叠甚至权责空白。当前我国教育培训市场的管理部门本身就存在审批管理部门过多的问题,此次治理行动方案中不但未对这一问题进行解决,多部门联合治理更容易导致这种现象的加剧。按照政策规定,当前我国教育培训市场的管理主要按照分类多头管理和谁审批谁监管、谁监管谁负责的原则进行。由于各部门有其自己的管理标准和管理规范,这种多部门共同管理的现象使得政府对教育培训机构的审批标准和管理手段变得过于庞杂,在实际操作中往往难以执行,监管困难。在实际管理和监督中一旦出现问题,往往容易造成问题归口不清,各相关管理部门逃避管理而互相推诿责任。[①] 按照管理原则,审批部门对教育培训机构进行审批因而具有相应的监督管理权力,这样就导致教育行政部门无法完全掌握对教育培训机构的管理权,也就无法进行正常的监管活动。例如,当前主要是工商部门负责给市场中的教育培训机构签发营业执照,现实中一些教育咨询机构尽管已经在工商部门进行登记注册,但教育行政部门未为其颁发办学许可,部分教育培训机构仍然顶风坚持运营,擅自违法违规招生。对于这些现象和问题,社会公众普遍认为应该由教育行政部门负责监管和查处,但是实际中教育行政部门无权监管,工商部门又普遍不作为,乱象问题愈演愈烈。一些由劳动与社会保障部门负责的家教机构,由于其来自社会非正规就业机构,教育行政部门无权对其办学主体和办学情况进行有效监管。除此之外,对于一些由行业内部自行开设的培训中心,一些行业协会面向社会招生开展职业岗位准入资格培训,造成一定的行业垄断,导致培训市场秩序混乱。但由于相关政策缺乏对这些培训中心的专门规定,有关部门难以实施针对性管理。这些现象无不体现了各管理部门管理过程的混乱和分裂,没有科学划分各部门职责权限,管理过程缺乏统一性和协调性。

其次,《民办教育促进法》明确规定其他文化教育的民办学校应由教育行政部门审批,但对于"其他文化教育"具体应包含和涉及哪些类型的教育

---

① 何潭潭.中国教育培训市场现状分析与发展对策研究[D].大连:大连理工大学,2010.

培训机构并未提及,相关概念厘定较为模糊,不够清晰。① 这使得教育行政部门在实际监管过程中存在政策依据空白,对于以音乐、体育、舞蹈、美术等为经营范围的培训机构,教育行政部门难以准确界定其性质。当前有关教育培训机构治理的相关政策法规没有涉及一些新型的教育培训形式。对于新型早期教育、托管培训等与民办教育息息相关的教育培训机构的审批工作是否应该进行、怎么进行都没有明确规定,一旦出现问题,行政审批部门尤其是教育行政部门就无从着手。这些未被提及未被包含在法律内的教育培训,由于其性质还在一定程度上涵盖了体育、科技等诸多方面,因而是否要将这些培训的审批监管权交与教育行政部门还有所争议。这些问题就导致教育部《通知》及各地方下发的政策在执行时产生问题。

最后,对部分非学科类教育培训市场管理困难。一些高校教师、自由职业者或者个人在社会上开展一定程度的单科培训,这些培训人数少、规模小,但是分散广、数量多,给教育培训市场的管理和监督工作带来一定的困扰。部分单科单师的教育培训甚至不去进行登记备案,更是加大了管理的难度。

---

① 雷鸣强.关于稳步推进《中华人民共和国民办教育促进法》实施的思考[J].教育与职业,2018(20):52-53.

第八章　教育培训市场治理的国际经验

世界银行发布的"2020 年教育部门战略"肯定了私立教育在增进教育机会、提供成人教育等方面的作用,提出用"战略伙伴关系"来联合私立部门、社会组织的力量实现各国的教育目标。同时,不少国家纷纷采取措施,激发私立教育活力,助推本国教育实力和国际竞争力提升。这表明了国际社会对私立教育在教育现代化进程中的成就和路径的普遍共识。教育培训作为一种非学历、补充性、非正规社会教育,多为民办私立组织,在满足学生接受学校教育之余的个性化教育需求方面扮演着十分重要的角色,日益受到国际社会的普遍关注,且市场规模不断发展扩大。

针对当前我国教育培训市场的失范表征和乱象问题,以完善教育培训市场治理路径、建构教育培训市场监测指标体系为着力点,以实现教育培训市场有效运行与规范发展为落脚点,通过梳理世界不同国家教育培训市场的发展历程和治理路径,提炼概括国际影子教育治理的基本理念和治理模式,创造批判地借鉴国际教育培训市场的先进经验,有效针对地抉择教育培训市场的治理路径,整体创新地建构教育培训市场的监测指标。

一、国际教育培训市场治理的相关研究

20 世纪 80 年代以后,校外教育培训机构成为全球化的一种教育现象,不管是发达国家、新兴市场国家,还是发展中国家,校外教育随处可见。特别是在中国、日本、韩国等东南亚国家,校外培训被描绘成一种有异国情调的文化实践,甚至是一些国际测试取得高分的秘密武器,逐渐引起了各国学者广泛关注。

（一）校外培训的概念和特征

国际校外培训的研究主体比较多样,大学或者类似机构、政府部门、国

际机构等都是主要的研究主体,而且校外培训的研究相对比较成熟,其研究可追溯到 20 世纪 80 年代至 90 年代初。Rohlen 是日本最早研究私人补习教育的学者之一,他从人类学的角度出发,认为私人辅导机构是中产阶级家庭对优势教育资源追求的结果。加拿大国际发展研究中心(IDRC)香港大学新加坡办事处在斯里兰卡和马来西亚发起了一项关于校外私人辅导的调查与研究,在研究报告中首先把私人补习称为"校外培训系统"。随后,史蒂文森(Stevenson)和贝克(Baker)在日本、乔治(George)在新加坡分别对校外培训进行了实证研究。但是,最先提出校外培训的 Marimuthu 等人并没有提出"校外培训"的概念,只是提到了"校外培训"的特征,是模仿主流、随着主流学校的形态变化而变化的教育补习形式。史蒂文森和贝克率先提出了"校外培训"的概念,认为校外培训是发生在正规学校之外的一系列教育活动,旨在提升学生的正规学校生涯。马克·贝磊(Mark Bray)指出不同国家校外培训的名称不同。在说英语的国家,校外培训一般被称为"私人教导""私人补习";在日本,校外培训被称为"塾""预备学校"等。他的观点和史蒂文森稍有不同,史蒂文森对日本的校外培训描述还包括"yobiko",即中学毕业离开学校的学生参加的教育补习,他们的目的在于重新参加高考。马克·贝磊对校外培训的研究比较系统,他认为校外培训的概念界定需要注意以下几个维度:第一,补习性问题。私人补习仅仅是指与学校内所开设的学科相同的补习。第二,私人性问题。补习的生产者主要是私营企业家或者个人为了营利而提供的补习。第三,补习的科目主要是与考试相关的学术科目,而不包括艺术、体育等非学术科目。教育的形式既包括"一对一"的辅导,还包括小班或者大学形式的教学,同时也包括网络或者视频回放模式的教学。马克·贝磊关于"校外培训"概念的论述在学界已经达成共识,受到学者普遍认可。

(二)校外培训兴起的原因

国际校外培训研究兴趣集中在校外培训的原因、规模、家庭支出、影响等方面。学者对校外培训原因分析比较全面,从各国的教育体制、文化背景、家庭经济状况、政策制度等角度进行了分析。早期的研究多是从文化和历史背景出发分析校外培训出现的原因。马克·贝磊认为校外培训在不同的文化中表现形式不同。Cummings 把校外培训描绘成一种仅限于东亚国家的异国文化。Manzon 和 Areepattamannil 认为亚洲是校外培训的摇篮。诚然，校外培训在日本、韩国、我国香港和台湾等东亚社会比较流行，这与儒家传统的社会文化比较重视个人后天的努力和勤奋有关，而在北美、澳洲、西欧等地，社会文化更加重视能力，校外培训的发展相对就比较缓慢。传统的儒家思想认为个体通过接受教育能够带来成就感，而教育补习在注重成就的文化中更易传播。

此外，教育影响也颇为重要。新制度主义者认为，校外培训和学校教育之间存在着一种共生关系。20 世纪二三十年代，由于高等教育资源比较有限，高等教育不可能像基础教育那样做到普及化，竞争比较激烈。在土耳其，名为"dersane"的私人辅导到高等教育水平的国家考试有关。在日本，虽然小学教育已经普及，但是只有部分学生能够进入学术性中学就读，而这又是进入高等学府的第一步。20 世纪 70 年代以后，政府采取了标准化考试，扩大了受教育机会，高等教育大众化时代到来，处于社会底层的学生有机会和精英阶层同台竞争，但是高等教育等级化以及企业比较重视候选人的毕业院校等社会现象产生了"文凭病"和"后发效应"。文凭理论的代表多尔认为，学校教育不是为了教育，而是为了某种资格，这又产生了一种"后发效应"，即一个国家现代化时间越晚，教育文凭就越泛滥。在肯尼亚和斯里兰卡，文凭会直接决定工作机会的多寡。在日本，文凭会决定能否得到最好的工作、获取最高的报酬。这样，文凭就作为一种信号释放给了学生家长：接受不同等级的大学教育与日后的社会地位有关，家长不得不重视子女的受教育背景和受教育年限，通过校外培训提高子女的竞争力，这给校外培训的发展提供了很好的机遇。校外培训在亚洲的流行证明，接受校外培训获得的教育回报要比欧洲多。要想通过激烈的高等教育入学考试竞争，进而获取较高的社会地位，参加校外培训是有必要采取的一种策略。

贝克认为，校外培训深深地根植于教育文化之中。马克·贝磊也认为，教育文化理念是影响校外培训的一个重要因素，以儿童为中心的教学理念在亚洲出现得比较晚，以教师为中心的传统观念根深蒂固，社会对知识学习普遍重视，不能容忍后进生的存在，因此校外培训需求比较强烈。随着中等教育的扩张，校外培训也紧随其后。高等教育大众化以后，校外培训随着正规教育的发展也逐渐发展成为一种强大的社会制度。

近年来,关于校外培训原因的研究出现了全球相似性的特征,各国校外培训的发展普遍有所扩张,这在某种程度上是受全球化和各项指标的国家排名的影响。例如经济合作与发展组织(OECD)实施的国际学生评估项目(PISA),事实证明,在一些国际性的考试,如 PISA 测验中排名比较靠前的国家,校外培训的发展往往如火如荼。同时,各国都把教育质量作为竞争的重点,这种激烈的竞争又导致各个地区之间学校排名白热化。马克·贝磊认为,美国学校排名表的出台导致学校之间的竞争加剧,这些竞争又反过来引起校外培训的增长。因此,校外培训在全球范围内的增长是学校教育制度背后隐含逻辑发生转变的结果。马克·贝磊也认为,正是学生之间和社会阶层间的竞争促成了"校外培训"的扩张。

校外培训的发展与各国的政策密切相关。一些国家支持校外培训的发展,认为校外培训可以弥补学校教育的不足,能够提供给学生额外的和有针对性的辅导,有利于学生差异化发展。例如日本,哈尼斯(Hanisch)认为日本的校外培训机构是必需的组织,弥补了日本公立学校教学与入学考试需要之间存在的教育系统的敏感缺口。但是,也有一些国家颁布政策禁止校外培训发展,认为校外培训会加剧社会不平等,增加家庭的经济负担和学生的学习负担,扭曲正规教育。例如韩国,在 20 世纪 80 年代颁布了关于校外培训的禁令,政府认为校外培训造成教育腐败。但是,这个禁令执行起来十分困难,民众普遍认为校外培训只有成为非必需品时禁令才能解决,于是政府逐渐放松了对校外培训的管制。直到 2000 年,政府颁布文件认为禁令校外培训是违反宪法的。在美国,《不让一个孩子掉队》法案也刺激了美国校外培训的扩展。

地域性因素也是校外培训发展的一个原因。史蒂文森通过实证研究得出结论,校外培训在城市地区比在农村地区更为普遍。马克·贝磊也持有相同的观点,他论证了柬埔寨 61% 的城市学生接受了校外培训,而农村地区接受校外培训的比例仅为 9% ,农村地区小学私人教育成本仅是城市地区私人教育成本的 30%— 40% 。而且在《教育补习的消极影响——从多个视角、隐含的意义及政府的对策的角度》一文中分析了城市比农村私人教育成本高的原因:一是城市的竞争比较激烈;二是城市父母的教育层次较高,对子女教育有更高的教育期望;三是城市家庭的经济条件相对较好,可以支付额外的教育补习费用。

　　家庭因素是影响校外培训的微观因素。在一些国家,私人教育成本在公共教育成本中所占比重较大,甚至超过了50%。在一些经济发展落后的国家,私人教育成本负担更重。虽然子女的年龄不同,父母所作决策不同,但校外培训终归是父母出于提高子女学校成绩作出的选择,此时家庭的经济条件就决定了公共教育之外的私人教育成本分担的范围和份额。可见,虽然校外培训是普遍存在的,但并非所有学生都能平等地参与。史蒂文森和贝克从社会学的角度以分配理论为基础,采用实证的方法研究了学生参加校外培训与正规学校生涯之间的关系,指出日本家庭资源丰富的孩子比来自贫困家庭的孩子更多地参加校外培训,参加了某种形式校外培训的学生上大学的概率会增加。马克·贝磊利用"分层抽样"采集数据研究了柬埔寨私人教育投资问题,认为家庭的投资分为短期投资和长期投资,贫困家庭的投资更加倾向于短期的生存需求,而不是长期的利益考虑。布莱顿伯格(Bredenberg)在有关教育需求的研究中也提到了贫困家庭面临的是生存问题而非发展问题。校外培训是义务教育之外的教育,因此对于家长来说,接受校外培训是市场条件下的私人行为,家庭会根据自己的实际支付能力来分担教育成本。学生参加校外培训不仅需要直接成本,还需要间接的机会成本。史蒂文森的研究显示,校外培训与性别有关。在日本,由于男性的就业前景更好,以及对性别和社会机会的看法,家庭可能倾向于将他们的资源投资于儿子的教育,而不是女儿的教育。几乎一半的男高年级学生计划如果不被大学录取,就会成为"罗宁"[①]接受校外培训,而只有十分之一的女学生有类似的计划。或者,家庭可能只为他们最有前途的孩子投资校外培训,或者只有当他们生活在城市等活动多的地区时才这样做。马克·贝磊和布莱顿伯格也得到了相同的结论,男孩和女孩的成本不同。小孩子直接成本和机会成本一般比较小,是随着年龄的增长而不断增长的。起初男女孩的机会成本几乎一样,但是女孩的机会成本愈来愈高,女孩上学的机会越来越小,接受校外培训的可能性也越来越小。

---

　　① 罗宁,一个日本词语,字面含义是"浪人"。该语境中的此类没有接收单位的高中毕业生在日本也会被称为"新卒浪人",喻指这些学生就业前景不稳定,需接受额外培训。

　　家庭的文化资本也会影响校外培训的发展。在亚洲的一些国家和地区,家长送子女参加校外培训与父母自身的文化素养较低有关。史蒂文森认为,校外培训投资与家庭 SES(社会经济地位)三项指标都有关联。子女年级越高,父母的文化程度越低,越有可能送子女参加校外培训,因为他们的文化程度决定他们不能亲自辅导子女的家庭作业。还有学者认为,参加校外培训与家长的压力或者面子有关。沙马提到亚洲一些地方的家长送子女参加校外培训存在跟风现象,"当家长发现其他家长送子女参加补习时,他们就着急地坐不住了"。马克·贝磊认为,送子女上收费特别高的补习中心是一种身份的象征,因为"家长会感到有面子"。

　　主流学校教育教师的收入在有些国家也是促使校外培训发展的主要因素。马克·贝磊认为,有时生产可以创造需求。校外培训之所以存在和盛行就是因为生产者的存在,在西欧、北欧等地,虽然教师的收入不是十分令人满意,但是他们的收入足以维持比较高的生活标准。而在柬埔寨、黎巴嫩、罗马尼亚、拉脱维亚等地,政府无力支付教师的工资跟上高额的物价,一些教师从队伍中流失。还有一些教师投入校外培训中进行创收,而且校外培训获取的收入一般都是隐性收入,无须向政府纳税,因此受到主流学校教师的热捧。例如苏联,20 世纪八九十年代,经济转型时期,教师待遇普遍偏低,教师不得不另辟蹊径增加收入。在孟加拉国和肯尼亚,校外培训的额外收入也是影响校外培训增长的主要因素。在一些国家,主流学校的教师就是校外培训的主力,为了防止主流教师出现敲诈勒索、腐败等行为,有的国家开始禁止主流学校的教师参与校外培训,如新加坡、韩国、摩洛哥等国家。这对主流学校教育质量是一种保证,也规范了校外培训的发展。

（三）校外培训的影响

　　校外培训是一个复杂的社会现象,对学校、教师、家庭、学生、社会的政治经济等都产生了很大的影响。

　　首先,校外培训对学生学业成就的影响。校外培训的消费者主体是学生,家长让子女参加校外培训的主要目的是提高子女的学术性考试科目成绩。因此,传统观点认为,学习成绩不理想的孩子是校外培训的主要受众。有学者通过调查发现:在接受补习的学生中,占主体的是那些学业成绩优秀的学生,因为他们希望通过教育补习来保持自己的优势。马克·贝磊对我国香港和台湾地区调查也发现,参加校外培训成绩好的要比成绩差的学生人数多。在德国,参加校外培训一般都是精英学校的学生。

那么,校外培训对学生会产生什么影响?是否会提高学生的学习成绩?马克·贝磊宣称,私人辅导的好处是无可争辩的,媒体记者克罗蒂认为,私人辅导是确保学术卓越的一种高效方式。Lee 论证了校外培训与中学生的学业成就呈现正相关。Dang 发现学业成就与教育补习以及辅导支出之间存在相关性。马克·贝磊从学生参加主流的课程看,认为校外培训可以帮助学生掌握主流学校的课程,提高成绩。德·西尔弗认为,校外培训对学生学业成效的影响需要分析产生学习成绩不理想的原因,教师教学水平低、缺课等造成学生学习成绩差时,校外培训可以帮助他们提高学习成绩,重拾学习信心。还有的学者认为,校外培训除了补习学校的文化科目之外,还有针对性地帮助学生解决考试技巧等问题,能够帮助学生提高成绩。

一些学者分析了校外培训与特定学科之间的关系。Kuan 分析了台湾教育小组研究的数据,认为校外培训对学生的数学成绩有一定的效果。Liu 在 2012 年也得出了相同的结论,校外培训对学生的数学成绩和分析能力有显著的影响。在日本,有学者发现在塾中就读的学生的数学运算和代数得分较高。美国教育部门的一些专家也认为,中国学生在 PISA 考试的成绩与校外培训有关。拜恩(Byun)分析出辅导类型不同效果不同。他对韩国7000 余名学生进行了一项教育纵向研究,通过回归分析,认为学生的学业成绩和辅导类型有关,补习班的教学效果优于别的类型。他还分析了产生这种效果的原因,主要有:补习教育与学校的课程有关;补习教育提供了考试练习;开发了一些课程和评估工具;参加者都是一些有较高社会资本的有成就的人等。

但是,另外一些学者对校外培训的影响持担忧和怀疑的态度。侯赛因认为,补习教育导致学生学习兴趣的缺失,不利于学生成绩的提高。亚斯密认为,学生参加了校外培训后会依赖补习教师,出勤率越来越低,特别是在学期末,学生的缺勤现象严重到削弱学校教育制度,干扰学校的正常教学秩序。弗恩奇和史皮瑞德在马耳他的研究认为,教育补习导致学生和教师过度疲劳,影响教学效率。马克·贝磊提供的一组数据显示,毛里求斯的孩子平均每日在主流学校和校外培训机构学习的时间在 9 个小时以上,这是不人道的,而且校外培训影响了主流学校的教学内容,校外培训填鸭式的课程割裂了主流学校课程的整体性。

还有一些学者认为,校外培训对学生的学业成就没有任何影响。例如,Nath 分析一个孟加拉国的非政府组织从 33227 个家庭收集的 1998 年数据,并没有得到校外培训可以提高学生学习成绩的结论。弗加亚也对埃及 7000 多名学生进行了调查,分析发现教育补习和学生成绩之间没有明显的统计相关关系。可见,不同的学者对校外培训是否有效果持不同的观点。马克·贝磊通过对各种认知测验来衡量学术科目取得成就的文献做了综述研究,认为对辅导有效性的研究没有得出一致结论,有的结论甚至相互矛盾。因为私人补习有许多不同的方式、强度和性质,教师的素质和学生的动机都有可能导致结论不同。因此,校外培训对学生学习的成效取决于家教的性质、辅导的数量、导师的素质、学生的动机以及许多其他因素综合作用的结果。

其次,校外培训对社会的影响。校外培训作为教育系统中的一个子系统,对社会产生了很大影响,这方面的研究比较多。Izumi Mori 和 David Baker 认为,校外培训扮演着为社会做准备者和社会再生产者两种角色。他们从人力资本理论的角度分析校外培训的作用,认为随着劳动力市场变得更加复杂,学校教育作用不断加大,校外培训发挥着同样作用,为劳动者提供更多的学习机会,满足了求学者的学习需求,所以校外培训为劳动者走入社会做准备。但是另一个角度分析,校外培训又是社会不平等问题的制造者,因为教育的选择功能要求精英分子参与上层经济和政治活动,而精英阶层具有参加校外培训的条件,这样校外培训就具备再生产的功能。马克·贝磊等人甚至认为,校外培训是教育系统内的一种腐败现象。"最差的情况是教师在学校里只教给学生一半的课程,另一半在课外补习时间再学习。"这样就产生了教育勒索行为和腐败现象。另外,校外培训是一种私营化的行为,受家庭经济条件制约。Katsillis 和 Rubinson 对希腊教育机会的研究表明,校外培训在家庭背景与学业成就之间起着中介作用。马克·贝磊也认为,富人比穷人更容易接受校外培训,并且在一些地方,富人可以接受"一对一"的私人辅导,但是贫困家庭无力支付高昂的学费。史蒂芬·英里奇(Steve Entrich)认为,父母在子女未来教育方面面临着两大抉择,除了决定就读哪所学校外,家庭还必须决定是否需要对补充课程进行私人投资,以增加成功进入某种学校的机会。从这个角度分析,校外培训是另类的择校择教现象。Dierkes 的观点是,因为种种原因家长对主流学校的选择比较有限,而校外培训为日本父母和学生提供了一种更发达的择校模式。在日本,研究人员和日本公众强烈认为,对校外培训的投资会提高教育水平,从而加剧教育不平等。很多学者利用了社会再生产理论,分析认为校外培训有可能成为社会不平等机制的制造者,而且这种模式在竞争机制下,对社会和谐容易造成威胁,导致社会分裂。马克·贝磊也认为,校外培训对社会稳定造成了一定的威胁。

再次,校外培训对学校教育的影响。马克·贝磊认为,校外培训对主流学校的教学的动力机制产生了一定的影响。他说,如果学生都参加校外培训,主流学校的教师上课就可以不用那么辛苦。如果是部分学生参加,主流学校的教师需要考虑学生的更大差异性。一般而言,教师上课会难以照顾到全体学生,迫使学困生家长需要为孩子的学习进行额外的投资。所以,学生参加与否会影响主流学校教育教学的顺利进行。同时,校外培训作为主流学校的有效补充,绝大多数都没有自己稳定的师资。马克·贝磊的研究发现,校外培训的教师来源有两类,一类是主流学校的教师,另一类是与学校无关的人员。因为校外培训的待遇较高,吸引一部分教师从主流学校系统中流失,这个问题在哥斯达黎加、立陶宛、塞内加尔等地比较流行,优秀教师的流失以及教师勒索学生辅导的行为一定程度上影响了主流学校的教学质量。在韩国和日本,一些学者认为主流教育的质量优劣与校外培训的发展状态有关。当主流学校的教学质量较高时,校外培训发展势头比较缓慢;当主流学校的教学质量低下时,校外培训的发展势头迅猛。今天校外培训的全球化趋势说明,民众对主流学校的教育质量表示担忧和不满。

最后,校外培训对经济的影响。研究校外培训对经济的影响,需先分析校外培训的规模。在日本,25.9%的小学生和53.5%的中学生接受了私人辅导。在韩国,86.8%的小学生、72.2%的中学生和56.3%的高中生接受了私人辅导。在加拿大,一项研究发现,约24%的学龄儿童在2002年雇用了导师。在阿塞拜疆,93%被访者承认在中学期间接受过私人辅导;在格鲁吉亚,80%的被访者承认接受了校外培训的辅导。此外,乌克兰,有79%;蒙古,有71%;波兰,有66%;斯洛伐克,有56%。如此庞大的教育规模造就了一个体量巨大的教育市场,对一国经济的发展产生了重要影响。这个结果与人力资本理论倡导者的观点高度一致。他们认为,校外培训与经济增长的关系十分密切。一方面教育补习与市场需求紧密相关,另一方面高的经济回报是学生和家长投资教育补习的主要原因。教育选择功能理论倡导者也赞同这个观点,认为获得许多教育补习的学生往往分布在比较高的经济报酬位置。

总之,国际校外培训经过40多年的研究,已经取得了一些研究成果,呈现以下几个特点:

首先,国际学者普遍重视校外培训的实证研究。马克·贝磊通过实证研究发现,补习教育所涉及的学科是以最能提高学习成绩、增加升学与就业机会的语文、数学和科学等主流学校课程为主。随后,又采用"跨栏模型"(Hurdle Model)多层次方法分析了校外培训的影响因素,发现母亲教育程度、家庭收入等家庭资本因素对学生参加课外补习有显著影响。坦塞尔和波尔坎分析了土耳其的中小学生家庭背景因素,杰拉尼分析了马来西亚小学生家庭背景因素对获得课外补习的机会有显著影响。中泽涉在日本随机抽样,对888名高中生及其母亲进行了调查,并利用Tobit回归模型,分析了日本高中阶段课外补习的私人支出及其影响因素,研究发现学生个人的课外补习支出依然呈现不均衡的格局。Ji-Ha Kim通过社会调查的方式,对韩国校外培训发展进行了描述和分析,认为校外培训是家长追求筛选有利地位的行为。还有很多学者从学生学习效能角度进行量化研究,对比分析参加影子教育对学生学习成绩的影响。在肯尼亚,通过实证研究发现,家长不太愿意为女儿提供额外的教育资源,特别是在家庭资源极其有限的情况下,女孩比男孩做更多的家务,研究者认为这也大大损害了她们参与校外培训的机会。国际学者对校外培训的研究往往采取大量的样本数据验证理论假设，得出的影响校外培训的因素和效果比较可靠，而且研究一般委托给第三方组织，从开始研究、得到结论到采用结论历时较短，会成为政府、社区、学校改革教育教学和政策制定的重要依据。

其次，国际校外培训研究重视理论基础。史蒂芬·英里奇以"布东决策理论"和"山哲郎校外培训投资决策理论"为依据，构建了双重的决策模型，通过二元逻辑回归分析，揭示了学生的教育期待对校外培训决策的影响，它对父母的教育期待和社会出身而言是一种可能的平衡。马克·贝磊从财政平衡视角研究了柬埔寨基础教育私人成本，基于名校效应视角，从地位竞争理论解码了韩国校外培训高温不退的原因。他们的研究一般是基于一定的理论基础，建构理论模型，分析校外培训产生的原因和影响，这些学者通常都有较深的理论研究功底。

最后，国际校外培训研究视角多样。Sewell 等从心理学角度出发，对布劳－邓肯的"地位获得模型"进行升级，将"期望"等心理因素纳入该模型中，发现家庭因素中父母教育期望和子女教育效应之间存在相关性。海曼从社会公平的视角，建议政府有所作为，制定校外培训政策需要考虑弱势群体的需求。这些学者大多具有教育、政策、法律等研究背景，其跨国政策分析视角能够为国内学者了解国际校外培训的发展打开全新的窗口，也对我国校外培训政策制定和实施提供一定的借鉴作用。

二、国际教育培训市场治理的基本特征

由于各国经济、政治、文化发展水平有所差异，各国教育培训市场存在的原因与表现方式各有特色，故世界各地政府基于各自的实际情况和价值判断对教育培训市场采取了不同的政策措施加以规范。国际教育培训市场的主体多数为社会私人团体，有营利性私人组织和非营利性志愿组织。新加坡影子教育系统发展至今已经较为成熟和健全，机构主体可分为营利性和非营利性两种类型。营利性机构的主要形式有家教、补习中心和网络辅导。补习中心是大多数新加坡家长和孩子的选择，其中在教育部认证注册的教育补习机构从 2011 年的 500 所增加到 2017 年的 850 所就可以说明，他

们的补习机构类型齐全、种类多样,基本满足了新加坡人对于课外补习的多元需求。除了补习班,新加坡一些公司推出各种教育应用,主要是为学生提供网上学习资源和线上辅导,减少到补习中心上下课的不便。新加坡类似的教育应用众多,多数由专家或教师通过网上教学指导。他们推出免费的"AsknTeach"应用,100%由学生主导,注重以学生为群体进行教学,解决学校科目与课业上的问题。非营利组织,像生活教育服务中心以及宗教组织,如某修道院,他们会提供给学生免费的补习,其中就有通过网络获得免费的补习。可见,他们影子教育方式的多样灵活,并且顾及少数弱势群体,他们会想办法为接收不到高价私人补习的学生提供其他的补习方式,从另一个方面促进了社会教育的公平,从而提高整体的教育水平。

国际教育培训主体还包括政府,为服务公立教育、弥补公立教育不足而提供给学生相应的教育补习和教育培训。美国《不让一个孩子掉队》法案促进了课后辅导和政府投资的更大兴趣,尤其是为低分或学习能力欠佳的学生提供帮助,提出学校要向连续三年在提高学业成绩方面没有取得适当进步的低收入家庭学生提供教育补习服务;日本 2007 年推动"放学后儿童计划",利用空闲教室和公共场所为儿童提供教育、培训和监管。此外,比较典型的是韩国的"放学后学校"计划,韩国政府在 1995 年"5·31 教育改革倡议"中就提出了课后课程的思想,基本目的是促进全人教育、培养学生创造力。2006 年开始实施"放学后学校"计划,通过政府投资和收取少量学费,提供多样化课外辅导,实现学生托管、学术性补习、艺术辅导和活动辅导一体化的校内课外培训体系。

国际教育培训市场的内容大致包括学科教育课程、兴趣拓展课程、技能培训课程、本土特色课程等。

学术类课程的教育补习和教育培训是各国教育培训的主要内容。东欧三国(阿尔巴尼亚、格鲁吉亚、立陶宛)学生接受辅导的内容可能根据所在教育系统中优先科目的不同而有所区别,但总的来说,数学、科学、外语(主要是英语)是最为普遍的补习科目。尽管美国很看重学生的特长和领导能力,但文化课成绩毕竟是基础和前提。为了在美国高考等考试中取得好成绩,不少美国学生都选择上专门的补习学校,这些学校针对入学考试内容为学生提供讲解和模拟训练。在日本,各类校外补习、培训机构被称为"学习塾",成绩至上的教育情结和偏重学历与名校情结的文化传统导致多数学生迫于升学压力要上补习机构进行补习。

兴趣拓展课程是各国教育培训内容的一个重要组成部分。在加拿大,主要功能为学习知识的课后班分为才艺班和补习班两种,才艺班比较流行的是文体类,如花样滑冰才艺班、钢琴班等。美国联邦和各州教育部门认为,要合理利用课外业余时间,促进儿童和青少年的全面发展,课余的培训是货真价实的兴趣主导活动,虽然也有加强知识的补习班,但更多的内容放在对孩子品德的培养、身体的训练以及技能的开发等方面。

技能培训类课程也是国际教育培训内容的一个重要组成部分。以美国俄亥俄州"夺冠"校外培训中心为例,该中心已经为地区服务 50 年以上。在具体教学中,该中心注重让孩子们在类似玩耍的活动中学习获取未来生存和制胜的技能,强调个性发展、参与感、创新意识、提问和读写能力,培养孩子在未来社会立足发展应具备的各方面综合素质和能力。德国最为著名的"双元制"教育培训制度,其中一元为企业或公共事业单位提供的校外实训场所,其主要职能是让学生在企业接受职业技能方面的专业教育培训。

本土特色课程是国际教育培训内容的一个特色组成部分。以美国为例,美国学校每年从 6 月中旬开始就要放将近 3 个月的暑假,因此许多教育培训机构会组织内容丰富、形式多样、主题多元的夏令营活动,包括学术营、科技营、运动营等多种类型,培养学生不同的兴趣爱好和能力。

（一）教育培训市场治理的理念

通过对不同国家政府治理教育培训市场所采取的政策治理措施进行研究和梳理,明晰各国政府的治理理念,深入分析不同治理理念下给教育培训市场发展带来的利弊。参考教育培训发达的国家对待教育培训的态度和方式,科学定位我国政府的治理理念。合理借鉴相同或相似治理理念国家的治理措施和优秀经验,为我国教育培训市场治理的各参与主体指明正确对待的态度和方式。

一是忽略放任型。这种理念有两类:一类是主动不干预政策,这类国家信奉自由市场经济,并认为自由竞争能调节补习的负面影响,应该把它留给市场去支配,而政府的介入可能会使教育补习市场产生混乱,代表国家有加拿大、德国等。另一类则是由于国家能力不足,无法实施有力政策和监管补习教育,缺少整体的规划,只能任由补习教育自行发展,如柬埔寨、越南等国家。

二是由禁止转向管理型。这种类型的代表是韩国。20 世纪 80 年代以来,韩国政府开始对补习教育进行改革。1980 年提出的"7·30 教育改革"的目标是要完全控制课外补习,具体措施有:增加大学入学考试次数以减少考试的激烈竞争程度;成立教育管理委员会系统以提供低价的课外补习;所有大学生和学校教师一律禁止提供有偿的私人课外补习;学校禁止开设学术科目方面额外的高中课程和课外补习;等等。从 20 世纪 80 年代后期开始,韩国政府逐步放宽了对补习教育的限制,政策的焦点开始转向由高额辅导费用所引起的社会公平问题上。为了降低课外辅导的费用,1995 年韩国政府提出"新教育体制"改革方案,组织公立学校对有需要的学生进行课外辅导,惠及了农村和低收入家庭子女,一定程度上促进了教育公平。2000 年 4 月 27 日,韩国最高法院宣布,政府禁止学生参加课外补习班的规定侵犯了家长和学生的学习权利,违反了宪法,规定除在职教师外,原则上允许课外补习和辅导。这一裁决使得社会教育培训机构迅速增长,韩国政府据此成立了课外补习问题咨询委员会。2000 年,韩国教育部制定《缓解课外补习热和减少家庭补习教育开支的教育计划》,主要包括两个方面:第一,补习教育政策从禁止课外补习转为减少家庭在课外补习方面的开支;第二,政府解决补习教育的核心是提高公共学校教育质量,而不是消除补习教育系统。

三是监管和规范型。例如在日本,学习塾作为一种必需的组织,弥补了日本公立学校教学与入学考试需要之间存在的教育系统的敏感缺口。随着学习塾的不断发展,日本政府对其态度也逐渐变得宽容,其政策重心主要放在规范管理方面,通过多种方法来引导、规范学习塾的发展,如开展官方调查、明确监管主体、健全法律法规、限制学校教师兼职、为补习班教师授予相关的资格认定书等。美国重视发挥政府、社会组织、志愿者的作用,并通过政府的积极引导,让教育培训机构更加规范化。

四是积极鼓励型。总体而言,在世界范围内实行积极鼓励政策的国家并不普遍,因其成本比较高,推行起来难度较大。在法国,政府对于教育补习采取的是鼓励并提供经费支持。为了减轻家长的负担,法国政府规定,只要按正规收费标准支付家教费用,居民即可享受50%减免税。但是,只有家教支出才能(补习机构支出不能)享受此项减免税,而且付款时必须使用国家特定的统一服务支票(CESU)才有效。在新加坡,人们普遍认为补习教育能满足学生多样化需求,对教师和学生都有利。因此,新加坡实施积极鼓励政策,通过税收优惠、补贴、立法等途径鼓励补习教育,对补习教育的监管力度也很大。1993年,新加坡政府启动了一项"教育储蓄基金"教育捐助计划。该计划每年都对所有学校的所有学生(6—16岁)提供资助。很多学校使用该基金雇佣私人或私人机构来开设课程,如英语演讲能力培训、创造性思维和地理学科等。教育储蓄基金的补助也使得学生个体的教育成本降了下来。

(二)政府治理教育培训市场的价值取向

政府价值取向是政府制定校外培训行业治理政策的基础,价值观上的冲突和困境也让政府无法明确选择相关政策。因此,通过梳理明晰各国在治理教育培训市场中采取的不同价值取向下实施的不同治理策略,以及对比分析各国价值取向差异和治理策略差异对本国教育培训市场发展的积极或消极影响,为我国提供有效经验与借鉴。基于我国教育培训市场发展的现状以及我国社会政治、经济、文化、教育的实际现状,帮助我国政府明确树立对教育培训合理的价值取向,处理好校外教育培训与学校教育、教育公平、社会团体利益之间的关系,制定治理政策、规范治理路径、完善治理措施,推动我国教育培训市场的规范运行和有效治理,实现教育培训与学校教育协同发展、共同繁荣。

各国政府治理校外培训机构政策各异,反映了政府对待这一行业的价值取向差异。自由主义政策认为校外培训降低了公众对公共教育的需求,同时增加了家庭和培训教师的福利,因而应该鼓励校外培训行业发展或由市场调节;公平主义政策考虑的是校外培训可能导致教育机会不平等,应受到监管甚至被禁止。不论哪种取向,在实践中都面临价值上的冲突。政府放任自流,任由市场规律发挥作用,那么处在经济社会上层的家庭就可以通过金钱购买更好的教育机会,加剧教育和社会不平等;放任还可能激化应试教育,或者是对应试教育的默认,从而造成对人才培养目标的扭曲。政府支持校外培训行业,如塞浦路斯,政府公开提供部分赞助,以减少私人校外培训费用,则存在增加校外培训的风险,导致人们认为正规教育不足以保证教育的成功。

(三)教育培训市场治理模式

教育培训市场治理不是政府或政府政策执行所能单独完成的,有很多的合作者和合作形式,政府应当大力寻求合作伙伴,建立符合本国实际国情的教育培训市场治理模式。不同的国家和地区对教育培训市场的治理采取不同的模式和策略。通过对比分析不同治理模式和治理策略的优势与劣势,并结合我国实际国情与教育培训市场的发展现状,合理借鉴国际优秀的治理模式,融合本国治理传统和特色,建立有中国特色的现代化教育培训市场治理模式。

理性的参与者是政策治理目标实现的前提,也是政府要大力培养的合作伙伴,政府应培养家庭和学生作为参与者的明智选择与理性消费能力,不盲目跟风。我国台湾地区为公众提供影子教育行业的总体情况和具体机构信息,为市民提供样本合同、公众咨询服务和受理投诉。理性的提供者除了依靠政府和影子教育接受者的监督之外,重要的就是培养行业自律,希腊、塞浦路斯、德国、英国都成立影子教育相关联合会,制订倡议实现行业自律。在政策推行和治理过程中,政府的人力及其他资源都是非常有限的,常见的做法是与公立学校进行合作,政府资助公立学校的校内补习。从 1999 年开始,以色列实施了针对表现不佳学生的补习教育计划,为每所学校十年级至十二年级最有可能考试不及格的 5 名学生提供课后辅导,由政府资助、任课教师实施。韩国和日本的"放学后计划"则是实现了政府与学校、社区的合作,部分课程由社区提供,有些场地由社会或社会公共机构,如图书馆、文化馆提供,解决了政府资源有限性的问题。非营利组织和志愿者同样是政府的重要合作者,印度一家大型非政府组织(Pratham)在两大城市资助三、四年级来自贫困家庭的学生,为那些没有掌握基本技能的儿童实施补习教育,实施者则是社区的年轻妇女。美国除了政府补助之外,也鼓励志愿者服务和自我服务来满足课程与活动多样化的需求。

（四）教育培训市场治理内容

世界各地政府基于各自的实际情况和价值判断对影子教育市场采取了不同的政策。不同政府的治理政策侧重点各不相同,治理内容各异,主要包括登记注册、人员、学费、税收、监督与奖惩等方面的治理内容。通过对不同国家和地区教育培训市场治理内容进行研究和梳理,借鉴有效治理措施和治理经验,为我国教育培训市场完善长效治理机制、开辟科学治理路径、实施合理治理举措提供坚实的借鉴基础。

在机构登记注册与基本要求方面,不同国家对补习机构是否需要登记注册的基本要求不同。例如,泰国影子教育机构分为个人和公司,超过7名学生的私立补习机构需要向私立教育委员会办公室登记并获得正式许可。在机构人员聘用方面,主要涉及影子教育机构教师聘用的基本要求以及公立学校教师能否参与影子教育问题。在学费方面,影子教育的学费一般是由市场定价,政策不好界定,所以有关学费规定的政策较少。个别政策对影子教育学费提出要求,如泰国政府规定学费不得超出利润的20%,增加费用需要事先提出正式请求,且需有正当理由,补习学校须在各自机构内醒目处张贴核定学费,以保护学生及家长利益。在税收方面,对影子教育机构征税是这一领域政策中最具争议的问题。根据泰国《私立学校法》,私人补习被认为是一种非正规教育,非正规教育的收入是免税的,不过其他服务如出售任何其他产品收入或佣金,都不会免税。税收方面除了向参与影子教育并获得收入的机构和个人征税以外,塞浦路斯、法国还通过税收向影子教育机构或参与者提供支持。在监控与奖惩方面,对影子教育机构的监控是获得治理和决策相关信息以及实施奖惩的基础,如我国台湾地区为了保证教育行政部门各项规章制度的有效性,建立了一套监测制度,教育局会定期与私人辅导中心的校长举行会议,讨论有关事宜,校长不能无故缺席。

总之,基于以上分析,国际培训市场治理形成了相对成熟的治理体系。

第一,完善针对培训市场规范化管理的政策法规。韩国政府出台《提高公办学校竞争力以减少影子教育》的教育政策文件,其实质上是肯定了校外培训机构的合法地位,以规范教育培训市场。日本修订的《社会教育法》和《教育基本法》也在一定程度上为学习塾提供了法律保障,同时还委托法人组织——全国学习塾协会专门管理学习塾市场,依赖其系统颁布的《学习塾事业活动正当化的自主基准》《学习塾伦理及行动基准》《学习塾业认证制度·认证基准》《学习塾讲师检定制度》等一系列行业准则来支撑教育培训市场规范化发展。

第二,严格教育培训机构的准入机制。泰国规定设立教育培训机构需满足系列相关标准,如在场地方面,要求机构所用场地是专门为教育目的而设计的建筑,总空间必须不少于100平方米,其中包括行政区、导师室、教学空间、提供洁净水的学生娱乐空间、男女厕所;课程方面,机构可以提供考试技巧,但是必须遵守教育部制定的课程规定,全年课程不得超过1200小时;私人辅导机构的管理人员必须至少持有学士学位(或同等学力),并至少有3年的教学经验。

第三,建立教育培训市场的监控和奖惩体系。在国际教育培训市场规范化发展中极其强调对影子教育机构的监控,认为这是获得治理和决策相关信息以及实施奖惩的基础,但由于参与者的回避和信息保密,这往往是最困难的。泰国则建立了一套内部质量保证体系(IQA),IQA包括12个标准和29项质量指标,实施影子教育的机构自愿申请参加评估,国家教育标准和质量评估办公室作为正式的教育质量评估机构,可以为私人机构或其他非正规学校进行外部质量评估(EQA)。此外,泰国还制订了影子教育机构与消费者保护办公室(OCP)的合作协议,邀请OCP代表参观影子教育机构的内部质量监控,并由OCP向符合标准的影子教育机构提供批准印章。

第四,政府的自由放任政策与市场的自主调节驱动相配合。美国宪法规定,政府并不直接参与教育管理,故美国的教育培训市场规范更多依赖于受市场利益驱动的自主调节功能,政府更多采取一种自由放任的态度,对培训市场的直接干预和扶持较少,主要通过颁布教育法令和法案、认可教育认证机构、财政拨款这三种方式参与教育培训市场规范化管理和监督,保障培训市场的质量。另外,欧盟国家也大多采取自由放任政策,在他们看来采取放任政策,既可以减少纳税人的负担,又能给市场更大的自由,确保市场教育培训质量和价格的平衡。而新加坡则主要是对市场上存在的以营利为目的的课外补习活动,政府才会较为明显地采取自由放任的态度和一些概括性规定。

第五,加强第三方机构对教育培训市场的监督和评估。日本的行业协会对规划教育培训市场发挥着重要作用,它通过为学习者提供咨询服务、帮助培训机构研究有效的教学手段、提升教员素质、保证相关主体与教育培训机构所签合同的规范和公正、促进培训机构的交流与合作等方式参与教育培训的规范化管理,"会员伦理规程"的制定还规定学校不能做虚假广告、夸大宣传,并要求学校对促销、积分、收费等制度予以明示,以此凸显教育培训市场的透明化管理。

第六,借助志愿者的公益力量。美国"21世纪社区学习中心计划",在学校上课时间以外由志愿者团体向社区内的学生及家庭提供有关学业的、艺术的和文化的多种活动机会。借力志愿者促使教育培训市场不再囿于各教育培训机构和社会补习机构,而是着力培育公益性教育辅导机构和教育志愿者团体对城市社区、农村地区的培训对象开展有针对性的培训帮扶。

第七,培养行业自律意识。希腊、塞浦路斯、德国、英国都成立了影子教育相关联合会,制订倡议实现行业自律。例如,塞浦路斯的影子教育机构联盟对成员登记注册、负责人、合格教师以及不得聘用公立学校教师等方面倡议自律。通过培养行业自律意识,自觉规范教育培训机构行为,净化教育培训市场。

三、国际教育培训市场治理的法律规制:以日本为例

影子教育并非我国特有现象,在与我国同处于东亚文化圈的日本,这种现象也早已十分普遍。日本的影子教育发展历史悠久、规模庞大,有着完善的法律治理体系和健康的发展模式。梳理日本影子教育的发展脉络,了解日本对其法律规制的演进历程和具体内容,对我国依法治理校外培训机构,促进校外培训行业健康发展具有重要启示意义。

（一）日本影子教育治理的法律规制历程

依据影子教育机构在不同历史阶段的发展速度和规模,日本影子教育

产业的发展可以划分为 20 世纪 60 年代以前、20 世纪 60 年代至 80 年代末、20 世纪 90 年代至今三个阶段。与影子教育产业的发展历程相一致,日本影子教育治理的法律规制历程可以划分为法律监管缺位、初步法律监管、强化法律监管三个阶段。

1. 法律监管缺位阶段(20 世纪 60 年代以前)

在日本,影子教育机构被称为"学习塾"。学习塾的前身是日本私塾,其历史可追溯到平安时代(794—1192 年),而现代意义上的"私塾",即具有学习塾特征的私塾的形成,则是始于江户时代(1603—1868 年)。20 世纪二三十年代,以骏台塾、Z-KAI 和河合塾为代表的第一批影子教育机构在日本日益加剧的升学竞争中诞生,标志着宣传私人学说或传授知识技能的传统私塾已经开始转型为以辅导学生升学考试为主要业务的营利性校外补习教育机构——学习塾。二战时期,整个日本的教育事业发展都遭到严重破坏,学习塾的发展也陷入停滞状态。二战后,恢复经济成为日本的首要任务,政府寄希望于通过教育培养高素质人才来振兴国家,教育因此备受重视,"重学历"的社会风气再度兴起。学历的高低与社会地位、工资待遇的紧密联系使得民众对名牌大学的渴望变得强烈,当人人追求高学历之时,升学竞争随之加剧。学习塾在学生升学考试中发挥的特有功能开始真正引起人们的关注。此时,在战争期间本已归于沉寂的学习塾又逐渐恢复生机,迎来新的发展机遇。

这一时期,日本先后颁布了一系列教育法律,规范和推动教育事业的发展。但由于此时的日本政府对教育的规制还处于初始阶段,法律关注的焦点在于基本教育问题,学习塾并不是立法规制的重点。因此,在这一发展阶段,学习塾实际上游离于法律监管体系之外,没有得到有效的管理。但是,这一时期颁布的部分法律已经为学习塾的存在和发展提供了法律依据。例如,1947 年颁布的《学校教育法》规定"国民无论在任何场所、任何时间均有受教育的权利",其中"任何场所""任何时间"首次为学习塾存在的合法性提供了依据;1949 年出台的《社会教育法》将针对青少年的校外教育划分到社会教育中,在为校外教育的发展提供法律保障的同时,也再次为学习塾的发展提供了条件。

2. 初步法律监管阶段(20 世纪 60 年代至 80 年代末)

20 世纪 60 年代开始,战后第一次婴儿潮时期诞生的孩子即将陆续步入高中,中考竞争成为热点。1963年前后,以中学生为主角的战后第一次"私塾热"兴起。升学竞争的加剧和学生补习需求的不断增长使人们看到了学习塾市场的发展潜力,在利益的驱使下,大量资本开始涌入学习塾行业,学习塾数量在城市中迅速增长。进入70年代,处于石油危机下的日本经济增速放缓,政府更加重视教育对经济发展的推动作用,在教育领域实施了一系列改革,扩大了教育内容范围,提高了课程难度。在此背景下,中小学跟不上教学进度的学生日益增多。于是,在1973年前后,日本又迎来了以小学生为主角的第二次"私塾热"。这一时期,经营时间长、发展形势好的早年开办的学习塾纷纷开始扩大经营,日本出现并开始流行连锁式学习塾,学习塾的总数量在全国范围内不断增长,学习塾产业逐渐发展壮大。到了80年代,学习塾行业已经形成了与小学到高中不同年段相对应的补习业务,发展成了一个与日本学校教育制度并行的较为完整的体系。

30多年间,日本学习塾从以城市为主开办扩展到全国各地,从针对部分年段的补习业务扩展到覆盖小学至高中全年段,以惊人的速度迅速扩张。在这一过程中,随着学习塾数量的增加,学习塾市场也渐渐暴露出一些问题。一方面,由于资本的逐利性,短时间内大量的资本被投入学习塾市场,迅速建立起来的许多学习塾并不具备提供优质教育服务的能力,学习塾教育质量良莠不齐且缺乏监管,导致消费者的合法权益无法得到保障。另一方面,学习塾本应该是学校教育的补充,却喧宾夺主,影响了学校正常的教育教学秩序。此外,以提高学习成绩为目标的学习塾,为学生提供的教育以应试内容和技巧为主,教导学生机械学习,在加重学生学习负担的同时,损害了学生的身心健康,不利于学生的全面发展。

面对学习塾引发的上述种种社会问题,日本政府开始采取措施对学习塾行业进行整治。1976年,文部省率先开始调查全国中小学生在学习塾学习的情况。1986年,日本公平贸易委员会事务局全面调查了以学习塾产业为中心的教育产业。在调查报告中,教育产业被划分为教育产品和教育服务两个类别。此后,教育部门和经济部门又针对学习塾产业联合开展了一系列的调研活动。最终,学习塾在1988年正式被划定为"教育服务产业",由经济产业省进行管辖,受经济法律法规制约。同年,经济产业省牵头成立了以管理和服务学习塾为使命的协会——公益社团法人全国学习塾协会,专门对学习塾行业进行管理。至此,学习塾结束了游离在法律监管体系之外的无约束状态,开始受到《特定商业交易法》等一系列经济法律法规的监管。

3. 强化法律监管阶段(20 世纪 90 年代至今)

进入 20 世纪 90 年代,日本政府的影子教育治理举措已经初显成效,学习塾稳步发展,逐渐走向正规化。1999 年,学习塾正式被文部省终身学习局作为民办教育机构归入教育体系,《特定商业交易法》规定对学习塾实行资格认证与审查制度,全国学习塾协会依法制定《学习塾业认证制度·认证基准》对学习塾的认证标准与范围等作出了细致的规定,使学习塾的市场准入有据可依,有制可循。此后,根据学习塾在发展过程中出现的新问题,政府相关部门和全国学习塾协会不断完善对学习塾行业的监管。例如,2005 年12 月,日本京都宇治市发生了一起影响恶劣的学习塾教师残害学生的案件。这个案件对日本社会造成了巨大的冲击,引起了公众对学生安全问题的广泛关注,学生家长强烈要求政府采取有效措施保护学生的安全。为防止类似事件再次发生,2006 年,全国学习塾协会根据有关部门意见制定了《学习塾儿童安全确保指南》,对学习塾的教学环境和教师素质等各个方面作出了详细的规定,为学生的人身安全提供了保障。2009 年,根据学习塾产业的性质及其发展表现,经济产业省将学习塾划分到特定服务产业的个人服务业中,同时在特定服务产业实态调查中加入了对学习塾产业的调查内容。据统计,日本全国学习塾数量,在 1981 年仅有 18683 所,到 1991 年时已达到45856 所,但在此后数十年间,学习塾数量一直保持稳定,变化不大。据经济产业省统计,2018 年日本全国学习塾数量共计 46734 所,注册学生人数达3121984 人,从业人数已达 327547 人。学习塾行业庞大的就业人数使得对其从业者相关权益的保障越来越受到社会的关注。为切实保护从业者的合法权益,厚生劳动省依据《劳动基准法》《最低工资法》《劳动安全卫生法》等劳动法律法规加强了对学习塾的工作环境、劳动时间和劳动工资等方面的规范和管理。时至今日,日本学习塾整体已经得到了有效的法律监管。

(二)日本影子教育治理的法律规制内容

影子教育治理的内容一般包括机构注册登记、人员聘用、学费、监督和奖惩等方面。因此,各个国家有关影子教育治理的法律法规基本上也都是从这些方面来进行规范和调整。例如,韩国出台的《私立教育机构设立、经营与课外辅导法》从机构设立、教师资格等方面对影子教育机构进行了全面的立法规制;印度比哈尔邦制定《比哈尔邦培训机构(限制和监管)法案》,对影子教育机构的准入标准、收费标准和教师资质等方面进行了规定;泰国在《私立学校法》中对影子教育机构的税收等问题进行了规定。与韩国等国家不同的是,日本并未出台一部专门的影子教育法律,其对学习塾的法律规制散见于多部法律文件之中。自1947年颁布《教育基本法》以来,在日本陆续颁布的一系列法律法规中,《教育基本法》《社会教育法》明确了校外教育的法律地位,为学习塾的发展提供了法律保障,《特定商业交易法》《一般社团法人法》《公司法》等经济法律法规对学习塾的经营行为进行监管和约束,《劳动基准法》《劳动合同法》等劳动法律法规保障了学习塾从业人员的合法权益,《地方公务员法》《地方公务员特例法》对公立学校教师的学习塾兼职行为进行了明确规定。此外,政府发布的相关政策与行业协会制定的相关制度也对学习塾的监管起到了有力的补充作用。

1. 明确学习塾注册登记制度

作为经营性企业的学习塾,其注册登记应遵守《公司法》和《商业登记法》。在日本,公司注册登记也称商业登记,《商业登记法》规定商业登记机关为法务省下属地方法务局,具体登记事务由登记所专门人员负责。根据《公司法》,学习塾的设立应当根据当事人的申请或法院书记的委托,按照《商业登记法》的规定,在商业登记簿上登记,主要登记事项包括成立目的、公司名称、总部和分支机构的地址、资本金的数额以及相关责任人的姓名等相关信息。《商业登记法》从商事登记的申请程序、登记机关的审查与登记两个方面对公司型学习塾的注册登记进行规范。

对学习塾登记的申请程序的法律规制主要包括申请人的要求、申请方式和申请书附件等。第一,在对申请人的规定上,学习塾登记申请秉承当事人申请主义,除法令另有规定外,没有当事人申请或政府机关委托,不能登记。第二,在对登记申请方式的规定上,学习塾登记申请应当以书面形式进行,申请书必须由申请人或其代表或其代理人盖章,且必须载明以下事项:(1)申请人姓名和居住地址,申请人是公司时则包括公司名称、总部及代表人名称和地址;(2)代理人提出申请时,应填写其姓名及住址;(3)登记理由;(4)应登记事项;(5)登记事项需政府部门许可时,应写明许可证的到达日期;(6)注册许可税的金额及相应的课税标准金额;(7)日期;(8)登记所。第三,提交申请书时应附送以下文件:(1)代理人申请登记时,必须在申请书中附上证明其权限的书面文件;(2)申请登记需要政府机关许可的事项时,必须在申请书中附上政府机关的许可书或者具有该认证的副本;(3)申请书中应附加的公司章程、会议记录或最终资产负债表以电磁记录制作时,此电磁记录也必须在申请书中附加。

学习塾提交申请材料后,登记机关经审查有权作出同意登记或驳回申请的决定。审核流程为:地方法务局登记官对申请人所提交的各种材料进行审查,核准后在登记簿上进行登记,盖上登记官印章、公告并发给登记簿誊本,完成注册。《商业登记法》中对登记官职责、登记顺序、收据、驳回申请的条件等事项进行了详细规定。第一,登记官接收到申请书时,必须在登记簿上记载登记种类、申请人姓名、公司是申请人时的公司名称、受理日期和受理编号,并在申请书上注明受理日期和编号。第二,登记官必须按照受理编号的顺序进行登记。第三,登记官收到申请书及其他文件后,在申请人有请求时,必须交付收据。第四,登记官认定申请不符合规定时,必须以附带理由的决定驳回登记申请。若该申请的不完备能够修正,申请人可在登记官规定的期限内对其进行修正。

2. 规范学习塾经营行为

学习塾的经营活动主要包括提供服务、广告宣传和运营管理等。作为服务型产业,学习塾的经营行为受《特定商业交易法》《消费者契约法》《个人信息保护法》等民商事法律法规的约束。例如,依据《特定商业交易法》,学习塾和家庭教师、计算机培训、语言培训等六种服务产业同属于"特定持续性服务"产业,特定持续性服务产业在经营中必须遵守以下规定:(1)责任人必须对名称予以明示,包括责任人姓名和机构名称等;(2)禁止不正当劝诱,包括虚假说明、故意隐瞒重要信息及胁迫购买等行为;(3)禁止误导性广告,包括必须对重要事项进行说明和禁止不实的广告宣传;(4)书面交付义务,双方订立合约时,学习塾必须以书面形式交付重要事项。全国学习塾协会作为经济产业省授权的学习塾专门管理机构,基于上述法律规定制定了

《学习塾事业活动正当化的自主基准》,对学习塾的经营活动进行了详细规定,内容涉及信息公开、广告宣传、合同、服务提供以及个人信息保护等多个方面,具体规范如表8-1所示。

表8-1　日本全国学习塾协会学习塾事业活动正当化的自主基准

信息公开	事业主体及设施的信息公开项目	学习塾的名称、所在地及电话号码
		学习塾代表人的姓名
		指导场所设施(教室)的名称、所在地及电话号码等
		指导场所设施(教室)的交通通达度
	服务信息公开项目	教授科目的种类
		讲师相关事项
		检查学习程度的方法和升级制度
		课程内容相关事宜
		讲座的形式、开课时间段、班级名额等
		合格成绩
	费用等相关信息公开项目	合同(提供劳务)期间所需经费总额(概算额)
		费用项目:入塾金、听讲费、教材费、模拟考试费、管理费等
		关联商品(必要购买的商品名)
		付款时间及方法等
		有无票制,有的情况下其次数及有效期限
		冷却期制度
		中途解约时的结算方法等
		更新所需的费用
		以总额表示的消费税
	其他信息公开项目	讲座的体验、参观相关事宜
		咨询窗口相关事宜
		公示有效期限
		关于个人信息保护的学习塾制度的说明

续表

广告宣传	禁止夸大广告	
	禁止行为	学习塾为阻止消费者撤回或解除入塾申请而进行不实或不当劝诱或者胁迫
合同	合同签订	概要书:在申请时,学习塾应用 JIS 标准 8 点以上大小的文字、数字写成规定样式的概要书,以书面形式明确交付所有规定事项,以便学生及监护人确认
		契约书:在签合同时,学习塾应用 JIS 标准 8 点以上大小的文字、数字写成规定样式的合同,以书面形式明确交付所有规定事项,以便学生及监护人确认
		合同期限及预付款:最长合同期限为一年,年度单位更新时需更新合同;有预付款时,应在合同中明确记载有无保全措施以及预付款金额、预付期限
		业务、财产状况的信息公开:学习塾应按规定样式制作和准备好业务、财产状况表,在签订合同的消费者要求阅览时及时提供
	无条件解约	消费者在签订合同之日起的 8 日内提出解除合同时,学习塾无条件接受,并退还所收费用,无须手续费
	中途解约	学习塾在任何情况下都必须接受解约,但可以在规定的金额范围内收取损害金额。若前期所收取预收款超过该金额范围,则需返还
服务提供	保持学生健康	学习塾制定学习指导的时长及时间段时,必须考虑学生的健康
	提供适宜学习环境	学习塾设置教学环境应考虑设施的安全性、照明设备、卫生设施以及应急设施等
	提高教职员素质	定期塾内研修和塾外研修等

续表

服务提供	确保学生安全	遵守《学习塾儿童安全确保指南》
	新产品开发和提供	学习塾应积极推进指导体制、指导方法、教材和教具等的研发,满足消费者需求
个人信息保护	遵守相关规定	遵守以《个人信息保护法》、JISQ 15001 个人信息保护管理系统以及经济产业省、文部科学省等部门相关条例为依据制定的《学习塾个人信息保护指南》
	隐私标志制度的有效利用	

(资料来源:全国学习塾协会.学习塾业界における事业活动の适正化に关する自主基准.htts://www.jja.or.jp/.)

3.制定学习塾教师准入制度

对学习塾教师准入的法律规制主要分为学习塾教师与公立学校教师两个部分。日本学习塾的教师由其自行招聘,对教师学历和资格等没有硬性的规定。但近年来,随着教育培训行业的发展,人们对教育服务质量要求的不断提高,经济产业省也开始重视学习塾的整体教师素质,逐渐增强了对教师的准入管理,委托全国学习塾协会设计了教师资格认证制度,对教师资质有了一定的要求。根据协会制定的《学习塾讲师检定制度》,教师资格认证采用笔试和模拟授课相结合的形式,由经协会审核确认的评审员根据各等级的认证标准,审查教师的知识、技术与能力,测试合格者将被授予相应的认证证书。认证共分为三个等级,认证考核的难度随等级升高而递增,申请者通过低一级的测试才能取得参加更高一级测试的资格,一级为最高等级。各等级的认证标准不同,具体标准如表8-2所示。等级越高意味着对教师的要求越严格,同时也意味着获得认证的教师的教学经验越丰富,教学能力与素养越高。这种考试认证制度将对教师专业知识与能力的基本要求作为教师准入的门槛,有效地保证了学习塾教师的质量。

表8-2　日本全国学习塾协会学习塾讲师检定制度

认证等级	认证标准	认证前提
集团指导三级	笔试:教师基本礼仪考试、担任科目理解程度考试(要求申请者具有基本的教师伦理观;对所授科目有足够的知识)	满18岁以上
集团指导二级	模拟授课:满足三级认证所有条件;具备指导人员应有的言行举止;了解全体学生对课程的理解程度,并能够进行恰当准确的指导	基础知识学习及笔试考核通过,获得集团指导三级认证;具有1年以上的集体授课经验
集团指导一级	模拟授课:满足二级认证所有条件;具备指导人员应有的品格,充分利用个性优势;赢得学生的信任感;能够关注每个学生的反应,调动全体学生的学习积极性;切实掌握学生的学习能力及成绩提高的要点;能够掌控课堂,进行有效的学习指导	获得集团指导二级认证;具有3年以上(平均5年)的集体授课经验

(资料来源:全国学习塾协会.学习塾讲师检定.https://www.jja.or.jp/wp-content/uploads/2018/02/88f6fcacc4e98397b4fe0ba4bf073114.pdf.)

公立学校教师在法律上被认定为国家公务员。《地方公务员法》第三十五条规定,除法律法规特定场合以外,职员的工作时间与注意力应全部用于履行其职务,且只能从事该地方公共团体所应负责的职务。第三十八条规定,未经许可,公职人员不得担任以营利为目的的私营企业或其他组织、团体的职位,也不得经营此类企业,不得从事任何有报酬的事务。虽然日本后来也出台了《教育公务员特例法》,有条件地允许公立学校教师兼职,但严格的审批条件以及教师工作本身的繁杂使得教师们几乎不会选择校外兼职。因此,日本的公立学校教师很少在学习塾兼职,这就有效地规避了公立学校教师在学校与学习塾之间潜在的利益冲突,同时切断了塾校间的利益链条,有利于维护教育公平,也保障了教育质量。

4.全面保护学生的合法权益

学生合法权益的保护是教育法律法规的基本出发点,日本影子教育治理中关于学生权益保护方面主要包括学生的个人信息安全、人身安全与财产安全等内容。

第一,学习塾有保护学生信息的义务。像学习塾这样以招生活动、学习指导以及升学指导等业务为中心的行业,其主要特征就是员工可以直接获得学生及其家长的个人信息,从而为他们提供符合个人需求的高附加值服务。在这种服务模式下,个人信息的流动为学习塾和学生双方都提供了便利。但同时,这种信息流动也给学生的隐私安全带来了隐患。为保护学生隐私安全,规范学习塾对信息的使用行为,全国学习塾协会根据《个人信息保护法》及经济产业省相关条例制定了《学习塾个人信息保护指南》。指南规定学习塾负有学生个人信息的合理管理义务,具体包括确保个人信息的准确性、制定个人信息的安全管理措施、对学习塾从业者的监督以及委托方的监督四个方面,以此保障学生及其监护人包括姓名、出生日期、联系方式、家庭住址、学习成绩、成绩排名、图像等在内的私人信息的安全。同时,为保证指南要求的落实,还规定学习塾必须指定个人信息保护管理者和个人信息保护监察责任人。前者负责使全体员工理解并遵守指南所规定的一切事项以及制定、运行和检查个人信息管理系统中的法令规范管理台账;后者负责审计工作,共同为维护学生个人信息安全提供有力保障。此外,协会规定学习塾必须制定《从业者的监督及罚则规定(细则)》,对滥用和泄露学生信息等违规行为进行处罚。

第二,学习塾有保护学生人身安全的义务。根据《学习塾儿童安全确保指南》,学习塾要从三个方面保证学生在补习期间的安全。首先,确保学生通塾安全。指南在此方面提出确认交通方法的安全性、收集并为家长提供危害学生安全的可疑者信息、要求监护人或学习塾教职员接送学生以及充分利用防盗设备四点措施。其次,提高学习塾教职员的素质,指南在此方面提出三点措施:一是推进学习塾教职员聘用方法的合理化,具体举措即在招聘时要确认应聘者的履历和现状,严格地实施面试,努力发现应聘者的人格本质。二是安排教职员进行培训和进修,具体举措即在学习塾设置安全教育责任人,对教职员进行安全教育培训,并对其安全知识掌握程度进行测试。三是制定教职员行为准则,具体内容即要求教职员必须尊重学生及监护人的人权,尊重其意愿和决定,优先考虑其利益。最后,保证学习环境安全。指南在此方面提出四点措施:一是设置教职员业务及行为的专门监督人员,监督人员通过业务日报和教室巡回等方法对教职员进行直接监督,同时通过定期随机在学生及家长中实施问卷调查对教职员进行间接监督。二是确保教室设备与设施安全,具体举措包括对教室设备和设施的安全检查、充分利用防盗器具以及设置可疑人员的隔离场所等。三是建立紧急情况下的组织联络体制,要求学习塾负责人对教职员、学生及监护人进行防范训练等。四是建立可疑者入侵时的应对机制,要求学习塾制作危机管理手册,并准备必要的设备和器具。

第三,学生财产安全受法律保护,与学习塾业务相关的涉及学生财产安全的主要是学费的收取与退回。日本学习塾的收费没有统一的标准,主要根据学习塾的声望与实力由市场定价,故而对学费的法律规制主要集中在退费方面。根据《特定商业交易法》,消费者在与学习塾签订服务合同后的8日内可以无条件解除合同,不需要缴纳手续费,也不需要支付损失赔偿或违约金,已经缴纳部分或全部费用的可以全额返还。在签订服务合同的8日后,消费者若有需要,依然可以解除合同并收回预付款,但需要按规定在不超过一定的金额范围内支付给学习塾已产生的劳务费或损失费。

5. 多方位保障学习塾从业者劳动权益

在学习塾从业者权益保护方面,劳动法律规定用人单位有保护劳动者权益的义务。《劳动基准法》对工作条件、劳动合同、工资、工作时间与休息时间、就业规则和监督机关等基本问题进行了规定;《劳动合同法》以确保劳资关系稳定、保护工人为目的,对劳动合同的订立与变更、延续与终止等问题进行了规定;《最低工资法》规定了最低工资相关内容,并规定厚生劳动省和都道府县劳动局分别设立中央和地方最低工资审议会,依法管理劳动工资事务;《劳动安全卫生法》与《劳动基准法》相辅相成,通过立法建立安全卫生管理体制和推进责任体制明确化,督促用人单位形成舒适的工作环境,确保劳动者的安全与健康。

据统计,日本学习塾教师群体主要是由在校大学生、研究生及主妇等非专业的兼职人员构成,专职教师的占比较小。兼职教师的主体是在校大学生,大学生兼职教师的权益维护由此成为社会关注的焦点。2015年12月,文部科学省和厚生劳动省公开发布了《关于学生工作的劳动条件的保证》,

指出由于缺乏统一的管理标准,学习塾存在着损害大学生兼职教师权益的
情况,并向学习塾提出保障劳动者权益的要求。为保护兼职教师合法权益
和促进学习塾行业的长期健康发展,全国学习塾协会依据《劳动基准法》《劳
动合同法》《最低工资法》等劳动法律法规设计了安心塾认证制度,颁布了
《安心塾认证制度·认证基准》和《安心塾认证制度·运营章程》等规定。
前者对申请认证的学习塾的劳动条件、就业规则、劳动时间、休息日和带薪
年假、工资、加班费、解雇以及辞职等涉及学习塾工作的各个方面都进行了
细致规定,后者对认证制度的具体操作细节进行了明确。安心塾认证制度
通过评估学习塾的雇佣关系状况,对学习塾行业中确保能够为兼职教师提
供适当工作环境的学习塾经审查认证后授予"安心塾认证"标志。获得认证
的学习塾可以在广告宣传中使用该标志,向应聘者群体发出"值得信赖"的
信号,从而为兼职人员选择有保障的学习塾提供参考,以此保护从业者劳动
权益。安心塾认证的有效期限为 2 年,在认证期内,全国学习塾协会有权责
令违反了相关法律规定或制度的学习塾进行整改,情节严重者可以直接撤
销认证标志,并令其承担相应法律责任。

6. 建立有效的监督机制

学习塾的监督机制主要包括行政监督和行业监督两个方面。在行政监
督方面,文部科学省作为学习塾的政府监督和指导机关,通过对学习塾进行
官方调查,掌握学习塾行业的发展动态,对学习塾存在的问题提出整治建
议,并为其他监管部门的工作提供支持。同时,经济产业省、厚生劳动省等
相关政府部门依法依规参与对学习塾的监督,建立多部门协作模式,共同规
范学习塾行业的发展。在行业监督方面,全国学习塾协会制定了《学习塾事
业活动正当化的自主基准》,规定在协会事务局设置专门咨询人员,在协会
网站主页上设置咨询窗口,为学生及其监护人、一般消费者、会员塾和非会
员塾提供意见、投诉与咨询的受理窗口,推动行业自律,强化行业内部监督。
此外,全国学习塾协会设立了学习塾法务管理者制度,专门负责处理学习塾
经营中的相关法律事务,规范学习塾的经营行为。

除行政监督与行业监督以外,日本完善的法律体系确立了有效的法律
监督。法律监督通过对责任主体义务违反事实之真实性、专门国家机关之
确认以及法律责任执行之合法性进行全面的监督,保障责任主体法律责任
的合理合法实现。日本通过一系列法律文件明确了学习塾的监管主体及其

职责,对学习塾的义务及其违法行为的惩戒机制也进行了明确规定,执法机关与司法机关确立并强制存在违法行为的学习塾承受合理的法律负担,保障法律实施,维护消费者的权益。

7.明确学习塾法律责任

法律责任是保障法律权威性与严肃性最不可或缺的方面,根据学习塾适用的《公司法》《特定商业交易法》《消费者契约法》《个人信息保护法》等法律法规,学习塾违反相关法律规定要承担行政、刑事等方面的法律责任。

行政责任方面,日本通过立法建立了责令整改、暂停业务与罚款相结合的行政责任体系。例如,在《商业登记法》和《公司法》中,规定了公司注册登记的程序,规定了公司有以电子公告方式对特定内容进行公开等义务,如果有未按法律规定进行登记,未按规定进行公告、通知或进行不正当公告、通知,未按法律规定公开相关信息,妨碍依法进行调查等情况,要处以一百万日元以下的罚款;在公司成立前使用该公司名义从事业务者,处以相当于公司设立的注册许可税金额的罚款。根据《特定商业交易法》,如果主管部门认定服务提供者或销售商违反了该法的规定,认定其行为损害了特定持续服务交易的公平性以及服务接受者的利益,可责令服务提供者或销售商采取措施纠正违法行为以保护服务接受者利益,可命令服务提供者或销售商在不超过两年的指定期限内暂停全部或部分业务。

刑事责任方面,日本相关法律明确了运用刑罚手段对学习塾违法行为进行规制。例如,《特定商业交易法》第四十二条规定,服务提供者或销售商必须在规定期限内,向消费者提供包含有主管部门规定的服务或商品的全部信息的书面合同。学习塾未按规定交付文件,或者交付文件中未包含主管部门所规定信息的,要判处六个月以下的有期徒刑或一百万日元以下的罚金,或两者并罚。第四十三条规定,服务提供者或销售商不得夸大广告,误导消费者,违反规定者处以一百万日元以下罚金。根据该法第四十四条和第四十七条,禁止服务提供者或销售商在劝诱他人缔结特定持续服务合同时,或者为防止解除特定持续服务合同,而歪曲与服务相关的信息。学习塾在与消费者订立合同时提供不实信息,或者在经营中违反主管部门的暂停业务、禁止营业等命令,要处以三年以下有期徒刑或三百万日元以下罚金,或两者并罚。

此外,日本通过法律确立了监管的法定程序,规范主管部门对学习塾的监管行为。例如,《特定商业交易法》第六十六条第一款规定,主管部门有权命令服务提供者、销售业者等相关人员报告或提交账簿、文件以及其他物件,或者让公职人员进入学习塾对账簿、文件等物品进行检查。同时,在同条第六款中明确规定,进行现场检查的工作人员必须携带证明其身份的证件,并出示给有关人员。

(三)日本影子教育治理对我国的启示

我国应在2018年《国务院办公厅关于规范校外培训机构发展的意见》的基础上,借鉴日本法律规制经验,以尽快出台"校外培训机构治理条例"为抓手,推动校外培训机构治理政策的法律化进程。"校外培训机构治理条例"应从健全校外培训机构准入制度、建立校外培训机构教师资格准入制度、规范校外培训机构经营行为以及建构完整的法律责任体系等方面进行规范,从而使校外培训机构治理有法可依。

1. 健全校外培训机构准入制度

市场准入制度就是国家对市场主体资格的确立、审核和确认的法律制度,其表现是国家通过立法,规定市场主体资格的条件及取得程序,并通过审批和登记程序执行。市场准入制度对规范市场经济秩序和促进产业健康发展有着重要的意义。我国校外培训机构当前在市场准入方面的问题主要有准入法律不完备、准入审批机构不明确以及准入标准不具体。针对这些问题,日本主要是通过政府颁布的相关法律法规政策与行业协会制定的认证标准来解决。日本政府立法规定了培训机构的主管部门,明确了其准入审核机构,并对其准入与退出流程进行了规范;全国学习塾协会制定了详细的认证标准,对培训机构的准入资质进行把关。这种行业协会审批,政府依法监督管理的模式为我国解决培训机构准入方面的问题提供了借鉴。一方面,我国应完善相关法律规定,从法律上明确培训机构的准入审批部门,可以参考日本地方登记所,规定在地方教育部门设立专门的校外培训机构的审批与登记机构。同时,还应明确不同部门和不同等级主管部门各自的职责分工与权限,以避免因职责不清导致的监管漏洞。另一方面,我国应制定具体的校外培训机构准入标准,基于《国务院办公厅关于规范校外培训机构发展的意见》规定,以地方实际情况为依据,参考日本《学习塾业认证制度·认证基准》,对培训机构的场所条件、师资条件、管理条件等内容提出具体的标准要求,明确准入资质。此外,可以借助行业协会的力量对校外培训机构的资质准入与运营进行监督,协同政府部门实现对校外培训机构的有效监管。

2. 建立严格的校外培训机构教师资格准入制度

师资力量是校外培训机构的核心竞争力,也是提供优质教育服务的关键所在。只有实行严格的教师资格准入制度,才能保证培训机构的教育服务质量,进而真正保障消费者的合法权益。当前我国校外培训机构治理尚无明确的法律规范,对校外培训机构教师的法律监管更是无从谈起,培训机构教师在准入方面存在着许多问题,主要有以下两点:一是教师准入资格不够明确。《国务院办公厅关于规范校外培训机构发展的意见》虽然规定了培训机构不得聘用公职教师,且要求从事各学科教学者具有相应教师资格证,但除此之外,在教师师德、学历、教学经验等方面仍无规定。二是未建立有效的教师准入资格监督机制。虽然已有政策文件已经对教师资质提出了一些要求,但在培训机构的现实招聘中,这些要求并未被完全贯彻,无教师资格证而在培训机构任教者大有人在,教师聘任与否最终只取决于培训机构招聘负责人,没有第三方机构再对教师资格进行审查,教师质量难以保障。在这种情况下,学生的利益也无法得到保障。

日本的培训机构教师准入主要由行业协会负责,全国学习塾协会制定的《学习塾讲师检定制度》对教师资质、考核形式、资质认证流程等都进行了详细规定,教师通过认证后获得相应证书,从而获得从教资格,未通过者则被学习塾拒之门外,有效地保证了教师的质量。日本模式为我国提供了有益借鉴:首先,我国应合理设置并完善教师准入标准,标准至少应包括资格证书与学历证书等硬件、师德师风等品质方面要求、专业知识与技能三大类。其次,我国应建立有效的培训机构教师准入资格监督机制,具体可以指定有关部门对教师资质先行审查,审查合格后发给证书,并规定证书为培训机构聘用教师的必需条件,以此控制教师准入,从而提高培训机构的整体教师素质,保证培训机构的教育服务质量。此外,还应通过立法明确培训机构违规聘用资质不合格教师导致学生权益受损的行为应负有的法律责任,加大对违法行为的处罚力度。

3. 规范校外培训机构的经营行为

校外培训机构主要通过为特定群体提供营利性服务来获取利益,规范其经营行为对于保障消费者权益和促进培训机构自身的健康发展都具有重要意义。当前我国校外培训机构在经营过程中存在的问题主要有相关信息不透明、合同签订不规范、安全管理不过关、收费退费缺标准、招生中夸大宣传和虚假承诺等。近年来,我国也一直在对培训机构进行整改,致力于解决上述问题。在《国务院办公厅关于规范校外培训机构发展的意见》中,政府已经对培训机构的培训内容与形式、招生广告宣传、收退费管理以及安全管理等方面提出了一些针对性的规定,对规范培训机构经营行为起到了重要的作用,但这些规定仍然不够全面,距离实现对培训机构的全方位监管还有一定差距。在日本,全国学习塾协会1999年发布的《学习塾事业活动正当化的自主基准》对培训机构经营中所涉及的事项进行了全面且细致的规定,其多年的实践经验也证明了自主基准的科学性与有效性。我国应在已有政策的基础上,借鉴《学习塾事业活动正当化的自主基准》,制定更为全面细致的培训机构经营行为规范,进一步细化对培训机构的监督与管理。

第一,信息公开方面。培训机构至少应公开机构基本信息(机构名称、所在地、电话、负责人姓名等)、服务信息(师资、教授科目、课程形式与安排、班额等)、费用相关信息(收费项目、费用总额、付款时间与方式等)等信息,并在机构介绍书或广告传单中明示,以保障学生及其监护人的知情权,为他们挑选合适的机构提供参考。

第二,合同签订方面。首先,培训机构应在合同中明确记载所有规定事项,包括双方信息、服务提供期限、服务期间双方权利与义务以及费用支付信息等。其次,培训机构应在合同中明示解约相关事宜,包括服务开始提供前解约和中途解约的详细处理办法。

第三,收退费规范方面。首先,培训机构应按市场经济水平、社会承受力和服务成本合理收费,政府则要负起监管责任。其次,培训机构应该向社会公开其收费项目与标准,并且不得以其他名义收取公示项目以外的费用。最后,退费应严格按照双方合同约定进行,拖欠退款或不退款的行为必须承担相应法律责任。

第四,安全管理方面。首先,培训机构的教学场所的条件必须要达到国家在消防、卫生以及环保等方面设置的标准和要求。其次,培训机构应对各种设施设备定期检查,及时排除安全隐患,并建立安全事故追责制度。

第五,招生宣传方面。培训机构应做到诚实守信,夸大广告、虚假承诺的行为应被禁止,利用不实信息招生致使消费者权益受损的行为应承担法律责任。

4.建构完整的校外培训机构的法律责任体系

法律责任是法律规范的基本内容和重要构成,它保障法律规定的权利与义务的实现。只有依法追究责任主体相应的法律责任,法律才能真正发挥其作用。目前,我国校外培训机构尚无专门法律规范,对校外培训机构违法行为的追责主要依据的是《民办教育促进法》和《教育法》中法律责任的相关条款。然而,校外培训机构终究与学校不同,有其特殊性,依靠其他教育法律法规中的法律责任条款对其加以规制难免缺乏针对性和有效性,容易给不法分子留下钻法律空子的机会。在对校外培训机构法律责任的规定上,日本虽亦未有专门法律对学习塾法律责任进行规定,但其相关法律法规较我国更为完善,因而已经建立了较为严密的法律责任体系。我国应立足于本国法律基础,借鉴日本相关法律规制经验,建构完整的校外培训机构法律责任体系,保障培训机构教学工作的顺利开展,维护机构教师与学生的权利,对有关行政管理部门、校外培训机构及其相关人员进行监督和约束。在对校外培训机构法律责任制度框架构建的设想上,"校外培训机构治理条例"中首先应明确责任主体和法律责任的追究主体,这是依法追究法律责任的前提。其次,法律责任按不同的分类标准有不同的分类,"校外培训机构治理条例"中的法律责任规定可以从法律责任承担的主体的角度来划分,将法律责任划分为培训机构的法律责任、行政主管部门的法律责任。前者是对校外培训机构及其相关负责人的法律责任规定,后者是对负有法定职责却未履行其职责的监管部门及其工作人员的法律责任规定。此外,在对各主体的法律责任规定中又分别包括行政法律责任、刑事法律责任以及民事法律责任的相应规定。例如,在校外培训机构的行政法律责任方面,可建立暂停营业、责令整改、吊销办学许可证与罚款相结合的行政责任体系。通过分类细化规定,最终建立一个行政、刑事与民事法律责任相结合的严密完整的法律责任体系。

第九章 教育培训市场治理的政策选择与调适

完善科学的教育培训市场治理政策并不是一蹴而就的,其实质上是一个关系到治理理念、治理主体和治理客体及治理机制的系统化操作体系。要从教育政策制定的各个环节和各个要素出发,真正从政策理念调整、政策制度构建、多元主体参与等方面全面构建科学的教育培训市场治理政策。

一、治理理念和治理思维的转变

当前教育培训失序问题也是我国经济社会发展进入深水区和新阶段所面临的时代问题中支脉,在进行治理的时候必须要根据时代社会发展转型的实际,以创新的社会治理理念引领。

(一)以党中央倡导的依法治国理念和创新理念作为治理的基本理念

面对当前教育培训市场出现的诸多失范现象和问题,完善我国教育培训市场治理政策,形成科学有效的治理理念势在必行。制定合理的治理政策必须以治理理念作为行动的先导。基于社会建设与经济发展不相适应的状况,党中央高度重视,要求积极进行社会治理的理论创新,积极进行以社会治理为核心内容的社会建设创新。首先,要围绕中国特色社会主义社会管理体系,加快形成政府主导、权责明确、依法自治的现代社会组织体制。在教育培训市场治理过程中,政府要重视源头管理,从根本上发觉问题的源头,同时要坚持动态管理,实时监控管理过程做好应急处置预案。其次,要坚持依法治国,加快推进法治社会建设,推进社会治理体制和法律制度创新,进一步提高社会法治化水平。国家要进一步完善教育培训市场相关法律法规,为政府监管、社会监督提供完善的法律依据。最后,实现国家治理能力和治理体系现代化,推动多元主体协同治理。随着市场理念渗透到社会生活的方方面面,更多的社会组织参加到国家和社会治理的进程中。在教育培训市场的治理过程中,政府要进一步简政放权进行科学有效的分权和放权,推进政府从全能型政府向服务型政府转变,实现政府和市场的良性互动。同时,要让更多的主体参与治理的过程,发挥社会各主体的作用,集中集体智慧共同推动教育培训市场的健康发展。只有这样,才能够更好地实现政府主导、全社会协同参与的治理新格局,从而推动国家和社会的有效治理。从我国不断变化和发展的社会治理理念可以看出,不论是从社会管理到社会治理,还是提高社会治理法治化水平,推动多方协调参与的社会治理新格局,党和国家不断深化对社会治理规律的认识,不断创新和成熟社会治理理念,以更好地推动我国治理能力和治理体系现代化进程。

(二)以切实保障各利益相关主体的切身权益为根本出发点

首先,要激发教育培训市场治理主体能动性和创造性。一是各方教育培训机构治理主体要对自身角色和定位有准确认识。无论以政府为代表的官方治理主体还是社会各非官方治理主体都要树立主体意识和责任意识,在治理过程中主动发挥自身的能动性和创造性,积极主动地参与治理过程。二是各治理主体要加强各自的文化自觉。要加强国家相关治理理念的学习,加强对共同治理和协同治理的理念认识。除此之外,各治理主体要学习教育培训市场治理的相关知识,包括相关治理理论、政策法规等,以推动各治理主体将法律法规知识内化于心,外显于教育培训治理实践中的行动文化自觉。只有这样,才能让各治理主体真正认识到治理教育培训机构的重要性,真正认识到参与治理不仅是社会的责任,更是关系到自身利益发展的"双赢"之举。

其次,要进一步落实以人为本的素质教育原则,教育政策的制定和执行以学生的身心发展为重,关注教育培训的内在目的,回归教育培训教育的本质。对此,要积极推动教育去"工具化",教育以培养人的发展为目标,而不是以升学竞争为目的,教育培训不能成为个人竞争的工具。[①] 要同时兼顾学校教育的发展与教育培训的发展,重视这两种教育形态之间的互动与联系,

---

① HEYNEMAN S P. Private tutoring and social cohesion[J]. Peabody journal of education, 2011,86 (2):183-188.

积极推动二者的合力衔接。我们应积极开发和重视校外教育培训的潜在力量,推动其余学校教育的资源互补,使得校内外教育共同推动学生的全面发展,满足学生的全方位教育需求。同时,要重视学校教育的利益与发展,学校教育仍然是我国学生参与教育教学活动的主流阵地,对于危害和影响学校教育发展的现象要及时遏止,切实维护学校教育的主流地位和权益。

最后,在教育政策的过程中要加强民众话语的参与,重视多元主体参与教育政策的整个过程。有效的民众参与是社会群体利用合适的途径和手段参与政策制定、政策执行、政策监督和政策评估的整个活动,以此传达自己的看法和主张,进而实现自己的利益追求。民众参与是影响教育政策改革的重要抓手,是社会开放性和包容性的体现。[①] 民众对于教育培训市场的建议和诉求能够提升治理政策的科学性和民主性,同时在很大程度上能够增强政策的可行性和执行力。为此,需进一步拓宽民众参与教育培训市场治理的渠道。例如,其一,可以建立民众参与治理的网上平台。政府可以充分利用信息化手段发展电子政务,建立教育培训市场资讯管理系统,民众可以通过这些平台及时了解治理动态、查找相关资讯,及时参与政策互动,及时监督政策执行和市场问题,及时举报违法行为等,真正将民众话语权落到实处。其二,可以采用多种方式调查收集民意,如街头问卷发放、入户调查等常态化民意调查方式,细致收集整理民意信息,将信息进行统一专业化分析,进一步增强决策的民主性和科学性。其三,要建立完善的反馈与责任追究机制。政府要对网上平台和民意调查所收集的意见和建议进行及时反馈。针对民众的意见和建议,政府应及时给予反馈,对于有问题的环节进行及时查证和进一步的追责,保证民众参与落到实处。其四,可以让民众进一步参与政策评估。利益相关者的意见对于政策评估的开展十分必要和有效。进一步实现评估过程中的民众参与,将第三方的非正式评估纳入教育培训市场治理政策的评估中来。其五,政府要保证政策评估的公开和透明。要及时准确地将政策评估结果以各种有效的方式和途径向社会公众公开。对于政策评估的结果要及时解释和说明,同时受群众监督。

---

① 张天雪,何菲.民众参与教育改革实践前提及发展路径[J].中国教育学刊,2013(8):1-4.

(三)形成"宜疏不宜堵"的治理基本方式

教育培训市场本质是一种社会教育,是学校教育的补充和延伸,对国家的教育事业作出了巨大贡献。因此,教育培训市场想要在短期内消亡或者萎缩规模是不现实的。当前,政府高度重视近年来教育培训市场发展中的乱象和失范问题,教育部等相关部门联合颁布各种政策对教育培训市场展开专项治理。回顾长期以来我国教育培训市场的治理政策和治理行动,大多以"堵"为主,有些甚至完全否定了教育培训市场。对于这样的一种社会现象,"堵"不是理智之举,正确的做法是因势利导,规范教育培训市场的发展,发挥教育培训市场补充正规教育的功用。现阶段,政府应尽快转变理念,形成"宜疏不宜堵"的教育培训市场治理基本方式。

教育培训市场作为一种市场行为有其存在的合理性。学校教育基础性和同质化教育不能满足家长和学生的需求,教育培训市场因其灵活性和针对性给予部分学生的异质性教育需求成了学校教育的有益补充。我们不能因为教育培训市场的失范而完全否定教育培训市场的积极作用,要正确认识到教育培训市场的失范是暂时的,只要进行科学管理和规制,不仅能够促进学生全面发展,还能在一定程度上激发学校教育的革新。因此,无论是政府还是学校,要对教育培训市场有正确的认知理念,对于不合法的机构要严格整治,对于合法的机构要包容促进,以"疏"替"堵",进一步增强教育培训市场的办学积极性和办学动力。政府要坚持确立扶持和规范并举的原则。对于教育培训市场的综合治理要厘清政府的权力介入范围;对于市场中遵循市场运行规律、发挥教育培训积极作用、提供高质量教育产品和服务的教育培训机构要予以鼓励和扶持,而对于那些违背教育培训市场运行规律、无序发展的教育培训机构要加强规范和管制。对于存在问题的教育培训机构不能采取"一刀切"的取缔管理方式,要以引导规范为主,推动其向合格优质的教育培训机构转变。韩国对于教育培训市场治理的立场便是从"堵"到"疏"。20世纪后30年,韩国培训市场的非法化时期,韩国政府实行的是"转移政策"和"禁止政策",他们相信教育培训市场的扩张是可以被有效控制甚至是完全消除的。20世纪末至今,处于韩国教育培训合法化时期,这一时期实行的是"补偿政策"和"公平政策"。韩国政府认识到政府对于教育培训的影响是有限的,教育培训市场不能够被完全消除,要承认教育培训的合理性。韩国政府对于教育培训市场的治理立场由前者转向后者,态度也逐渐松动缓和,相关政策制定逐渐由行政官僚化转向科学专业化。[①] 这种针对教育培训适应性适时性政策的调整对世界各国教育培训的治理具有借鉴意义。

（四）以社会治理精细化作为教育培训市场治理的基本导向

以社会治理精细化作为教育培训市场治理基本导向的重点在于几个转变:

一是教育培训市场治理要从专项治理转向常态治理。专项治理政策的阶段性结束并不代表教育培训市场治理工作的结束。教育培训市场的治理不是一蹴而就、一劳永逸的,需要政府转变观念,不把治理看作阶段性任务,而是真正将校外培训机构的治理工作纳入日常的常态化管理,将其纳入各级教育主管部门的常态化工作中去。各地区可以以《民办教育促进法》修订为契机,以公益性和长效性为目标和准则,建立和加强各地区教育培训市场治理和监管长效机制,继续加强和完善监管和督导工作。

二是要从统一模糊的规范转向具体细致的分类管理。《民办教育促进法》明确了教育培训市场由县级以上人民政府教育行政部门审批以及分类管理原则,改变了教育培训市场属性模糊的问题。为更好地管理教育培训市场,建议各地区政府继续明确和细化教育培训市场分类管理细则。要根据《民办教育促进法》和《营利性民办学校监督管理实施细则》的规定,明确营利性教育培训市场和非营利性教育培训市场的管理方式和各主管部门的责权关系。[②]

三是要从单一的政府行政手段转向市场机制。首先,教育培训市场尤其是具有营利性质的教育培训市场,往往着眼于扩大市场份额追求经济效益。教育培训机构运营过程中与公众之间的信息不对称也容易导致机构运行中的道德风险,政府的监管十分必要。另外,教育培训具有一定的专业

① KIM D. The political policy on overheated private tutoring:the analysis of the Constitutional Court case on private tutoring and theory of educational responses [J]. The Korean journal of educational administration,2000,18(2):1 – 37.

② 张墨涵.规范校外培训机构的理论探讨与政策走向[J].教育科学研究,2019(8):17 – 22.

性、技术性和公益性,教育部门在制定政策时,往往因缺乏足够信息而带有主观性质,在管理方面也没有达到很好的效果。因此,对教育培训市场的治理,政府和教育培训市场责任同等艰巨。市场解决的是优胜劣汰和资源配置的问题,健全和完善市场是治理教育培训市场的必然趋势,是"看不见的手";而政府要解决的是保障权益和有效调节的问题,是"看得见的手",两双手缺一不可。① 建议政府做到简政放权,处理好政府的监管权和教育培训市场自主权的问题,要在发挥市场配置资源优势的同时保护好消费者权益。

四是要将治理重点转向关注教育培训质量,打造校内外良好的教育生态。现阶段政府对于校外机构的治理主要还是集中在排查安全隐患、办学资质、师资条件和合同规范等方面的问题,而对于机构的教育教学以及课程质量问题的关注较为缺乏。行政机关治理教育培训市场乱象,一方面是为了稳定市场秩序,另一方面更是为了保护消费者权益。对于消费者而言,教育培训市场的办学质量和课程质量是衡量教育培训市场质量最直接的标尺,消费者的诉求和意见对于政府政策的制定执行以及机构的改进和完善显得尤为重要。建议进一步规范和完善教育培训市场的质量标准,教育培训市场要进一步加强自身建设,提高自身教育质量和交易水平,从而提升行业口碑。

韩国政府对于教育培训市场的有效监管来源于:其一,实现各利益相关主体对教育重大事务决策的有效参与,保证各主体权利平等;其二,治理过程逐渐从以文教部为主导转向以精英集团为中心并最终实现大众主义模式。具体就是各方相关利益者经过协商建立起一种平衡的社会治理机制,各方价值、利益以及权力都能得到平衡和保障。总体而言,韩国对于教育培训市场的有效治理模式是以政府行政力量为主导、利益相关方共同参与的多元中心化的治理模式,为韩国教育的健康发展产生积极的影响,有效推动韩国教育体系的成熟和完善。②

---

① 方芳.课外辅导机构的法律地位与规制[J].教育科学研究,2018(7):36-41.

② LEE C J,LEE H,JANG H M. The history of policy responses to shadow education in South Korea : implications for the next cycle of policy responses[J]. Asia pacific education review,2010, 11:97-108.

二、推动教育培训市场治理政策的法律化制度化进程

推动教育培训市场治理政策的法律化制度化进程不仅能够有效地提高治理主体的积极性主动性,为治理行为提供合法性基础和保障,而且能够有效地为教育培训市场自我完善和规范提供制度性依据。因此,加快教育培训市场治理政策的法律化制度化进程尤为重要。

（一）加快教育治理法制的立法与修订进程

当前我国有关教育培训市场管理的法律仅有《教育法》和《民办教育促进法》,除此之外还有部分政策规章,法律体系尚不健全,缺乏针对教育培训的专门法律规范。目前,应尽快制定和颁发教育培训专门法,加快推动教育培训相关的法律化进程。

要出台有关教育培训市场的具体规章来长期规范教育培训市场,从法律层面重点对教育培训市场的审批、登记以及管理制定细致严格的标准,消除因政策法规缺失而导致的政府监管混乱的问题。此外,还要建立与教育培训市场有关的法律来约束教育培训市场行为。例如,就教育培训市场虚假宣传、误导家长等问题,建议建立切实可行的针对教育类广告管理的专门性法律、法规和细则。

立法方面,国际上的一些经验值得我们借鉴。1949 年日本颁布《社会教育法》来规范和管理教育培训。在日本,由于被明确划为独立的服务型产业归经济产业省管辖,日本的教育培训班主要受与经济法相关的法律法规约束。[①] 为了更好地规范教育培训行业维护消费者合法权益,促进学生健康成长,日本从教育培训班的设置、交易活动过程以及消费者权益保护等诸多层面颁布法律。其中,《特定商业交易法》对教育培训的经营性行为作出了相关规定。例如,消费者有权第一时间获得交易合同的文本材料,一旦合同签订,合同文件应立即交与消费者。合同文件内容必须属实可靠,不可夸大其词或者虚假宣传;需要消费者注意的特别事项不得遗漏或者隐蔽,必须以红色字体显著标出并加红框着重。一旦教育培训班的办学行为违反相关规定

---

① 季林飞. 中、韩、日、欧盟中小学课外辅导的比较与思考[J]. 北京教育学院学报,2015,29(3):67－72.

对消费者造成危害时,经相关部门核定后将立即对其采取行政处置,勒令其停业整改等。韩国的教育培训教育治理也经历了从非法化到合法化的阶段,治理总体成效较为显著。[①]

对比国际教育培训市场治理的法治化程度,我国需尽快完善教育培训市场法治体系。国家要以法律的形式明确民办教育培训机构的性质、地位和管理规范。具体包括:明确教育培训机构的内涵和外延,划清教育培训与其他培训的界限;清晰界定教育培训的类别和各类别应包含的培训内容;明确教育培训机构的审批、管理和监督部门,各部门的权责要落实到位;对于教育培训活动中的不合法不合规现象的界定和处理细则要清晰,避免不法分子钻法律空隙违法乱纪;明确消费者的权利和义务,切实在法律中保障消费者权益;等等。只有加快教育培训市场治理的法治化进程,才能够推动政策和实践的有效衔接,使治理行动有法可依,治理过程执法必严、违法必究,以此保障教育培训市场治理法规政策的适用性和可操作性。[②] 最后,各地方政府可以依据国家颁发的有关教育培训专门法根据本地区实际情况制定特色部门规章,对本地区教育培训市场进行依法依规管理。总体来说,无论是国家层面颁发专门法,还是地方层面颁发地方政策法规,都要在保证学校教育不受影响的前提下,正视教育培训的积极作用和合法需求。要对教育培训市场展开积极引导、合法规制、科学管理,推动教育培训市场的法治化管理进程。

(二)加快教育评价体系改革

随着教育培训市场的不断发展,在某种程度上形成了当前主流学校的缩影,校外机构暴露出的开展学科类培训,出现"超纲教学""提前教学""强化应试"等不良行为,在某种程度上反映出现有的主流学校教育的问题。当前应试教育的思想"牢笼"把学生禁锢在以成绩和升学为目标的教育教学里,而忽视了教育的本质是培养全面发展的人。当前要遏制教育培训市场的不良行为,要健全立德树人机制,改革教育评价体系,真正将学生对教育

---

① 周霖,周常稳. 韩国影子教育治理政策的演变及其启示[J]. 外国教育研究,2017,44(5):66–76.

② 吴虎强. 当前民办教育培训机构教育性缺失的成因及对策[J]. 湖南第一师范学院学报,2019,19(2):86–90.

培训的需求内化到教育体制内才能使教育培训市场得到健康发展。

首先,必须进一步提高学校教育质量和教学水平,这一举措在很大程度上能够降低家长对于教育培训的需求,缓解教育培训市场过热的问题。政府应引导学校不断深化教育教学改革,提高主流学校中教师的教学水平。学校要注重每个学生的发展差异,根据学生的异质化需求灵活开展学校教育:第一,教学内容设置方面。要充分考虑学生的兴趣爱好,利用现有的资源和技术创新教育形式,将教育教学不仅放置于课堂,而且要重视实践教育。第二,学校要进一步研发校本课程,给予学生更多的选择性和自由性。第三,尊重学生主体地位。教师不再是简单的知识传授者,还应是学生学习生活中的"伙伴";第四,重视对教师的培训。将培训制度化系统化,要切实落实教师的发展教育,不断学习先进教学理念和教学技术以提高教师能力。政府要引导和鼓励公立学校深化教育改革,提高教育教学水平,以保证家长对于优质教育资源的需求。政府对公立学校教育教学的改革必须从教育的根本目标出发,全面落实素质教育,促进人的全面发展。芬兰的基础教育便是一个很好的例证。芬兰学校的教师能够照顾到每位学生尤其是能够关注到学习困难者,关注他们的需求和困难,帮助他们成为学习成功者。① 韩国政府解决影子教育的根本方案是加强公共教育体系,而不是彻底消除影子教育体系。自 1990 年以来,韩国政府应对影子教育的措施集中在通过提高公共教育质量来削减对影子教育的需求机制。2000 年教育计划提出的主要政策方向是加强公共教育系统,以解决影子教育造成的社会和教育问题。为此,提出了一些政策任务,包括:持续改进公共教育系统;实现国家课程改革引入微分课程和多样化的评价方法;大学准入标准多元化,严禁韩国大学入学考试只侧重于认知成就、英语、数学科目。其他政策的任务包括:发展提供高质量的教育,提高学生的专业资质;扩张财政支持和教育广播系统,使贫困家庭的学生和农村地区减少影子教育机会的差距等。2000 年,《防止私人补习和加强公共教育的教育计划》强调通过加强公共教育体系来减少

---

① OECD. Strong performers and successful performers in education: lessons from PISA for the United States[R]. Paris: Organisation for Economic Cooperation and Development, 2010: 124 −129.

家庭在影子教育上的支出。① 有效提高学校教育教学水平和质量,采取异质性全人教育,让所有学生都能通过在学校接受教育来成长成才,这才是学校教育应该努力实现的。

其次,要改革现有的教育评价机制,改革学校普遍实行终结性评价的现状,进一步平衡受教育机会与学生对优质教育资源竞争的矛盾。日本广岛大学黄福涛教授认为,教育评价体系改革首先需要弄清评价的目的是什么。教育评价的目的在于指向学生成长而并非甄别,目的是以查漏补缺的形式让学生发现学习中的薄弱区和知识盲点,激励和推动学生的发展。科学的教育评价机制应该避免让检测学生学习成果的"考试"手段变成学习和教育的最终"目的"。教育评价的目的从来不是为了将学生进行等级划分,教育评价作为教育过程的重要组成部分其关注的焦点是学生的个性化成长。要设立多样的教育评价方式把握不同学生的个性特征,了解每位学生的特质和潜能,真正促进每位学生的健康发展。除了改变原有的教育评价机制外,可以配套采取灵活而多元化的录取机制。一方面,继续使用原有通过公开考试进行选拔的录取机制;另一方面,可增加特殊录取机制,在不影响教育质量和培养人才的前提下,重视部分学生特殊素质和条件,以此为依据选拔具有特长(艺术体育特长生)或具有特殊因素(家庭困难)的学生。韩国政府在教育改革举措中就强调要修订高中"平准化教育"政策,建立多元化的评估体系,建立多元化的招生录取机制。之后,在此基础上进一步改革高考招生制度,构建灵活多样的录取标准和录取机制。相关配套措施中强调实行国家统一的学业评价制度。这一系列教育改革形式在很大程度上提升了主流学校的教育水平和教育质量,缓解了教育培训市场过热的问题。②

(三)建立完善的教育培训市场资质准入制度

严格规范教育培训市场的准入机制,自上而下制定和推行教育培训市

---

① LEE C J,LEE H,JANG H M. The history of policy responses to shadow education in South Korea : implications for the next cycle of policy responses[J]. Asia pacific education review,2010,11:97 – 108.

② LEE C J,LEE H,JANG H M. The history of policy responses to shadow education in South Korea : implications for the next cycle of policy responses[J]. Asia pacific education review,2010,11:97 – 108.

场资质准入制度。要先制定教育培训教育服务国家标准,以国家标准为标尺,对校外教育拟定严格的准入标准。各地教育行政部门根据国家标准,从各地的实际情况出发牵头出台地区教育培训市场资格标准及行业标准,制定明确的培训机构硬件标准。建议建立我国教育培训市场的层级登记制度。根据教育培训机构规模大小和性质类别进行归纳和划分,对同类别的机构设置统一的准入标准,不同类别机构的具体设立标准要详细说明。例如,场地设置,要有面积要求、消防要求、地理位置要求;师生设置,要有师生比例要求、教师人员设置要求、教师资格要求;运营内容,要有宣传内容要求、培训内容要求等。在泰国,根据教育培训机构规模的要求,将教育培训机构划分为个人运营和公司运营两种模式。泰国对教育培训机构的设置规范进行了明确的规定。例如,教育培训机构的学生人数超过7人时,要向泰国私立教育委员会登记,该委员会核实机构准入规范后,为其颁发办学许可;教育培训机构的用地场所必须专业专用,其他非教育目的的行业不能与教育培训机构共用场所,甚至共用同一建筑,以保证教育培训的有效开展;教育培训机构的场所面积应不小于100平方米,机构场所应包含行政办公区、教师休息区、教学区和休闲娱乐区等;机构的教学内容必须严格遵循泰国教育部的课程规定,但适当放宽权限允许教授学生技巧应对考试;教育培训机构的教师人员和相关管理人员应保证本科及以上学历,教师应具有3年及以上教学经验等。① 在新加坡,则会在教育部的官方网站上公布所有认证注册过的教育培训市场,以供学生和家长选择和查证,保证了教育培训市场的正规性管理。严格的资质准入制度只是进入行业和市场的门槛,为了进一步加强对教育培训市场的长期监督,建议制定教育培训市场资质年审制度。各地教育行政部门每年对自己监管区域的教育培训市场进行资格年审。一旦年审时发现有不合格问题,立即取消其办学资格。另外,建议建立教育培训市场教师资格认定制度,切实提高教师的质量。教育部门要建立民办教师资格认定制度,教育培训市场教师要严格持证上岗。严格监管公办在职教师行为,对于在校外兼职补课的行为要严厉查处。对于公立学校教师是

① LAO R. Analyzing the Thai state policy on private tutoring: the prevalence of the market discourse[J]. Asia pacific journal of education,2014(4):476-491.

否可以参与校外教育培训,世界各地几乎都禁止公立学校教师开设辅导班。乌克兰教育部颁布相关政策明令禁止公立学校教师为自己的学生进行课外辅导行为;我国台湾地区也严格规定培训机构不得聘用在职教师作为机构的兼职教师。

三、以多元主体参与为基础的综合治理

(一)构建合理、有序的教育治理新结构

构建政府元治理、多元主体共同参与的教育治理新结构,首先要坚持政府元治理的核心主体地位。我国幅员辽阔、地大物博,没有政府的治理社会群体就如同一盘散沙,社会事务将难以得到有效管理,社会群体的行为将难以规范,长时间缺少政府的管理将会引发严重的社会问题。对教育培训市场的治理离不开政府的介入与指导。政府要兼顾民主、公平与效益,构建民主化、法治化政府,这是政府活动的基本规律所决定的。

其次,要构建多元主体参与的市场治理格局。教育培训市场的治理并不能仅仅依靠政府或政府政策执行单独完成,还存在多种治理合作形式。当今社会,政府要实现治理政策目标,就必须接纳多元主体参与治理,利用多样化管理主体的合力实现教育培训市场的有效治理,形成多元主体参与的市场治理格局。在当今治理的新时代,政府与其他多元主体形成协同合力,与各部门之间协助合作,与社会其他主体共同治理,实现治理功能的最大限度释放与资源利用。教育培训市场治理体系的构建中,不仅要强调政府角色在治理中的主导地位,而且要充分认可社会组织在其中的治理价值,深度挖掘社会组织的治理方式,为社会组织参与教育培训市场治理提供新思路。

最后,在教育培训市场多元治理主体参与的治理体系构建中,政府要切实营造和谐稳定的教育培训市场治理的政策环境,排除一切影响各利益主体参与的制度障碍。政府各部门要清晰认识多元主体参与治理的价值和意义,并且在全社会范围内宣传这一理念,同时兼顾法治意识宣传和公民意识宣传,增强民众参与社会治理的意愿。除此之外,切实推进社会利益团体参与教育培训市场治理。有关社会组织参与协商民主的制度和法治化保障尚未建立,建议政府以开放和包容的态度,制度性安排社会组织参与各级人大、政府、政协及职能部门的决策、立法、行业、专题等各项协商,让社会组织

利用自身专业、学科、项目的优势,参与各类与基层治理有关的社会事务协商,充当政府与公众之间的缓冲带、润滑剂。

（二）政府落实管理责任,加强部门协调沟通

不同的学者从不同的角度对"政府监管"进行了定义,显示的共同特征,即政府依据一定的法律法规,通过对企业的市场进入、价格制定、产品质量和服务等领域的直接监督与管理,来保护企业与消费者的合法权益,保障市场经济的稳定运行。[①] 教育培训市场治理的过程中,政府要进一步落实教育培训市场管理部门,明确各个部门责任,将各个部门责任归口到位。例如,业务登记部门和审批主管部门管理职责要细化到部门,甚至细化到组,细化到人。为避免各个部门之间出现相互推诿、相互包庇的现象。政府要明确各部门责任,如税务部门要全权负责教育培训机构的税务登记,实时监管教育培训机构的缴税问题,防止企业或者个人私自偷税漏税,一旦出现违法问题应依法照章勒令其向税务部门按时缴税补税。我国香港、澳门和台湾地区及泰国对教育培训的登记注册都作出了规定,并根据各地区实际情况对教育培训机构设立条件、设立程序、设施、管理、组织等基本要求方面作出了详细规定。香港地区明确登记注册的教育培训机构的学生数量不能超过45人;澳门地区规定,单次学生参与人数超过6人或者单日学生参与人数超过29人的教育培训机构都要在相关部门进行登记。[②] 这些教育培训市场在获得合法企业身份后,由于其具有教育的专业性和特殊性,教育行政部门还要对其进行资质的审查和监督。各地方教育行政部门要严格按照教育培训相关法律的国家标准和地方标准来全面审查教育机构。除此之外,还要进行年度审查和监督,对于符合办学资质要求的机构颁发办学许可证。一旦这些培训机构发生倒闭,公司法人携款潜逃,相关监察执法部门要依法进行查处。[③] 香港的《教育条例》规定,大型补习学校需要采取最低限度的场地和消

---

① 肖兴志,宋晶.政府监管理论与政策[M].大连:东北财经大学出版社,2006:2.

② KWOK P L Y. Demand intensity, market parameters and policy responses towards demand and supply of private supplementary tutoring in China[J]. Asia pacific education review,2010,11: 49－58.

③ 汪丞,程斯辉.规范教育培训市场的对策思考[J].河北师范大学学报(教育科学版),2013,15(2):5－8.

防安全措施,要建立独立的入口,并且其日常活动不对同一租用建筑物的其他居住者造成干扰。①

此外,要加强不同层级政府和不同职能部门之间的协作与沟通。地方政府要建立健全统一的教育培训市场管理政策体系,加强多部门联合整治,避免政出多门导致的执行混乱和执行不力的状况,或者多部门分头行动导致培训机构疲于迎检的问题。各地政府要根据本地区的实际状况,注意结合本地区实际状况的特殊性,理性选择适合本地区的政策工具。② 制定教育培训市场治理政策时,其意图在于解决教育培训市场乱象问题,确定政策目标后,政策制定者要结合当前政策环境,兼顾相关利益主体的价值追求,合理选择、组合使用政策工具,最大限度地发挥这些政策工具的效能,实现教育政策工具价值理性与工具理性的有机统一。当前教育培训市场的问题涉及学校、政府、社会以及消费者等综合因素,因而对于政策工具的选择要遵循校内外教育协调发展的规律,要特别注重发挥具有长期效用的能力建设工具和自愿性工具。适量减少权威性工具的使用,多鼓励教育培训市场通过自我规范和自我治理来进一步推动教育培训市场的长期健康发展。

(三)教育培训市场加强行业自律,社会成立培训行业协会

要根治教育培训市场的乱象问题,除了政府加强管理之外,培训机构作为治理客体也要从自身出发,积极寻找自我管理和自我完善的方法来实现行业的自律和发展。第一,教育培训市场要树立正确的教育观和社会责任感,办学理念要真正从学生出发,满足学生的个性化发展需要。教育培训市场要做素质教育的践行者,突出学生的主体地位,通过不断提升教学质量和办学水平促进学生的全面发展。第二,培训机构可以建立一整套内部管理体系,制定严格的内部管理制度和发展战略,有条件的机构还可以成立监督部门进行自我规范和完善。有了完善的机构运行章程,教育培训市场的教师和其他工作人员的工作便有章可依,其教育教学行为也能进一步得到规

---

① KWOK P L Y. Demand intensity, market parameters and policy responses towards demand and supply of private supplementary tutoring in China[J]. Asia pacific education review, 2010, 11:49–58.

② 朱春奎,等. 政策网络与政策工具:理论基础与中国实践[M]. 上海:复旦大学出版社,2011:131.

范,从而促进教育培训市场的自我质量和品牌提升。第三,教育培训市场要不断提升教师的教育教学水平和能力,培养雄厚的师资力量。要在关注教师教学能力的同时重视教师的育人能力,尤其是教师的心理辅导水平。各教育培训机构可以通过培训的形式提高教师的教育教学水平,逐步形成独特的品牌效应,提高市场认可度和知名度。

教育培训市场应进一步加强行业自律,成立教育培训市场行业协会,对市场中教育培训机构的服务质量、竞争手段、经营作风进行严格的管理和监督。在某种意义上,教育培训机构行业协会是行业有效自律和自治的关键和基础。行业协会不仅能够通过一系列自我规范和自我管理保证行业内部公平有序的竞争秩序,让违法违规的机构无处遁形,还能够更有效地节省政府的治理成本,节约政府资源,进一步推动行业的健康发展,维护行业的信誉。为提高行业协会的认可度,在推动行业协会的成立时要注意尽量不以政府主导的形式推进,要以行业自发为主。政府可以适当借助自身职能为教育培训市场行业协会提供必要的帮助,不仅能够保障行业协会的权威性,使其真正发挥内部规范作用,而且能够在一定程度上确保教育培训市场行业内部拥有正常的竞争秩序。希腊、塞浦路斯、德国、英国等国家都成立了教育培训市场行业联合会来培养行业自律意识,鼓励机构自觉规范行为,推动行业自律净化教育培训市场。塞浦路斯成立的教育培训机构联盟,联盟中的机构通过联盟条例进行自我规范,同时接受其他机构的监督和规范。日本教育培训市场行业协会主要帮助教育培训机构研究科学有效的教学形式和教学手段,切实提高行业内部教师的综合教学能力;加强行业内部各机构的交流与合作,提高机构教育教学质量;保护消费者权益,为消费者提供咨询服务同时保证消费者获得公平公正的教育服务。行业协会建立"会员伦理规程",明确规定行业内部各教育培训机构必须诚信办学,不得存在虚假宣传的行为。除此之外,行业协会还通过规程对各机构进行透明化管理,对各机构的收费制度、会员制度等内容进行公开。日本教育培训市场行业协会在一定程度上促进了本行业的发展。

（四）家长树立正确教育观,慎重选择教育培训市场

家长是当前教育培训市场的最大消费者,家长及时转变教育观念、理性选择教育培训市场对于推动和规范教育培训市场行业发展同样重要。首

先,家长要转变原本的"唯分数论""唯成绩论"思想,不应将学习简单看作升学和考试的工具,而应注重学生发展的本质是身心健康发展。其次,对于教育培训市场的选择要理性,不能盲从。家长要真正了解到自己孩子的实际需求和个人意愿,在孩子时间和精力允许的前提下尊重孩子的选择意愿。如果对于教育培训市场的选择仅由家长全权做主,容易引起孩子的反叛心理而对学习产生厌倦和排斥。在选择教育培训市场时要做到严谨、客观,不能仅靠道听途说或者盲目跟风来选择机构,更不能仅凭培训机构宣传的一面之词盲目签订合同。家长可以通过各种途径来考量教育机构,如参加试听课、网上了解机构口碑和社会信誉等,真切地从品牌、口碑、师资力量等方面综合评价机构办学质量。最后,在签订合同前,家长要仔细阅读合同条款明细,了解合同中涉及的自身权益和其他事项,包括机构负责人的姓名、地址、电话、法人名称、服务内容、服务价格、支付方法与时间、中途解约等相关事项,避免在发生纠纷时因合同细则不明确而损失利益。日本《特定商业交易法》就十分保护并且重视维护消费者权益。该法规定教育培训市场合同中需要消费者特别加以注意的事项,必须加红框并用红色大号字体显著标出。严令禁止培训机构以虚假宣传、故意隐瞒实情等方式诱导消费者非自愿签订合同或者以暴力威胁等方式阻挠其终止合同。一旦收取的费用较高,如培训费用的预付款超过 5 万日元时,教育培训机构必须向消费者提供相关材料说明,证明费用收取的合理性和合法性。合同签订后,通常来讲消费者可在自签约后的 8 日内解除合约,并以书面形式达成;如果合约签订后消费者发现教育培训机构存在恶意欺诈等恶劣行为,消费者可以无责解约,解约期限可适当延长。① 我们国内消费者在签订校外教育培训合同时更要注重维护自身权益,并且以法律为武器捍卫自身权益。

四、建立长效治理机制

(一)加强教育培训市场治理政策研究

教育培训成了当前学生获取教育资源、接受教育教学的新形势,但教育培训市场繁荣带来的一系列问题和挑战值得我们深思,因此教育学界尤其

---

① 李协京. 日本:对课外补习进行管理与规范[N]. 中国教育报,2011 – 08 – 16(2).

是教育政策研究者应该给予教育培训市场更多的研究与关注。尽管国家已经颁布了一系列政策方案应对教育培训市场对学校教育、政府管理带来的挑战,但是就目前分析而言,政策方案仍然存在不足。当前教育政策学界对于我国教育培训市场治理政策的研究较少,加之教育培训治理过程中的新情况与新问题层出,加强教育培训市场治理政策研究刻不容缓。学界应该与时俱进,不断丰富和创新研究思路,从多角度多领域对现有的治理政策展开内容研究、问题研究和价值研究,从而为我国教育培训市场治理政策的完善提供理论思路。分析国外对于教育培训市场的研究及成果,可以发现国外的治理政策相对完善,逐渐形成了极具本国特色的国家治理政策和治理经验。从数量上来看,目前我们国家对于教育培训市场治理政策仍处在探索和发展阶段,对于治理政策的研究也相对较少,仍未有较系统的研究结果,相关研究没有纳入学科领域。① 截至 2018 年 6 月 6 日,在中国知网搜索"教育培训"相关内容,经筛选共获得相关有效文献 292 篇。从内容上看,回顾改革开放以来关于我国教育培训的研究历程,研究热点主要围绕教育培训市场与学校教育之间的关系、基于课外补习视域城乡义务教育差异的调查、教育培训市场的影响因素等方面展开。② 为了推动我国教育培训市场的不断发展,不断推进教育培训市场的规范化治理,学界应拓宽教育培训市场研究方向,丰富研究内容,以多学科视角在国际影子教育的经验借鉴、教育培训市场的治理及规范、教育培训市场的治理文本分析等方面进行深层次研究,以期丰富我国教育培训市场研究的理论成果。

　　研究要有国际视野,要积极借鉴国际影子教育政策研究的成果和优点。例如,国际教育培训研究重视理论基础,而我国对于教育培训市场相关理论研究很少。国际学者一般是基于一定的理论基础,建构理论模型来分析教育培训产生的原因和影响等。而在一些国家,如历届韩国政府的治理政策也是基于再生产理论、平等主义理论、教育目标理论以及人力资本理论来进行政策的制定。当前我国教育政策研究者亟须深化教育培训相关理论研

　　① 董芯芬,刘新玲.有偿家教的历史与现状:基于文献研究的综述[J].福建教育学院学报,2009(4):66-70.
　　② 祁占勇,王莹,袁诗婷.改革开放以来我国校外培训研究的热点分析与未来展望[J].当代教育论坛,2019(3):9-16.

究,为我国教育培训市场政策制定提供坚实的理论基础。

(二)构建完备的问责机制

建立政府主导的问责机制。教育培训市场治理的问责机制,是基于规范教育培训市场为目标,通过行为涉及的法律法规,对治理相关参与主体的行动成效进行的责任归属。一方面,是对教育培训市场治理过程中培训机构的组织管理、教育教学活动的实施和其他领域的监测评价。另一方面,是对教育培训市场中政府部门治理行动的监督,如采取行动的合法性、采取行动的有效性和采取行动的制度合理性等。教育培训市场治理政策法规的有效落实,有赖于问责机制的建立健全。教育培训市场问责机制的建设意义包括以下方面:第一,形成强大的约束力。教育培训市场治理涉及的问责主体包括政府的负责部门、教育培训市场和政府授权的相关社会组织。国家法律法规为各主体的行为提供了法律保障,但也规定了行为界限,如果相关主体的行为僭越法律,将受到制裁,这将会有效提高治理主体的责任意识和尊法意识。第二,能够构建宽口径的问责。从其他领域问责机制的发展历程来看,以往的问责机制是针对组织中涉及违法活动的个人进行处理,但问责机制经过长期发展,问责范围不仅局限于个人行为,更是要将个体行为的组织者和负责人纳入其中,加强问责范围。但是在实际问责过程中,教育培训机构与政府机构所掌握信息的不对称,加之在检查过程中部分机构隐瞒或谎报信息,导致政府对教育培训机构的监控难以落实到位,一系列惩处措施也难以实施。我国台湾地区针对教育培训市场建立了一整套监测制度。例如,台湾教育局定期召开会议与各校外培训机构负责人商讨办学事宜,对于机构的发展和运营问题,负责人要如实汇报;教育培训机构不得逃避或者拒绝教育局对机构的检查和辅导工作;教育局对教育培训机构进行检查巡视后,要将详情和结果及时公开,对于表现优异的机构,教育局要进行表彰奖励,而表现差的机构要进行惩罚处理。[①]

建立教育培训市场问责机制的重点在于问责主体的确定、责任的划分以及问责的步骤等方面。我国的国家性质决定问责必须向人民负责,因此

---

① 贝磊,等.教育补习与私人教育成本[M].杨慧娟,于洪姣,杨振军,等译.北京:北京师范大学出版社,2008:141 – 144,175 – 176.

问责机制要落实在人民群众的监督权上。除此之外,要建立进行常态化的政府问责机制,将问责机制贯穿教育培训市场治理的全过程。要通过立法确保各级政府部门和官员的权力始终处于一种负责任状态,杜绝任何行使权力的行为脱离法定责任机制的监控。要着力构建以"定责"和"追责"为主的教育培训市场治理问责体系,强化对政府权力的制衡和监督,使政策法规真正得到落实。

（三）建立长效管理机制

目前,国内教育资源的不均衡短时间内仍无法完全解决和满足学生和家长的个性化需求,功利化的考试性质和倾向在短时间内也无法完全改变和根治,教育培训是鉴于市场服务的需求,建立长效政府监管机制尤为重要。政府对教育培训市场的治理不能只靠突击的专项整治,更要在专项治理行动后建立起长效的监管机制,对教育培训市场开展长期统筹监管,以此为学生提供更为安全可靠、高质量的校外教育场所。各地区可以结合本地区的治理经验并且借鉴其他地区较好的案例,形成长效监管机制,包括严格执行政府规定的教育培训市场准入规则,继续完善培训机构评估评价体系,让优秀规范的中小学教育培训市场被家长们熟知,将教育培训市场的信息公开化、透明化,组织专业人员定期回访、定期收集发展信息,实时监管,将中小学教育培训市场的发展置于政府监管之下,为其健康发展保驾护航。

建立教育培训市场长效监控和奖惩体系。教育培训市场的监控可以从四个层面进行:首先,教育行政部门对于教育培训机构的长效监控,贯穿教育培训机构的设立、运营、改革、合并甚至消亡的整个过程。其次,教育培训机构行业协会的自我长效监控。行业协会对于本行业负责的培训机构要开展常态化监控,对于机构的教学质量和办学行为要实时了解,以便及时消除不规范教学行为,打造高质量行业规范。国际教育培训市场规范化发展中也极其强调政府及行业协会对影子教育机构的监控。再次,教育培训机构自我长效监控,即教育培训机构内部自我对教学服务进行日常监控。最后,社会组织或者社会相关利益主体对教育培训机构的长效监控。

结　语

依法治国的本质是崇尚宪法和法律在国家政治、经济和社会生活中的权威,根据依法治国的全局性、整体性、目的性、长期性原则,为国家经济、政治、文化和社会生活的各个方面提供可依据的法律制度,实现有法可依。解决合法性问题是依法治国在各项社会实践运行中的起点,也是建立秩序化教育培训市场的首要问题。教育培训作为学校教育的补充产品,通过市场竞争和可观盈利的吸引,完成较高质量教育产品的筛选和集中,为大众呈现可供选择的消费产品,具备灵活性、多样性、高效性、可选择性等诸多优势特点,为人才培养作出了一定贡献。中国教育培训市场发展历程较短,自产生起即民营经济的一部分,受经济规律影响。随着社会大环境的不断变化,教育培训市场逐步脱离了来自市场自觉和行业内部道德自觉所形成的基本规范,市场调节规律的劣势逐渐显露。部分教育培训机构过于趋利,以及社会大众对教育本质的理解变化导致教育培训市场的定位偏离初衷,与最根本的教育追求脱节。由此,政策法规和法律制度的调整尤为重要。当前我国教育培训市场尚未建成体系化的法治体制,对于教育培训市场在法律中的基本属性不够明确。尽管《中华人民共和国教育法》认可民办教育的合法地位,但教育培训与普通民办教育本质不同,教育类法律并不能完全解决教育培训市场出现的问题;基于教育培训市场产品服务的特殊性,依靠《中华人民共和国公司法》《中华人民共和国统计法》等其他经济类法律也不能满足教育产品属性的基本要求。要实现教育培训市场的长期健康发展,亟须建立具有针对性的教育培训市场法治体系,立足整体教育事业,推动中国特色教育法治体系的完善。

"双减"政策执行与教育培训市场治理政策研究,具有重要的学术价值、应用价值和社会意义。

　　在学术价值方面，一是丰富社会教育权理论。教育法律领域研究的核心内容之一即教育权问题。教育权是教育法律关系主体之一的权利人为满足自己的利益而根据自己的意志作为或不作为，或者要求他人作为或不作为的能力或资格。现代教育权主要包括国家教育权、社会教育权和家庭教育权，三种权利之间的张力是历史发展的结果。当今社会，世界各国为了能够在经济政治竞争中立于不败之地，普遍重视教育、科技的发展，通常的做法即通过举办学校，设置教育行政机构、颁布教育法律法规、控制教育经费等把教育权牢牢地掌握在自己手中，以实现国家意志，为统治阶级的利益服务。虽然国家教育权的性质是一种受父母委托的权利，是公民让渡给国家的权利，但是由于现代社会国家主义盛行，国家教育权成为主导性权利，而社会教育权是依靠社会力量进行社会办学和社会教育的权利，是市民社会和政治国家之间在教育权利和义务上的分担。教育培训行为是正规学校教育之外的一种补充性教育，其教学内容与学校教育如影随形。教育培训的举办者多为非政府机构的社会力量，如社会团体、社会组织或者个人等，因此教育培训机构的权利属性应该被定性为社会教育权。当前教育培训发展混乱以及治理实质上体现了国家、社会、家长对教育的争夺。家庭教育权在学界被认为是一种伦理上的权利，而非法律权利，发生法律关系时被划归到社会教育权中，因此教育权利的争夺焦点集中在国家教育权和社会教育权之间。社会在法律上是被人格化的社会整体，我国的宪法和法律鼓励社会力量办学，但是与国家教育权的强制性权利不同，它只是法律列举的社会主体享有的办学权利，不具有约束性质，对公民受教育权的实现具有一定局限性。我国学者对教育权理论的研究主要集中在国家教育权领域，他们普遍认识到了国家教育权对于教育事业发展的意义和作用，而对社会教育权的论述稍显不足，现有的研究集中在正规的民办高等教育、基础教育领域，鲜有从法理角度论述教育培训市场的权利问题，在一定意义上丰富了社会教育权理论。

　　二是构建家校社一体化理论。人是一种社会性动物，人的发展受多种因素的影响。从个体出生到死亡的发展历程来看，家庭、学校、社会是造就个体品德、能力、情感、知识等不可或缺的三大场所，有学者形象地比喻其为人才成长的三道"染缸"。第一道染缸即家庭。家庭是社会的细胞，是个体生活的第一个重要场所。个体从出生到进入幼儿园的这段时间主要是接受家庭熏陶,但此后家庭的影响依然会伴随孩子一生,因此家庭教育是个体成长的基础。当个体开始接受学校教育之后,学校教育的系统性、科学性、全面性等特点,教师教学的专门性、示范性以及朋辈之间的相互影响等因素,对于培养德智体美劳全面发展的人至关重要的。因此,学校教育是个体全面发展必不可少的一个重要环节,是个体成长的主导因素。传统的观点认为个体在接受学校教育后就进入社会开始接受社会教育,但是终身教育理念颠覆了人们的认知,今天的教育因为信息技术的介入,已经突破时空限制,家庭教育、学校教育和社会教育之间的界限已经变得模糊不清,三种教育相互渗透的现象比比皆是。教育培训作为一种教育形态,把社会教育、家庭教育、学校教育联为一体,三种教育形态形成合力,共同促进学生的发展。目前,学校教育作为一种准公共产品,涉及千家万户的利益,学校教育质量的高低也是学者们研究的重点领域,但是家庭教育和社会教育的研究相对薄弱。通过研究教育培训这一社会教育形态,引导教育研究者、管理者重视社会教育和家庭教育,让三者教育形态共同发力,发挥教育再生产的社会价值,进而构建家校社一体化的教育理论体系。

三是完善市场介入教育领域理论。20世纪60年代出现在西方的人力资本理论认为,教育是一种有效的投资,能给学习者和社会带来巨大的回报,这种理论对各国政府政策的制定产生了重大影响。我国的政策法律也明确规定,受教育权是个人的基本权利,政府的公共财政支出是教育经费的主要来源。但是政府财力有限,为了更好地发展教育,国家允许民间资本进入教育领域,于是政府的投资体制、办学体制等悄然发生了变化。同时,需求产生市场。家长为了能让子女接受更好的教育,在未来的就业市场上获取独特的竞争力,普遍重视对子女教育的投资,而一些嗅觉灵敏的投资者也看中了教育这块"唐僧肉",这样一来,以教育需求和教育供给为两侧的市场关系形成。市场机制本身是一把"双刃剑"。一方面,市场介入教育领域缓解了国家财力不足,民众获得了更多的学习机会和优质的学习资源,办学者通过市场机制获得了社会资源和丰厚的利润,社会也满足了人才需求,教育质量、规模、速度和效益都有了明显的提高。但是另一方面,资本的特征是重视成本收益,民间资本进入教育领域的前提是投资者有利可图,而且教育作为一种公益性事业不同于一般的商品,如果完全按照市场的运作规则和价值逻辑来理解教育,将会动摇教育活动育人的本质属性、损害教育的公益性属性,不利于弱势群体的利益,破坏稳定的社会秩序。因此,市场介入教育领域只能是一种有限的介入。目前,教育市场理论有待进一步完善,教育供给与需求、教育效益与社会公平、教育投入与教育产出等都是研究者关注的重点领域。

在应用价值方面,一是形成有效规制教育培训市场的治理策略。在市场经济体制的背景下,教育培训市场的存在有其合理性,但是合理并不等于有序。目前,我国教育市场规模庞大,发展过快过热。据业界预计,2025年中国教育培训行业市场规模将达到7.5万亿元。炙热的教育培训市场已经引起了一系列的社会问题,如加重了学生的学业负担、扰乱了学校正常的教育教学秩序、增加了家庭的经济负担,违背了青少年的成长规律以及加剧了社会不平等等。规模大、人数多、秩序乱的教育市场已经形成,颁布禁令政策显然是不现实的,现有条件下疏导才是良策,那么这就迫切需要相关部门积极作为,有效治理。从政策、法律、政治、管理等多学科入手,基于实证主义、解释主义、批判主义、建构主义研究视角,利用多种研究工具,从完善政策法规、改革管理体制、调整资源配置等方面选择教育培训市场的治理路径,形成治理策略,以期为我国政府治理乱象丛生的教育培训市场提供理论依据。

二是促进教育培训市场良性运行。我国教育培训市场发展得如火如荼,如何敦促其良性发展是高校教育研究者的重要使命。教育市场的形成首先打破了国家对教育垄断,市场的多元化扩大了学习者在知识学习过程中的选择权,满足了不同群体的教育需求。教育市场激烈的竞争机制导致教育培训机构明确定位、更新教育理念,充实教育内容、创新教育方法,迎合学生们的学习需求。同时,教育资源的不足要求引入市场机制,提高教育资源的利用效率,进而减轻国家财政负担。但是,教育是本质的培养人的活动,而人的成长是一个漫长的过程,要克服市场短平快的急功近利特征;育人的本质也表明教育是一种非营利性活动,教育市场不能简单地模仿、移植市场经济中资源配置的方式。如果完全依据市场调节资源配置方式,容易拉大强势群体与弱势群体之间的差距,尤其是因体制、地理、社会因素等造成的被边缘化的群体排除在外,造成社会不公平问题。同时,市场这只"看不见的手"在资源配置的过程中存在一定的失灵风险,需要借助政府进行调节,保证民众受教育的权利。

在社会意义方面,一是规范教育培训市场营造良好的教育生态环境。教育必须在良好的生态环境中才能蓬勃发展。当前,教育培训市场"超纲教育""提前教育"、乱收费、机构资质问题、安全隐患问题等乱象已经严重影响到教育事业的发展,影响学生的健康成长。教育培训和学校教育构成了一个教育生态环境,二者是一种典型的共生关系,教育培训滋生的问题和主流学校教育息息相关。马克·贝磊说过,课外辅导教育因主流学校教育体制而存在,这种教育现象作为主流学校的影子,如同日晷投射的影子告诉观测者时间一样,可以随时反映主流学校的教育水平和发展方向、师资问题,尤其是教育背后所隐藏的深层次社会问题等。可见,影子教育是其他社会问题的"晴雨表"。一方面要治理、规范、监测、引导、评估教育培训市场;另一方面通过教育培训反映主流学校教育存在的问题,帮助主流学校教育提高质量。另外,家庭的社会环境能够反映出明显的个体生态特征,有利的小生态环境可以促进个体的超常发挥。

二是深化教育培训市场认识教育公共性的本质。教育培训和义务教育不同,是一种市场化行为,属于私人产品性质的教育服务,父母往往会根据家庭消费能力和水平以及子女学习需求自行购买,不同家庭背景学生的课外补习机会和资源获得有明显的差别,这种差别会成为城乡和阶层差距在代际间维持的一个重要通道。根据卢卡斯的有效维持不平等理论,义务教育普及以后人们竞相争夺的焦点是为了优质教育资源的争夺。在今天我国学校教育资源分配原本就存在不均等的情况下,教育培训的供给和需求在市场这只"看不见的手"的支配和调节作用下,会进一步破坏原有的资源分配机制,加剧社会的不平等,因此教育培训市场的大力发展有可能成为阶级和社会不平等再生产的工具。但从教育公平的角度出发,我们不难发现参与者基本都是基础教育阶段的学生,那么参与与否决定了教育的起点方面学生与学生之间就产生了差距。这和我国国家倡导的优质而有公平的教育理念相背离,不利于人才的培养和社会的稳定。

三是引导家长及其受教育者理性行使教育选择权。接受教育培训的群体主要是中小学生，多为无完全行为能力人，其权利行使便由监护人代为行使，故而教育培训也涉及父母教育权。父母教育权在学理上被称为"亲权"，是指作为监护人的父母对未成年子女进行教育的权利。主要包括：教育自由权，如选择学校的自由；教育要求权，如对学校教育的参加权以及由此衍生出的教育知情权、提案发言权和共同决定权等。父母以契约的形式把部分权利委托给学校，让子女享用公共教育资源。但是，当公共教育资源分布不均或者优质教育资源匮乏，即公平和质量两个指标难以保证时，父母可能会对公共教育失去信任和依赖，转而运用市场规则去购买自认的公平和质量的教育服务，即利用自身的家庭地位、收入、观念、社会关系等砝码获取价值较高的私立教育以及校外教育，因此选择教育培训体现了父母的教育选择权。当下，为了让子女获取理想的就业竞争筹码，家长使尽浑身解数为子女提供学习平台，不但重视孩子主流学校间的竞争，还把竞争的视域投向校外，教育培训的火爆场面正是家长们"望子成龙""望女成凤""不能输在起跑线上""抢跑"等思想和需要催逼的结果。家长们在主流学校实施素质教育、大力减轻学生负担的背景下，看中的是校外教育培训"培优补差"等加餐补餐功能，设法提高子女在教育中的竞争力。

参考文献

一、期刊文献

[1]贝磊."影子教育"之全球扩张:教育公平、质量、发展中的利弊谈[J].廖青,译.比较教育研究,2012(2):13-17.

[2]英里奇.日本"影子教育"决策:学生的选择还是家长的压力?[J].余蓝,译.教育科学研究,2017(5):67-76.

[3]何晓宇.基于名校效应视角的韩国影子教育热解码[J].开封教育学院学报,2016,36(5):293-294.

[4]王有升.补习教育:一类不可忽视的教育现象[J].上海教育科研,1997(6):18-19,24.

[5]杨洪亮.《影子教育的挑战:欧盟家教及其对政策制定者的影响》:解读与启示[J].外国中小学教育,2012(2):12-16.

[6]周霖,周常稳.韩国影子教育治理政策的演变及其启示[J].外国教育研究,2017,44(5):66-76.

[7]吕亚楠.影子教育的利弊分析及其规范对策[J].教育与教学研究,2016,30(5):16-20.

[8]楼世洲."影子教育"治理的困境与教育政策的选择[J].教育发展研究,2013(18):76-79.

[9]敦玉杰,罗敏."影子教育"之英语学科面临的困惑及对策研究[J].湖北师范大学学报(哲学社会科学版),2018,38(2):109-112.

[10]梁亦华.从教师角度看影子教育对师生之影响[J].中国人民大学教育学刊,2014(4):89-99.

[11]中泽涉.日本的影子教育:聚焦高中阶段的课外补习支出[J].鲍

威,冯倩倩,译.北京大学教育评论,2015,13(3):17-28.

[12]祁占勇,于茜兰.校外培训机构治理政策的内容分析[J].现代教育管理,2019(3):44-50.

[13]李娜.影子教育在我国的发展趋势[J].中国教育学刊,2015(5):54-57.

[14]曹艳菊,严从根.影子教育的问题、成因及对策[J].教学与管理,2017(11):26-28.

[15]薛海平,李静.家庭资本、影子教育与社会再生产[J].教育经济评论,2016,1(4):60-81.

[16]彭湃."影子教育":国外关于课外补习的研究与启示[J].外国中小学教育,2007(9):44-48.

[17]薛海平.从学校教育到影子教育:教育竞争与社会再生产[J].北京大学教育评论,2015,13(3):47-69,188-189.

[18]李春青.影响学生参加课外补习的因素:以我国大都市为例[J].浙江教育科学,2017(3):15-21.

[19]刘志民,高耀.家庭资本、社会分层与高等教育获得:基于江苏省的经验研究[J].高等教育研究,2011,32(12):18-27.

[20]楚红丽.我国中小学生课外补习家庭之背景特征及个人因素[J].教育学术月刊,2009(12):22-27.

[21]曾满超,丁小浩,沈华.初中生课外补习城乡差异分析:基于甘肃、湖南和江苏3省的初中学生课外补习调查[J].教育与经济,2010(2):7-11.

[22]洪岩璧,赵延东.从资本到惯习:中国城市家庭教育模式的阶层分化[J].社会学研究,2014(4):73-93.

[23]翁秋怡."影子教育"研究述评:需求、效果及公平性讨论[J].教育经济评论,2017,2(2):115-128.

[24]薛海平,丁小浩.中国城镇学生教育补习研究[J].教育研究,2009(1):39-46.

[25]李丹.小学文化课课外补习的问题研究[J].教育与教学研究,2012,26(10):1-4.

[26]涂欣.透视校外中小学教育培训机构[J].广西梧州师范高等专科学校学报,2004,20(4):44-47.

[27]陈全功.补习教育的地域延展及其社会效应分析[J].比较教育研究,2012(3):42-46.

[28]程天君,陈晓陆.杂乱有章:辅导机构学校化与学校辅导机构化:兼对校外"辅导热"的社会学分析[J].教育学报,2014,10(1):109-120.

[29]彭小霞.基于文化资本视角下的影子教育利弊探析[J].教育文化论坛,2018(1):98-101,107.

[30]杨启亮."家教":一个教学论边缘的实际问题[J].教育理论与实践,2003,23(5):42-46.

[31]王建军.家教和学校教育:走不出的恶性循环[J].基础教育研究,2005(10):10-11.

[32]杜琳,施祖毅.国际视野下的影子教育[J].世界教育信息,2013(14):49-53.

[33]孙绵涛,王刚.地方贯彻《教育规划纲要》政策研究[J].教育研究,2012(10):19-27.

[34]肖伟颜.中小学生校外补习所产生的影响研究[J].中国校外教育,2014(25):14.

[35]谢丽玲.课外补习:落实终身教育理念的必要措施:论新课程实施过程中的课外补习[J].湖南师范大学教育科学学报,2004,3(6):39-42.

[36]丁亚东,薛海平.在职教师与学校影子教育获得的博弈论分析[J].当代教育论坛,2017(2):35-41.

[37]杨叔子.绿色教育:科学教育与人文教育的交融[J].教育研究,2002(11):12-16.

[38]吴康宁.教育领域综合改革需要怎样的社会支持[J].教育研究与实验,2013(6):1-5.

[39]林小英.理解教育政策:现象、问题和价值[J].北京大学教育评论,2007,5(4):42-52,184-185.

[40]祁占勇,王佳昕,安莹莹.我国职业教育政策的变迁逻辑与未来走向[J].华东师范大学学报(教育科学版),2018(1):104-111.

[41] 尚红娟. 台湾地区补习班的发展概况与政府监管[J]. 教育发展研究,2017(10):30-39.

[42] 王军. 从行政监管到多元治理:"社会教育培训机构的综合治理"研讨会综述[J]. 教育发展研究,2017(10):26-29.

[43] 高牟. 日本民办教育培训行业自律模式探析:以全国学习塾协会为例[J]. 比较教育研究,2018(8):14-22.

[44] 戴勋. 刍议我国"影子教育"现状研究[J]. 企业导报,2012(1):187-188.

[45] 段素芬. 中学生"影子教育"的调查研究[J]. 教育导刊,2017(8):28-34.

[46] 张淑芬,王晓英. 关于小学英语课外辅导的调查及建议:以山西省临汾地区为例[J]. 内蒙古师范大学学报(教育科学版),2010,23(4):108-109.

[47] 朱洵. 教育全球化中的影子教育与文化资本理论[J]. 清华大学教育研究,2013,34(4):51-55.

[48] 彭湃. "影子教育":国外关于课外补习的研究与启示[J]. 比较教育研究,2008(1):61-65.

[49] 范晓慧. "影子教育"的思考:多种视角[J]. 清华大学教育研究,2008,29(6):101-104.

[50] STEVENSON D L, BAKER D P. Shadow education and allocation in formal schooling: transition to university in Japan [J]. American journal of sociology, 1992,97(6):1639-1657.

[51] CUMMINGS W K. The egalitarian transformation of postwar Japanese education[J]. Comparative education review, 1982,26(1):16-35.

[52] ROHLEN T P. The juku phenomenon: an exploratory essay[J]. Journal of Japanese studies, 1980,6(2):207-242.

[53] BRAY M. Researching shadow education: methodological challenges and directions[J]. Asia pacific education review, 2010,11:3-13.

[54] IZUMI M ,BAKER D. The origin of universal shadow education: what the supplemental education phenomenon tells us about the postmodern institution

of education[J]. Asia pacific education review, 2010,11:36 – 48.

[55] HARNISCH D L. Supplemental education in Japan: juku schooling and its implication[J]. Journal of curriculum studies, 1994, 26:323 – 334.

[56] DANG H A. The determinants and impact of private tutoring classes in Vietnam[J]. Economics of education review, 2007,26(6):648 – 699.

[57] KUAN P Y . Effects of cram schooling on mathematics performance: evidence from junior high students in Taiwan [J]. Comparative education review, 2011,55(3): 342 – 368.

[58] LIU J. Does cram schooling matter? Who goes to cram schools? Evidence from Taiwan[J]. International journal of educational development, 2012, 32(1): 46 – 52.

[59] NATH S R . Private supplementary tutoring among primary students in Bangladesh[J]. Educational studies, 2008,34(1):55 – 72.

[60] BRAY M. The impact of shadow education on student academic achievement: why the research is inconclusive and what can be done about it[J]. Asia pacific education review, 2014,15:381 – 389.

[61] MIMIZUKA H. Tackling academic achievement gaps among elementary schools: who acquires academic ability? [J]. Journal of educational sociology, 2007,80: 23 – 39.

[62] KATSILLIS J, RUBINSON R. Cultural capital, student achievement, and educational reproduction: the case of Greece [J]. American sociological review, 1990, 55(2): 270 – 279.

[63] ENTRICH S R. Effects of investments in out-of-school education in Germany and Japan[J]. Contemporary Japan, 2014,26(1): 71 – 102.

[64] DAWSON W. Private tutoring and mass schooling in East Asia: reflections of inequality in Japan, South Korea, and Cambodia[J]. Asia pacific education review, 2010,11:14 – 24.

[65] BRAY M,ZHAN S L,LYKINS C,et al. Differentiated demand for private supplementary tutoring: patterns and implications in Hong Kong secondary education [J]. Economics of education review, 2014,38(1):24 – 37.

[66]JELANI J, TAN A K G. Determinants of participation and expenditure patterns of private tuition received by primary school students in Penang, Malaysia: an exploratory study[J]. Asia pacific journal of education,2012,32(1): 19 – 35.

[67]KIM J H. A game theoretical approach to private tutoring in South Korea[J]. Orbis scholar,2009(2):232 – 235.

[68]MISHO C, HAAG L. Expansion and effectiveness of private tutoring [J]. European journal of psychology of education, 2002,17(3):263 – 273.

[69]SMYTH E. The more the better? Intensity of involvement in private tuition and examination performance [J]. Educational research and evaluation, 2008, 14(5): 465 – 476.

[70] HEYNEMAN S P. Private tutoring and social cohesion[J]. Peabody journal of education,2011,86 (2):183 – 188.

[71]CALLAHAN K. Citizen participation: models and methods[J]. International journal of public administration,2007(11):1179 – 1196.

[72]LAO R. Analyzing the Thai state policy on private tutoring: the prevalence of the market discourse[J]. Asia pacific journal of education, 2014 (4): 476 – 491.

二、著作文献

[1]贝磊,等.教育补习与私人教育成本[M].杨慧娟,于洪姣,杨振军,等译.北京:北京师范大学出版社,2008.

[2]张铁明.教育产业论:教育与经济增长关系的新视角[M].广州:广东高等教育出版社,1998.

[3]燕晓飞.非正规就业劳动力的教育培训研究[M].北京:经济科学出版社,2009.

[4]史建华.校外教育机构管理实践与研究[M].武汉:武汉大学出版社,2013.

[5]中国儿童中心. 校外教育的理论与实践[M].北京:北京师范大学出版社, 2016.

[6]王雷.社会教育原理[M].北京:中国社会科学出版社,2015.

[7]龚超.马克思社会教育思想研究[M].北京:人民出版社,2013.

[8]牛菁.基于信息技术的校外教育管理与评价[M].上海:上海科技教育出版社,2017.

[9]王玉钰.抗战时期陕甘宁边区社会教育研究[M].北京:中国社会科学出版社,2015.

[10]吴霓.中国民办教育发展报告[M].北京:社会科学文献出版社,2019.

[11]克里滕登.父母、国家与教育权[M].北京:教育科学出版社,2009.

[12]王蓉.中国教育新业态发展报告:基础教育:2017[M].北京:社会科学文献出版社,2018.

[13]中国民办教育协会培训教育专业委员会,上海市教育科学研究院民办教育研究所.中国民办培训教育概论[M].北京:外语教学与研究出版社,2016.

[14]基廷,等.变革的影响:九国职业教育与培训体系比较研究[M].杨蕊竹,译.北京:首都经济贸易大学出版社,2016.

[15]劳凯声.变革社会中的教育权与受教育权:教育法学基本问题研究[M].北京:教育科学出版社,2003.

[16]刘复兴.教育政策的价值分析[M].北京:教育科学出版社,2003.

[17]BRAY M. The shadow education system : private tutoring and its implications for planners [M]. Paris: UNESCO International Institute for Educational Planning, 1999.

[18]SCHOPPA L J. Education reform in Japan: a case of immobilist politics[M]. New York: Routledge,1991.

[19]BAKER D P,LETENDRE G K. National differences, global similarities: world culture and the future of schooling[M]. Stanford: Stanford University Press,2005.

[20]BOUDON R. Education,opportunity, and social Inequality: changing Prospects in western society[M]. New York: Wiley,1974.

后　记

本书内容是陕西省社科基金项目"教育培训市场的合法性分析"（项目编号：2019Q005）的最终研究成果。

2021年7月，"双减"政策《关于进一步减轻义务教育阶段学生作业负担和校外培训负担的意见》出台，针对以"应试"和"超前教育"为导向、与素质教育和全面发展的教育背道而驰的校外培训市场开展全面整治。事实上，教育培训市场泛滥与乱象，不仅严重破坏了教育生态，而且违背了学生发展的规律性，也增加了家庭经济负担。对教育培训市场的规范和整治，既有利于减轻学生学业负担、缓和家庭矛盾，也可以有效地规范市场秩序，从而促进学校教育的良性发展以及家庭、社会、学校三者形成合力、共同育人。

当前，校外培训机构的监管与治理依然存在着监管对象分散、违规办班屡禁不止、治理涉及部门众多、培训需求旺盛等难题。然而，校外培训市场的治理不可能一蹴而就，对其的治理既要依法治理，也要与"双减"政策执行有机结合。在国家的严格监管和激烈的市场竞争之下，立足于为用户提供高质量的个性化教育的校外教育机构才能获得生存空间。因此，未来的校外教育必须是符合标准、有质量、有特色的优质教育，应当是立足于为用户提供高质量的个性化教育，坚持"做教育"的优质教育产品。

任何政策执行并非总是一帆风顺的，政策决策者作出的战略指示与政策期望通常会在层层的政策行动中出现偏差，总会在一定程度上存在与政策内容不符、偏离政策目标、违背政策精神等执行失真问题。鉴于"双减"政策对教育领域的调整力度之大、利益群体的涉及之广、个体成长的影响之深，有必要对其政策执行情况进行探究，聚焦政策执行初期所显露的尖锐矛盾,警惕未来可能的政策执行偏差,以把好"双减"政策行动的风向标,确保政策执行的有效性和科学性,提升政策目标的完成质量。

本课题研究过程中,要特别感谢陕西师范大学教育学部答喆、闵怡博、杜越、王书琴、于茜兰等诸位同学付出的大量心血,在此表示诚挚的感谢。

当然,由于个人能力和学术水平有限,加之"双减"政策是新生事物,教育培训市场治理尚待进一步完善,本书肯定还存在诸多不足,敬请大家不吝赐教。

陕西师范大学　祁占勇
2023 年 8 月